Withdrawn

CULTURA DIGITAL

Navegar en la nube

Una nueva forma de pensar acerca del riesgo, la innovación, el crecimiento y el éxito

THOMAS M. KOULOPOULOS

Navegar en la nube

Una nueva forma de pensar acerca del riesgo, la innovación, el crecimiento y el éxito

OCEANO

Diseño de portada: Estudio Sagahón / Leonel Sagahón y Jazbeck Gámez
Fotografía de Thomas M. Koulopoulos: cortesía del autor

NAVEGAR EN LA NUBE
Una nueva forma de pensar sobre el riesgo, la innovación y el éxito

Título original: CLOUD SURFING. A New Way to Think About Risk,
    Innovation, Scale, and Success

Tradujo: Enrique Mercado

© 2012, Thomas M. Koulopoulos

Publicada por primera vez por Bibliomotion, Inc., Brookline, Massachussets, USA.
Esta edición se publica según acuerdo con Bibliomotion, Inc.

D.R. © Editorial Océano de México, S.A. de C.V.
Blvd. Manuel Ávila Camacho 76, piso 10
Col. Lomas de Chapultepec
Miguel Hidalgo, C.P. 11000, México, D.F.
Tel. (55) 9178 5100 • info@oceano.com.mx

Primera edición: 2014

ISBN: 978-607-735-155-9
Depósito legal: B-28215-LVI

Hecho en México / Impreso en España
Made in Mexico / Printed in Spain

9003779010114

Para Mia y Adam,
Navegantes de una nueva y valiente generación,
cuyos sueños redefinirán nuestro mundo.

A la memoria de Maria 1934-2011

Índice

Prólogo

De la automatización de lo viejo a la habilitación de lo nuevo

Desde los años 50, las tecnologías de la información han venido cambiando lentamente la manera en que vivimos y trabajamos. Pero estamos a punto de experimentar un cambio más drástico y acelerado. Como este libro lo describe, lo que ofrece ahora la tecnología de la conectividad afectará no solamente la forma en que trabajamos, sino cómo nos comportamos, y tal vez incluso cómo pensamos.

Las primeras aplicaciones de las tecnologías de la información eran simples: tan sólo automatizar los procesos contables de una empresa. Más o menos en la misma época, enormes computadoras –que ocupaban habitaciones enteras– estaban empezando a resolver complejos problemas de ciencia e ingeniería. Pero no fue sino hasta la presentación de los ATM, los "cajeros automáticos", que las tecnologías de la información tocaron directamente la vida de la mayoría de la gente.

La introducción de los ATM al mercado se manejó con mucho cuidado. En primera instancia desarrollados por Citibank, los ATM fueron situados en el vestíbulo exterior de los bancos. Un ejecutivo de Citibank me dijo que al principio el banco tenía sus dudas sobre cómo reaccionarían los clientes frente a la tecnología, de modo que un grupo de ejecutivos se situó detrás de una columna en el vestíbulo exterior de una de las sucursales para observar las reacciones de los clientes. Uno de los primeros clientes fue una mujer anciana que revisó el saldo de su cuenta bancaria utilizando el ATM, luego entró al banco para retirar algo de efectivo, después volvió rápidamente al cajero automático para verificar si el saldo en su cuenta se había ajustado. En ese punto, los ejecutivos de Citibank supieron que tenían a un ganador.

Esto parece muy primitivo puesto que hoy en día cientos, si no es que miles, de nuevas aplicaciones se ponen a disposición de los consumidores diariamente. Por lo general, la tecnología es vista y se experimenta como una fuerza del bien, pero ése no siempre ha sido el caso.

Cuando Mike Hammer y yo publicamos la versión original del libro *Reengineering* en 1992, veíamos congelado el mundo de los negocios en cuanto a complejidad, tecnología y procesos arcaicos de negocios. El trabajo simple se llevaba mucho tiempo de realización y costaba demasiado. Habíamos estudiado a una compañía de seguros que se tomaba veinticuatro días para emitir una simple póliza y una factura. ¿Por qué? Porque el trabajo pasaba por dieciséis distintos departamentos, cada uno muy automatizado pero no bien conectados entre sí. "Eliminar, no automatizar", se convirtió en nuestra frase favorita. No queríamos empresas que automatizaran viejos procesos de negocios. Queríamos empresas que se enfocaran primero en replantear los procesos de trabajo para entonces sí aplicar la tecnología.

Incluso sosteníamos que el trabajo podría rediseñarse sin la ayuda de las tecnologías de la información, pero hoy en día ya no me atrevería a defender ese argumento. El papel de las tecnologías de la información es radicalmente distinto ahora de lo que era en 1992. La internet se convirtió en el primer y mayor agente de cambio, haciendo de la tecnología algo tan omnipresente que ahora es el gran facilitador del cambio en los procesos. Sin ir más lejos, tan sólo habría que ver cómo se produce y se vende este libro para darse cuenta de cómo es que la internet ha transformado toda una industria.

No sería una exageración decir que internet ha cambiado nuestra vida y nuestro trabajo. Pero este proceso de cambio apenas ha comenzado. La confluencia de la nube –la máxima herramienta informática– con la conectividad provista por los dispositivos móviles y la ubicuidad de la internet implicará un cambio radical en muchos lugares.

Recientemente acudí a un congreso de tres días sobre innovación en educación. La ponencia más inspiradora describió cómo los niños de los países en desarrollo ahora acceden, a través de sus teléfonos celulares –la forma más común de dispositivo móvil–, a libros de texto asentados en la nube. La educación en estos países ahora parece ser más avanzada que en los países presuntamente desarrollados.

En *Navegar en la nube* estás a punto de experimentar qué tanto cambio permitirán la nube y la "hiperconectividad". La gente se está reuniendo como nunca antes. Los negocios ya no han de estar restringidos. La nube les proporciona capacidad ilimitada. El trabajo va a cambiar. Las conductas van a cambiar. Tendremos más opciones en nuestra vida. Con la tecnología, el futuro es hoy.

Jim Champy, coautor de *Reengineering the Corporation*

Agradecimientos

Uno de los aspectos más gratificantes y humildes de escribir un libro es la oportunidad de recordarte a ti mismo lo mucho que dependes de la ayuda de los demás.

Los libros nacen de las ideas, que son increíblemente convincentes mientras permanecen nada más en la mente del autor. Pero las ideas sólo cobran vida mediante la colaboración. Fui muy afortunado al tener un extraordinario equipo que me ayudó a sopesar las muchas piezas de este libro, así como en el largo proceso de reunirlas. Si este libro, y las ideas que contiene, impacta a los lectores, se debe a toda esta gente asombrosa.

La idea de *Navegar en la nube* surgió hace unos tres años en conversaciones con Erika Heilman, antes de que echara a andar su proyecto de cofinanciamiento Bibliomotion. Al principio la idea parecía demasiado adelantada a las ofertas del mercado. Sin embargo, impávida, Erika pasó una buena parte de esos tres años trabajando conmigo para perfeccionar numerosas veces el sentido de *Navegar en la nube*. Sin su dedicación emocional e intelectual al proyecto, dudo que jamás hubiera progresado más allá de la semilla de una idea con la que empecé. Su entusiasmo fue el combustible que yo necesitaba para llevar a cabo mi ambición.

Erika y su socia en Bibliomotion, Jill Friedlander, están innovando valientemente en la relación entre editor y autor de una manera que debió haberse adoptado tiempo atrás. En pocas palabras, me echaron a perder estableciendo un nuevo estándar en cuanto a lo que debe ser una experiencia para el autor. Junto con la publicista Barbara Henricks, el gurú social Rusty Shelton, la encargada de producción Jill Schoenhaut y la correctora de textos Susan Lauzau, el equipo de Bibliomotion le brinda una capacidad comercial más poderosa al ramo de publicaciones que la mayoría de las más importantes casas editoriales, que son mucho más grandes, pero asimismo mantienen la intimidad que todos los autores anhelan.

Mi agente literario John Willig ha sido un increíble aliado, un defensor constante y una fuente de aliento y estímulo en todo momento. Habiendo estado conmigo en el proceso de ocho de mis nueve libros, John es mi piedra de toque. Su voz de la razón y su aguda sensibilidad siempre son mi primera parada en el camino. John no solamente comprende el negocio editorial y su impresionante desarrollo, sino que también tiene una profunda pasión por el valor de las ideas, incluso si empiezan como ideas muy pequeñas. Algo igual de importante es que John ha sido un buen amigo, cuyo consejo y asesoría siempre están dispuestos a ayudar a que este autor navegue tanto en las tribulaciones editoriales como en las de la vida, y son pocos los autores para quienes ambos aspectos se entrelazan a menudo.

Desde el principio, conforme *Navegar en la nube* iba tomando forma, también tuve mucha suerte de contar con las opiniones y percepciones de Erin Rodat-Savla, una colega de muchos años que amablemente ofreció su tiempo para lograr que este libro pudiera arrancar. Erin es una de las mejores compañeras de pelea con quien me he topado. La agilidad de su ingenio y su atenta energía fueron precisamente lo que yo necesitaba para que las cosas funcionaran, pues convertía las ideas en bruto en conversaciones, mapas mentales y estudios de casos prácticos. Después de estas tempranas conversaciones con Erin me di cuenta de la verdadera magnitud del alcance e impacto de la nube.

Mi sincero agradecimiento también para todos los pioneros de la nube que accedieron a ser entrevistados y que me proporcionaron valiosos casos prácticos, entre ellos, Rob Wrubel, David Dehaven, Myers Dupuy, Mark Woodward, Andy Zynga, Maynard Webb, Lukas Biewald y Carlos Domínguez. Ellos son quienes están haciendo el trabajo pesado y construyendo el futuro de la nube.

Tengo una especial y enorme deuda de gratitud con mis muchos clientes, que constantemente me están enseñando cómo es que sucede la innovación no sólo en la nube sino también en las trincheras. Me siento afortunado de poder ver el futuro desde el privilegiado punto de observación de estos audaces pioneros. Y, por supuesto, está también la tremenda energía y aprendizaje que he obtenido de mi audiencia cada vez que me subo a un escenario para dar una conferencia, así como mis brillantes alumnos de la Universidad Bentley. Aunque quizá sea el "especialista contratado" o el "profesor", también soy un *muy* afortunado estudiante –no hay nada como una sala de unos cuantos miles de profesionales o, si es el caso, treinta siempre atentos estudiantes de posgrado para mantenerte humilde, honesto y perspicaz.

Además está mi amigo y mentor por casi dos décadas, Jim Champy, que tuvo la gentileza de escribir el prólogo para *Navegar en la nube*, y cuya dirección me ha ayudado a trazar mi propia carrera. Jim es de esa rara casta de personas que te puede ayudar a plantear casi *cualquier* desafío como una oportunidad, algo de lo que todos necesitamos en mayor cuantía.

Cuando estaba escribiendo *Navegar en la nube*, mi madre, una mujer increíblemente fuerte, bella, talentosa y dinámica, murió tras una larga enfermedad. Aunque no estoy seguro de si ella llegó a comprender en su totalidad lo que yo hago para vivir, eso no la detuvo para ser mi más entusiasta porrista. Aunque su fallecimiento fue ya bastante difícil, le siguieron oleadas aun mayores que me zarandearon y fácilmente podían haberme hecho zozobrar, junto con el libro, de no haber sido por un puñado de amigos cercanos y familiares que me mantuvieron de pie. Parece un tonto esfuerzo de mi parte el siquiera intentar agradecerles en estas pocas frases; sin embargo, me he dado cuenta de que la verdadera amistad rara vez requiere decir tantas palabras de gratitud como escuchar palabras de frustración. A estos queridos amigos, en especial a Juergen, Mike, mi hermano Nick, Andreas, Giota, Joe, Dad, Deb, Harry, Steve, Eliot y mi musa inspiradora KT, gracias por su amor, bondad, honestidad y amistad.

Finalmente, mi gratitud y la medida más grande de mi amor a las dos grandes fuentes de inspiración que jamás pude haber esperado, mis hijos Mia y Adam. A través de sus ojos, el mundo sigue siendo para mí un lugar de fascinación, asombro y esperanza. Cualquier reto que pueda yo enfrentar, ambiciones que pueda tener o futuro que pueda imaginar, todo eso palidece en comparación con la alegría que han traído a mi vida y la motivación que me dan para ocasionalmente asomar la cabeza fuera de las nubes.

Introducción

Hiperconectados

Para aquellos que quieren alcanzar las nubes, los pocos que lo logran y los muchos más que caen de vuelta a la tierra en el intento: todos son constructores de un nuevo y valiente futuro.

Hace ya casi quince años me encontraba auspiciando un gran evento en San Diego acerca del futuro de la tecnología y el trabajo del conocimiento. Había invitado a docenas de ponentes, incluyendo al ya finado Peter Drucker, al economista Paul Romer y al gurú de la administración Tom Peters. Todos ellos estaban hablando sobre el desarrollo de la tecnología.

Como organizador, no me pude dar el lujo de sentarme a escuchar cada sesión y estar atento a todas las predicciones que se estaban haciendo, pero una de las sesiones se destaca en mi memoria. Se trata de un pequeño taller planeado para unas cuarenta personas, pero la sala estaba a rebosar. Un colega me pidió que me acercara para ver si podía conducir amablemente a algunas personas a otra sesión para reducir el hacinamiento. Pero cuando llegué a aquella sala tan saturada, me dio curiosidad y me colé entre el tumulto para ver de qué se trataba todo aquel alboroto. Lo que vi y oí en los siguientes minutos cambió mi visión del futuro en lo que tiene que ser la más profunda comprensión de toda mi carrera.

Un par de tecnólogos del Instituto de Investigación de Stanford estaba describiendo su visión de internet a futuro. Esto sucedió en un momento en que apenas si entendíamos el impacto de internet a corto plazo. Al igual que muchas personas se preguntaban si era una moda, otras tantas afirmaban que se trataba de un fenómeno revolucionario.

La imagen que los dos tecnólogos usaron para ilustrar la internet del mañana era una gran nube. En esta nube, afirmaron, existiría un número casi infinito de posibles conexiones, recursos, capacidades, ideas y conocimientos, a los que llamaban "objetos". Era, como ellos lo describieron, el máximo libre mercado, donde la gente podría acceder de manera instantánea, comprar y aplicar los recursos del mundo para resolver casi cualquier problema.

Estos objetos flotarían por ahí en la nube, disponibles para cualquiera que los necesitara. Muchos objetos no tendrían dueño, más bien pertenecerían a todos y serían de uso gratuito, mientras que otros serían objetos complejos que se podrían comprar o rentar para un uso particular.

Pero lo que me pareció más espectacular de su visión fue que esta nube no tendría ningún centro geográfico. No se alojaría en ninguna máquina, servidor o escritorio, y no sería propiedad de una sola compañía, ni siquiera de una coalición o cártel de empresas. La nube pertenecería a la humanidad.

En 1999, llamar a esto algo descabellado era un eufemismo. Estaba más allá del disparate, simplemente era ciencia ficción, y el término *lunático* habría descrito mucho más adecuadamente a quienes suscribieran el concepto. Sin embargo, la sesión sobre la nube atrajo a la gente como bichos a una lámpara de halógeno.

Por alguna razón, la utópica perspectiva de esa nube nunca me abandonó. Traté de aplicarla a internet conforme evolucionaba y seguí buscando formas de utilizarla para describir cómo la tecnología y el uso que el mundo hacía de ella iban cambiando. Pero acoplar los conceptos siempre resultaba forzado, de alguna manera artificial y rebasaba los límites de la credibilidad, al menos hasta hace muy poco.

Cuando compañías como Salesforce.com empezaron a propugnar el beneficio de la nube, mientras que protagonistas de toda la vida en hardware y software como Oracle –y más específicamente su visionario fundador Larry Ellison (quien casualmente era de los primeros inversionistas en Salesforce.com)– empezaron a atacarla como si se tratara de vino nuevo en odres viejos, finalmente me quedó claro que habíamos llegado a la línea de salida de un viaje hacia la nube.

Es un viaje que en muchos sentidos ha sido obvio desde los inicios de la informática, y de hecho desde los primeros días de la comunicación por cable. Precisamente como Leonardo da Vinci pudiera haberte dicho que una máquina voladora necesitaba alas con combadura y una superficie de apoyo de vuelo pero que no podía crear un motor que lo impulsara, de la misma manera hemos entendido las virtudes de navegar en la nube pero hemos carecido de la ingeniería para hacerlo posible. Los cambios que ha provocado la nube en la sociedad, como aquellos que vinieron con la evolución de los aeroplanos, serán mucho más profundos de lo que cualquiera de nosotros es capaz de predecir.

Sin embargo, este libro no trata solamente de los nuevos motores que están generando la nube; son más importantes los comportamientos que están dando forma tanto a la nube como a la humanidad en lo que considero la más poderosa sinergia que jamás se haya propagado por la faz de la tierra.

Como veremos a lo largo de este libro, los primeros indicadores de estos cambios en la conducta se encuentran por doquier. Algunos son cambios imperceptibles, como la manera en que vamos construyendo relaciones a través de las redes sociales; otros son drásticos, como la formación de cadenas de valor en tiempo real que se transforman para anticipar y adaptarse a los cambios en el comportamiento del consumidor antes de que los consumidores siquiera sepan que existen estos comportamientos.

Estamos viviendo en lo que llamo un mundo hiperconectado, una compleja e interrelacionada red global de intereses económicos, sociales, políticos e individuales. En cierto sentido ya estamos viendo el impacto de la hiperconectividad en la forma en que la nube está siendo utilizada para conformar agendas políticas y sociales, así como negocios.

Hiperconectados

Si te pidieran identificar el fenómeno más importante que haya contribuido al crecimiento, la prosperidad y a un cambio sociopolítico global en los últimos doscientos años, ¿qué elegirías? Quizá pienses que es la aceleración de la tecnología, o quizá que son las mejoras en la atención a la salud, la industria farmacéutica, el transporte, las telecomunicaciones, la globalización o la educación. No obstante, un fenómeno subyace a todos estos cambios, y es el mismo que nos permitirá mantener el paso en el incremento de las tasas de incertidumbre y complejidad en el futuro. Se trata del impresionante aumento en las conexiones.

No sólo es un aumento en las conexiones de persona a persona, como las que se crean mediante las telecomunicaciones o las redes sociales como el correo electrónico, Facebook o Twitter; es un incremento en las conexiones entre prácticamente cada máquina, dispositivo, proceso y persona. Existe una intrincada e inmensamente compleja malla a una escala y alcance inimaginables que apenas hemos empezado a apreciar.

Hasta ahora, lo que hemos experimentado es un aumento en las conexiones que están separadas, localizadas y segregadas. Pero ¿qué pasaría si todas estas conexiones segregadas súbitamente fueran parte de un todo único e interconectado que trabajara en armonía? Hoy en día esa posibilidad toca las fibras del miedo en la mayoría de nosotros sólo con imaginar la amenaza que semejante cuerpo coordinado de información pudiera suponer para nuestra seguridad, identidad y propiedad intelectual; por ejemplo, imagina que toda la información sobre ti –tu historia personal, datos sobre tu conducta y experiencias, y tus comunicaciones, ya sea por teléfono, correo electrónico, chat o redes sociales– estuviera coordinada de una manera que capturase la esencia de quien eres y lo que haces, e incluso de lo que podrías hacer. ¿Qué pasaría si toda esa información estuviera conectada y fuera confiable y se encontrara instantáneamente disponible? Aterrador, ¿no? Por supuesto que lo sería, en el contexto del mundo actual, que es el equivalente del oeste salvaje cuando se trata de la manera en que estas conexiones se manejan, o, mejor dicho, se manejan mal.

Pero ¿qué sucedería si el contexto cambiara? ¿Qué ocurriría si el caos se domesticara de tal manera que ofreciera una casi ilimitada cantidad de valor, tanto

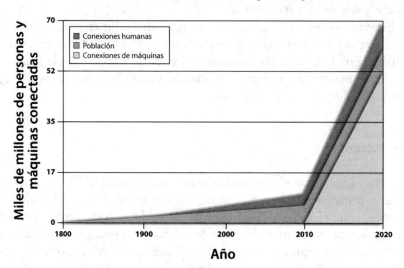

Conexiones de humano y máquina

FIGURA I-1   Mientras que el número de conexiones entre las personas se incrementa conforme crece la población, de cinco mil millones de conexiones en 2011 a siete mil millones en 2020 —según las estimaciones—, el número de conexiones máquina con máquina empequeñece estos números, pues se estima que crezca de cien millones en 2011 a cincuenta mil millones para 2020. Un simple cálculo del número de conexiones persona a persona, conexiones máquina con máquina y conexiones persona con máquina probablemente alcanzaría los setenta mil millones para 2020. Casualmente, esto se acerca a los cien mil millones de neuronas en el cerebro humano. Hay que tener en cuenta que incluso los setenta mil millones de conexiones de las que se habla aquí son una cifra sumamente conservadora ya que asume tan sólo una conexión de cada categoría, persona a persona (población), persona con máquina (conexiones humanas) y máquina con máquina (conexiones de máquinas). La realidad será de un orden de mayor magnitud con el potencial para 4,900,000,000,000,000,000,000 conexiones.

para ti como individuo como para los negocios? ¿Qué tal si todos los miedos que tienes ahora acerca de la forma en que la internet puede crear riesgo fueran eliminados, al mismo tiempo que todas las formas en que la internet crea valor aumentaran? ¿Qué tal si hubiera nuevas oportunidades para ti de trabajar de una manera más satisfactoria tanto financiera como profesional y personalmente hablando? ¿Cómo sería eso el día de mañana y cómo navegarías en este vasto tsunami de conexiones para obtener lo mejor de él, en lugar de que te revuelque la ola?

Contestar estas preguntas es la gran ambición de este libro. Pero una discusión de esta magnitud implica más que la imagen de una red de computadoras que se pueden usar de la misma manera que en una compañía de electricidad.

Mientras empezamos por usar esa idea como un trampolín, la tarea más amplia de este libro consiste en observar una variedad de fuerzas que están impulsando cambios fundamentales en el comportamiento de los individuos, los negocios y las naciones.

Una agenda para este libro

Este libro abarca un inmenso territorio de contenidos, así que es mejor empezar con un amplio recorrido del panorama de temas que tocaremos en cada capítulo. Aunque el orden de los capítulos tiene un flujo natural y cada uno se erige sobre las ideas de capítulos previos, no es crucial que leas el libro desde el principio y de corrido hasta el final. Una vez que hayas leído los dos primeros capítulos, siéntete en libertad de hurgar por ahí. Para ayudarte en el trayecto, aquí hay una breve sinopsis de cada capítulo.

En el capítulo 1 empezaremos por definir la nube y separarla de la idea de una simple red de computadoras, un error que suelen cometer aquellos que consideran que la nube no es más que un ardid de mercadotecnia que renueva los modelos computacionales de los servidores de uso compartido de recursos que fueran populares en los años 60 y 70. Luego echaremos un vistazo a algunos de los cambios básicos en la conducta que ocurrirán conforme la industria de la tecnología migre hacia un modelo de negocios que extraiga valor basándose en patrones de comportamiento e influencia en vez de un modelo que se base en los dispositivos. Éste es un cambio que hará que los consumidores y la experiencia de los usuarios sean los productos finales en torno a los cuales las empresas puedan innovar.

En el capítulo 2 hablaremos acerca de la transformación de los modelos económicos para la nube y describiremos tres distintas maneras en que la nube generará valor con el tiempo. Luego veremos cómo el clima socioeconómico mundial está creando una tormenta perfecta para el advenimiento y la rápida adopción de la nube. Lo más destacado entre estos modelos socioeconómicos será la decisiva importancia del "tiempo para la comunidad" como una medida de creación de valor basada en la nube.

El capítulo 3 considera cómo la tremenda avalancha de datos, análisis, conexiones y complejidad general de la nube se puede aprovechar usando un marco de personalización "accionado por la atracción" que les permita a los usuarios reducir el trecho que supone el factor de ruido inherente en un mundo hiperconectado.

De ahí pasaremos a una discusión sobre la transparencia, la seguridad y la confianza en el capítulo 4. Aquí abarcaremos una amplia gama de temas, incluyendo la habilidad de viajar en el tiempo a través de la perfecta memoria de la nube, disipando los actuales mitos en torno a la seguridad en la nube. También miraremos más de cerca el asunto de cómo la personalización crea más oportunidades para seguir y entender la conducta, la creación de personajes basados en la nube y, en última instancia, la importancia de gestionar nuestra reputación y marca en la nube.

En el capítulo 5 pondremos bajo el reflector la importancia de la movilidad en la nube y la posicionaremos como la "aplicación estelar" por hacer frente a los desafíos de vivir y hacer negocios en tiempo real.

Habiendo hablado en la primera mitad del libro sobre cómo es que la nube va a alterar muchos de nuestros comportamientos fundamentales, en el capítulo 6 centraremos la atención en el asunto de cómo la innovación se va a acelerar en la nube, examinando lo que llamo primera, segunda, tercera, cuarta etapa derivada de la innovación o innovaciones derivadas. Además, veremos la ampliación del papel de la innovación abierta en la medida en que se ve facilitada gracias a las plataformas de ideas como NineSigma, y asimismo presentaremos la noción de cloudsourcing, es decir, tercerización o subcontratación colectiva en la nube, como una manera de movilizar la reserva global de talento en rápido crecimiento.

El capítulo 7 trata sobre esta capacidad de innovación, describiendo algunas de las formas en que se alterará el comercio, para alinear mejor la inversión, el valor y el riesgo. También trataremos el tema de cómo lograr escalar dentro de la nube –en especial el papel crucial que van a jugar las pequeñas empresas–, así como la promesa de prosperidad nacional y mundial que comporta la nube.

El capítulo 8 trata más a fondo la discusión de cloudsourcing como un sofisticado medio no sólo de trabajo mediante la subcontratación, sino de crear un nuevo tipo de organización elástica que pueda afrontar más acertadamente las cambiantes necesidades del mercado, los volátiles patrones de demanda y la prevalencia de incertidumbre en el mercado.

Dado que nos acercamos al final del libro en el capítulo 9, vamos a analizar lo que podría ser la empresa más ambiciosa en la nube, la de su utilización para educar a la gente de una manera completamente distinta. Examinaremos su papel en la educación tradicional y como una herramienta para educar a la gente en los países en desarrollo del mundo, de donde vendrá el grueso de los trabajadores del mañana.

Finalmente, en las conclusiones, iremos todavía más lejos para observar algunas de las implicaciones de largo alcance que tendrá la nube en la manera que deberemos trabajar, vivir y jugar.

Conforme vayas leyendo cada uno de estos capítulos, ten en mente que lo que estamos tratando de definir con la metáfora de la nube es el movimiento tectónico en la manera de ver muchos de los preceptos básicos que hemos utilizado para construir los negocios, la política y la sociedad. Debido a la naturaleza expansiva de esta agenda, nuestros esfuerzos aquí sólo se pueden considerar como el principio del diálogo. Pero el principio es, en muchos sentidos, la mitad del todo que establece un entendimiento para guiarnos a través de lo que probablemente serán cien años de cambios por venir.

Bienvenido a la nube.

1

Definición de la nube

Todos estamos hambrientos y sedientos de imágenes concretas.
—*Salvador Dalí*

La historia se escribe en las imágenes colectivas que compartimos como civilización. Jack Schmidt creó una de esas imágenes. Schmidt tuvo un raro momento con nada más que hacer el 7 de diciembre de 1972, mientras flotaba por ahí en gravedad cero con su cámara Hasselblad en la mano. Por diversión, volteó para ver la Tierra que se alejaba cuando el *Apollo 17*, en su última misión tripulada a la Luna, estaba dejando la órbita de la Tierra para su travesía de 400,000 kilómetros. La imagen que apreció en su visor era maravillosa: rápidamente la encuadró y tomó la fotografía, una de las miles que se tomaron durante el programa espacial Apollo, pero ésa es la imagen que ha inspirado a generaciones y es probablemente la fotografía más ampliamente distribuida en la historia de la humanidad: la canica azul.

La imagen del mundo flotando en su singular belleza contra un fondo de infinita negrura cambió para siempre la forma en que nos percibimos a nosotros mismos. Viendo en términos literales que somos tan pequeños, tan conectados unos a otros y sin embargo tan solos en el cosmos, ése fue el momento en que la idea de la globalización se volvió real.

En las décadas posteriores, hemos hablado de ser ecológicos, de la aldea global, del mundo plano. Cualquiera que sea tu frase favorita, su génesis fue de alguna manera engendrada por esa simple imagen. Las imágenes son poderosas: se convierten en símbolos para las ideas, simplificando la complejidad para que todos entiendan. El cambio necesita un anuncio espectacular para difundir su mensaje, un meme que actúe como un contenedor para sus muchas partes.

Así que, ¿cuál imagen nos definiría conforme avanzamos en el siglo XXI? ¿Qué símbolo sugerirá nuestro mundo futuro? Muchas pueden venirnos a la mente; quizá la imagen de un mundo al revés con Asia arriba, o una foto de casquetes glaciares derritiéndose y mares en aumento. Cuando pienso sobre cómo lidiaremos con los muchos desafíos que nos confrontan, una imagen sobresale como una metáfora de la forma en que vamos a trabajar, vivir y jugar. Es la imagen de un caos amorfo y turbulento de conexiones casi infinitas de gente, máquinas y tecnología que cruzan todas las fronteras conocidas; es la imagen de una multitud de fuerzas en un estado constante de flujo, y sin embargo, perturbador, poderoso más allá de lo medible y casi imposible de aprovechar.

Es la imagen de la nube.

Definición de la nube

Entonces, ¿qué es la nube? Por ahora dejémoslo en algo simple: la nube crea inteligencia a través de las conexiones.

Pero antes de seguir adelante con lo que es la nube, hablemos de lo que la nube no es.

Primero que nada, la nube no es un sinónimo de internet. Aunque la nube depende de la internet como un método para conectar a la gente, las máquinas y la información, se extiende mucho más allá de internet hasta los dispositivos móviles, los sensores, la radio, satélites y otras formas de tecnología conectiva. Una forma sencilla de comparar la nube y la internet es pensar en términos de evolución.

La internet son amibas unicelulares, plancton y las formas de vida más rudimentarias que se arrastraron fuera del caldo primordial. La nube, sin embargo, está hecha de complejas formas de vida, con cerebros y sistemas nerviosos que pueden percibir y responder de forma autónoma al mundo que los rodea, incluso en situaciones muy complicadas e impredecibles.

Retomando el enorme aumento en el número de conexiones del que se habló en la introducción (figura I-1), existe un significado para el número total de conexiones previsto para el año 2020, setenta mil millones. Se estima que la mente humana tiene entre cincuenta mil millones y doscientos mil millones de neuronas, y casi todos los expertos coinciden en que se trata de alrededor de cien mil millones. La coincidencia es más que meramente interesante. Aunque no estoy afirmando que la nube será tan inteligente como un humano, al menos no para 2020, el espectacular incremento en el número de conexiones ciertamente apunta a qué tan radicalmente distinta será la forma de vivir y trabajar en la nube en comparación con el funcionamiento en internet.

Dado que la nube está en constante cambio y evolución, es difícil determinar una definición precisa que perdure, pero para nuestros propósitos usaremos la siguiente: *la nube es una colección –que evoluciona, inteligente, infinitamente escalable, siempre disponible, en tiempo real– de tecnología, contenido y recursos humanos a los que se puede acceder como y cuando sea necesario.* Eso es un trabalenguas, así que vamos a descomponerlo en cada una de las partes principales de la nube. Hablaremos mucho más de todas ellas a lo largo del libro, pero en este punto es crucial identificar un fundamento básico, especialmente cuando apenas se está aprendiendo lo relacionado con la nube.

La nube es:

Evolutiva e inteligente
Infinitamente escalable
Siempre disponible en tiempo real
Una integración de tecnología, contenido y recursos humanos

Evolutiva e inteligente

La nube no es sólo una red de computadoras conectadas y dispositivos de almacenamiento, lo que a menudo se llama *cloud computing* o informática en la nube –provisión de recursos informáticos en la nube. Eso es sólo el fundamento sobre el que se erige la nube. La inteligencia de la nube le permite tener un conocimiento y una habilidad de conectarse instantáneamente a la tecnología correcta, a los contenidos y a los recursos humanos que mejor se ajusten a tus necesidades; por ejemplo, si quieres usar la nube para hacer un trabajo sofisticado para un proyecto que involucra la química, la nube conoce tus preferencias y capacidades, y te presenta con el software, hardware y la gente que mejor se acopla a esa tarea en específico. Éste es el tipo de nube que los investigadores del Instituto de Investigación de Stanford, a quienes mencioné antes, describieron en 1999.

La nube está asimismo en constante transformación para adoptar la forma del contexto organizacional, social y político en que habita. Tal como la vida inteligente evolucionó para adaptarse a un ecosistema cambiante, la nube va a evolucionar conforme se desarrollen nuestras necesidades y la complejidad de nuestros problemas.

Infinitamente escalable

La nube crece conforme tus necesidades crecen. Esto se conoce a menudo como *elasticidad,* lo que significa que usas la nube, e inviertes en ella, con base en las necesidades que tengas en cualquier momento dado, en vez de que requieras adquirir capacidad y recursos en exceso para anticiparte al crecimiento.

Un gran ejemplo de la escalabilidad de la nube es Animoto, una empresa sobre la que hablaremos con mayor profundidad más adelante en el libro. Animoto ofrece una solución multimedia basada en la nube para quienes quieran crear montajes de video de alta calidad, similares a los de MTV, para uso profesional o personal. Dado que Animoto trabaja en tiempo real con video, gráficas y cierta inteligencia artificial realmente asombrosa, requiere de una buena cantidad de caballos de fuerza informática.

Cuando sus fundadores apenas lanzaron la compañía, esperaban que cincuenta servidores se ocuparan de la carga máxima de demanda por parte de los usuarios respecto al sistema (los servidores son computadoras que ejecutan las aplicaciones y se encargan de todo el procesamiento de una aplicación). No obstante, en tres días la demanda había sobrepasado sus sueños más descabellados y acabaron necesitando ¡tres mil quinientos servidores! Yo haré las operaciones matemáticas por ti: eso es setenta veces más capacidad de lo que habían previsto. La buena noticia para Animoto fue que no tuvieron que comprar de antemano nada de la capacidad extra. Conforme la demanda se incrementaba y los usuarios pagaban más por mayor calidad de video, la nube que usaba Animoto iba escalando en tiempo real.

Este último punto, equiparando valor y riesgo, es muy importante y en él vamos a insistir constantemente a lo largo del libro. *Si se escala al éxito real en vez de tratar de predecir el éxito de tu oferta, se altera significativamente la relación entre riesgo e inversión, pues disminuyen los inconvenientes y se da paso ilimitado a las ventajas.*

Esto equivale a un fabricante que no tenga que invertir en obreros, planta ni equipo a menos que los consumidores realmente compren el producto. Aquí hay un ejemplo todavía mejor que realmente reduce este principio a su mínima expresión: ¿qué tal si te dijera que puedes jugar en un casino y poner tu apuesta sobre la mesa solamente si ganas? No estoy asegurando que cada apuesta que hagas en la nube será una ganadora, pero el grado en que la gente y las empresas pueden experimentar con nuevas ideas e innovaciones aumenta radicalmente debido a la reducción en el riesgo que ofrece la nube.

Siempre disponible en tiempo real

La nube es un recurso global tanto para la tecnología como para las personas; por eso, los recursos que necesitas para lograr llevar a cabo prácticamente cualquier trabajo están disponibles día y noche. No existen fronteras nacionales ni zonas horarias en la nube. Aunque para las grandes compañías multinacionales no es nueva la noción de que el trabajo siga el curso del sol —por tener acceso a distintos mercados en cualquier parte del mundo a cualquier hora—, las pequeñas y medianas empresas no habían tenido esta oportunidad en el pasado. Los costos que se requieren para configurar una operación multinacional, desde contratar talento hasta contar con fondos de garantía, han sido históricamente prohibitivos para las empresas pequeñas y medianas. Todas las tareas asociadas con un negocio global ahora se pueden hacer en la nube mediante plataformas que actúan como intermediarias para tecnología y recursos humanos. Los recursos incluyen grandes compañías como Amazon, con su cloud computing —informática en la nube— y sus soluciones de almacenamiento, así como su solución de recursos humanos: Mechanical Turk. Otro ejemplo es LiveOps, una compañía que provee talento sobre pedido en la nube a pequeños y medianos negocios que quieren aventurarse con recursos austeros, utilizando una pequeña cuadrilla de empleados para luego ir añadiendo personal conforme se requiera, sin la sobrecarga que implica acarrear ese talento cuando no es necesario.

Una integración de tecnología, contenido y recursos humanos

Cuando la mayoría de la gente piensa en la nube hoy en día, concibe computadoras y almacenamientos de datos, que también se conocen como centros de datos. Estos centros son grandes almacenes que parecen fábricas donde se resguardan computadoras e información, y que se pueden alquilar a los usuarios a través de internet. Muchas compañías, como Dell, Amazon, Google, Microsoft y HP, están proveyendo esta especie de capacidades subcontratadas de cloud computing.

Estas mismas compañías también proporcionan servicios y soluciones, que incluyen todo, desde software hasta empleados por contrato que realizan un proceso de negocio en particular (apoyo a clientes, por ejemplo).

La nube adolescente

Pero el cloud computing es apenas la forma temprana de la nube, que llamaremos la *nube adolescente*. La nube adolescente sigue siendo en gran medida un trabajo en progreso que actúa como un puente entre el estado actual de internet y la nube que estaremos describiendo a lo largo del libro. Para hablar en términos sencillos, cuando me refiero a la nube, estoy incluyendo a la nube adolescente, así que de pronto podrías decir: "Ah, eso suena muy parecido a la forma en que la internet trabaja en la actualidad". Tienes razón, pero cuando te atrapes pensando eso, trataré de estirar tu imaginación hacia el futuro.

Ya se trate de la nube adolescente o de su más extremo estado evolutivo, la nube de la que estaremos hablando es mucho más que hardware, software y servicios. La nube incluye no sólo los cimientos y tuberías para un negocio, sino también muchos de los recursos que el negocio podría necesitar, desde contenido hasta mercadotecnia o talento humano; por ejemplo, compañías como Threadless les proporcionan a los aspirantes a diseñadores de camisetas la posibilidad de presentar sus propias propuestas y votar por los diseños de unos y otros. Luego se compensa a los diseñadores ganadores, y sus camisetas se ponen a la venta en Threadless.com. Otras compañías, como iStockPhoto y 123RF.com, les dan oportunidad a aspirantes a fotógrafos de subir sus imágenes y venderlas a individuos o compañías que buscan catálogos de fotografías. Éstos no sólo son ejemplos de tecnología, son nuevos modelos de negocio.

Aunque se incluye algo de la parte humana de la nube –en las reservas de talento provistas por las compañías tradicionales de outsourcing o subcontratación como Dell–, también se incluye un conjunto de recursos mucho mayor, más orgánico y diverso, desde innumerables aplicaciones más pequeñas de software (piensa en las aplicaciones de tu smartphone) hasta individuos que fungen como talento de medio tiempo o tiempo completo en la nube.

Cuando consideramos todas estas dinámicas de la nube, básicamente hay dos preguntas que necesitamos responder con el fin de aplicar la nube a nuestra vida y a los negocios. La primera es ¿cómo es que la nube va a cambiar los modelos de negocio de las corporaciones, concretamente aquellas que tratan de competir por los servicios basados en la nube? La segunda pregunta es ¿cómo es que el mercado va a cambiar sus comportamientos y expectativas basándose en lo que la nube pueda ofrecer?

La respuesta a cada una de estas preguntas depende en gran medida del periodo de tiempo que elijamos. En el corto plazo, digamos los siguientes dos o tres años, gran parte de la evolución de la nube se dará en combinaciones híbridas de hardware y software local o in situ junto con soluciones basadas en la nube.

Si pensamos en el software y hardware como parte de un sistema cerrado, lo que significa que está patentado y que, en todo caso, no se encuentra fácilmente conectado a la nube, de cualquier modo podemos ver fuerzas que están moviendo estos sistemas cerrados a entornos más abiertos; por ejemplo, muchas compañías actualmente dependen de las soluciones de outsourcing, que los obligan a abrir sus sistemas internos a terceros. Puesto que estos terceros usualmente son socios globales, la conexión entre estos sistemas cerrados de patente y la solución de subcontrato bien podría darse a través de una nube pública o privada. Por *nube pública* entendemos una nube que está protegida contra la intrusión pero a la que se accede mediante la internet pública. Una nube privada está cerrada a todos salvo a los miembros participantes. La diferencia es realmente un asunto de qué tan bien protegen los sistemas físicos y basados en software de seguridad el acceso a la nube y qué tanto definen lo que se requiere para ser un miembro de la nube. A una nube pública, como Elance u oDesk, se accede con facilidad, y en ella se puede obtener una membresía sin mayor problema, y por lo tanto es un recurso factible para pequeñas o medianas empresas que no quieren invertir en computadoras, aplicaciones y almacenaje. Por otro lado, compañías como E2open utilizan grandes nubes privadas que tienen estrictos criterios de membresía y acceso.

Otros ejemplos, como Salesforce.com, han creado nubes públicas que alojan aplicaciones que los negocios pueden usar de acuerdo con sus necesidades y por las que pagan según la dosis de utilización. Todo lo que tienes que hacer para acceder a las aplicaciones y guardar tu información en la nube es comprar una membresía en línea. En otras palabras, en vez de comprar costosas aplicaciones de software que se necesitan ejecutar en las computadoras de la compañía, puedes adquirir el acceso a las aplicaciones y al almacenamiento para tu información en equipos que son propiedad de Salesforce.com y cuyo mantenimiento corre a su cargo.

De forma alternativa, compañías más grandes y reguladas pueden optar por una nube privada, que tiene criterios rígidos, que puede investigar a sus miembros y que requiere mayor adherencia a políticas específicas y requerimientos legales. El hardware para estas nubes privadas asimismo puede dedicarse a las necesidades de los miembros más que a compartirse con usuarios de otras nubes públicas o privadas. Esto también se conoce como entorno virtualizado, pues rompe el proceso de cómputo entre múltiples servidores en múltiples ubicaciones geográficas.

Hay que tener en mente que lo que estoy describiendo aquí es sólo la punta del aspecto técnico de la informática en la nube. El número de variaciones en las nubes públicas y privadas –cómo se comparten o aíslan recursos tales como computadoras físicas, servidores, software, datos y procesos– es casi infinito. Probablemente escucharás términos como *arrendatario, multi-arrendatario, servidores virtuales, máquinas virtuales, esquemas y bases de datos compartidas, aislamiento de información* y muchos otros sobre los que se bromea como si los entendiera claramente cualquier persona que incursiona en la nube. De hecho, las especificaciones de cómo se construye y protege la arquitectura de una nube es una cuestión de interés primordial para quienes edifican estos entornos. Pero mi intención no es darte una clase sobre la mecánica de la tecnología del cloud computing, así como no intentaría enseñarte ingeniería estructural para ayudarte a diseñar una casa. Una comprensión básica es todo lo que vamos a abordar aquí, y es todo lo que necesitamos.

Para todos los tipos de arquitectura de nube que hemos abarcado (y para aquellos que no), hay fuerzas económicas que van a dirigir tanto las nubes privadas como las públicas para que converjan a largo plazo, que definiremos como cinco o diez años. Para compañías que invierten en nubes privadas sigue habiendo costos más elevados que tienen que ver con mantener algo que en última instancia no es parte de la competencia medular de la institución. Ya que los precios del hardware continúan decayendo, las economías de escala se desarrollarán en la nube de tal forma que resultará muy difícil justificar una nube privada.

Por otro lado, para las pequeñas y medianas empresas será cada vez más fácil procurarse talento en la nube, a lo que llamaremos *cloudsourcing*. Entre más grande sea la nube, más eficiente será la dinámica del libre mercado de la nube y, como veremos en el capítulo 7, más bajo será el riesgo de emplear talento. A qué se parecerá esta nube final, que se muestra en el cuadrante superior derecho de la figura 1-1, sigue siendo una incógnita. Pero los modelos de negocio que la harán atractiva y la impulsarán ya están empezando a manifestarse. Uno de ellos es el poder de la nube de cambiar el valor con la simple reducción del costo en tecnología para capturar datos sobre comportamiento.

Son los datos, no el dispositivo

El mayor valor de la nube a largo plazo, y la razón por la que compañías como Amazon, Apple y Google se están apresurando a reclamar su territorio, tiene que ver con el conocimiento de conducta que la nube puede ofrecer sobre sus usuarios.

> Lo que está propulsando la nube más que cualquier otra fuerza es la continua caída en el costo del cloud computing y el continuo aumento en el valor de la información en la nube acerca de cómo nos comportamos.

La razón por la que Google regala tanta tecnología, permitiéndote guardar inmensas cantidades de información en sus servidores –por ejemplo, Gmail y YouTube– y posibilitándote la comunicación a través de sus dispositivos –por ejemplo, los smartphones con sistema Android–, es que la información que está recabando sobre tus comportamientos, intereses y patrones es infinitamente más valiosa que cualquier cantidad de hardware y software que puedan vender; por ejemplo, si has usado Gmail, seguramente estás muy familiarizado con los anuncios que aparecen en tu cuenta gratuita tratando de colocar productos y servicios que sean relevantes para el contenido de tu correo electrónico. Quizá digas, "Bueno, es un trato justo. Me dan tecnología gratis y yo les doy un poco de información de quién soy". Pero esa información no se limita a quién eres. Si yo mando un correo a tu cuenta de Gmail desde mi servidor privado, aunque no sea de Gmail, de todas maneras pasará por el análisis de Google. De modo que ahora Google no solamente sabe acerca de ti, acuerdo que tú aceptaste tácitamente, sino que también sabe sobre mí y cualquier otra persona con la que te comuniques por correo electrónico. Lo mismo sucede con tus hábitos de consumo en Amazon o iTunes, así como con todos los datos sobre la forma en que usas los dispositivos que te conectan con la nube, como tu smartphone.

Pero no nos limitemos a una discusión sobre contenido y datos. Fácilmente podríamos extender esta idea a otras esferas; por ejemplo, General Motors actualmente está habilitando automóviles equipados con su servicio OnStar con lo que se llama GM-RelayRide, otro servicio que permite a los propietarios ¡poner su auto en la nube! La idea se basa en el hecho de que un conductor promedio utiliza su auto tan sólo dos horas al día. Con el nuevo servicio RelayRide de GM, un propietario podría integrar su coche con una capacidad fraccional de alquiler que permite que su auto esté disponible para renta a corto plazo, por hora. Con seis millones de suscriptores a OnStar y otros nueve millones de vehículos equipados con OnStar, GM tiene una sustanciosa cantidad de datos acerca de los comportamientos y patrones de los conductores. Con base en estas conductas, RelayRide coordina concordancias entre propietarios y arrendatarios, maximizando el uso del carro, subsidiando a su dueño y proveyendo un alto nivel de conveniencia para los arrendatarios.[1]

Progresión del software y hardware tradicional in situ hacia la nube

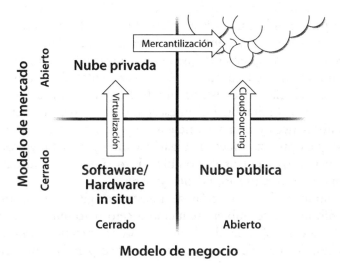

FIGURA 1-1   La progresión del software y hardware tradicional in situ hacia la nube consistirá en numerosos cambios a corto y largo plazo tanto en nubes privadas como públicas. Las nubes privadas se utilizarán en aquellos casos en que los negocios perciban una mayor seguridad en modelos de negocio cerrados que eviten comprometer información confidencial. Aunque esto siga permitiéndoles a los negocios hacer frente a nuevas necesidades del mercado dentro de los modelos de negocio existentes, impedirá el tránsito a nuevos modelos de negocio más radicalmente innovadores. Por otro lado, las nubes públicas ya se usan actualmente para nuevos modelos de negocio con el fin de enfrentar las necesidades existentes del mercado, por ejemplo, ciertas tareas de outsourcing mediante nubes humanas como Elance. A largo plazo, sin embargo, las nubes públicas y privadas se fundirán en una sola nube con la habilidad tanto de proteger información confidencial como de adaptarse rápidamente a las nuevas necesidades del mercado y a los nuevos modelos de negocio.

En esta nueva realidad basada en la nube, el producto ya no es lo que se está vendiendo, ya sea un artículo o un servicio, sino que el producto eres *tú*. Tú te has convertido en el producto más valioso que cualquiera podría poseer o con el que pudiera comerciar. Cuando digo *tú*, por supuesto me estoy refiriendo a los datos acerca de quién eres, qué haces, cuándo lo haces e incluso por qué lo haces. Las repercusiones de compartir esta información van mucho más allá de cualquier cosa que pudiésemos siquiera comenzar a desentrañar ahora, pero parte de nuestro recorrido por este libro será ahondar en las posibilidades que eso crea.

Esta apropiación de datos es uno de los cambios menos comprendidos pero más sustanciales en la forma en que los proveedores de tecnología van a justificar y erigir sus modelos de negocio en la nube, y es la razón primordial de que el tránsito a una sola y unificada nube vaya a crear el mayor cambio en la forma en que hacemos negocios.

Liberarse de la tierra firme

De modo que si la nube es esa nueva y tan increíble forma de hacer negocios, ¿por qué no es pan comido para cada empresa? Después de todo, ¿qué negocio no querría reducir sus riesgos y aumentar su habilidad para escalar, crecer e innovar?

La respuesta es simplemente que hemos construido gran parte de nuestra visión de la informática en torno a ideas preexistentes de cómo deberíamos trabajar y cómo deberíamos construir nuestras organizaciones basándonos en una teoría de recursos limitados. En un escenario de escasez de recursos, donde los recursos informáticos y humanos tienen un precio fijo y un suministro limitado, tenemos que optimizar nuestras organizaciones para los mejores resultados teniendo en cuenta los recursos disponibles. Pero ¿qué tal si ajustamos tres de esas restricciones, a saber, precio, talento y tiempo?

En nombre de la ampliación de nuestra imaginación, digamos que el precio de la informática se hubiera reducido a cero neto (en un momento más explicaré lo de cero neto), que el talento se volviera prácticamente ilimitado y con un costo casi de cero (de nuevo, espera un poco para la explicación de esta terminología) y que la latencia del tiempo efectivamente se derrumbara a cero absoluto...

Un costo de cero neto significa que sólo estás pagando por algo si está generando un retorno inmediato de la inversión. Recordemos el caso previo de Animoto, en el que la compañía sólo adquiría potencia de informática en la nube conforme los consumidores adquirían su servicio de video. En este modelo, nunca se gasta más de lo que se produce, por lo tanto el costo neto siempre es cero.

El costo casi cero por la adquisición de talento humano significa que puedes emplear gente para resolver los problemas que surjan en tu empresa sin pagarle hasta que desarrolle una solución conveniente y aceptable. Sigues pagando por la solución, pero no hasta que estés de acuerdo en que es la solución que estás buscando. Veremos ejemplos de esto en compañías de cloudsourcing como InnoCentive, NineSigma y OpenIDEO. Sigue habiendo (por lo general) un precio a pagar, pero no hay riesgo en pagarle a alguien por desarrollar una solución si no se puede desarrollar. Llamamos a esto casi cero porque el solo hecho de tener una idea o solución aceptable no significa que llevar a la práctica la idea vaya a generar ganancias adecuadas para cubrir su costo.

La latencia del tiempo en cero absoluto resulta de la habilidad inmediata de la nube para conectarte con hardware, software y recursos humanos. Aunque es un poco prematuro en la nube adolescente referirse a la latencia de cero absoluto, ahí es exactamente a donde la nube se dirige.

La negación del riesgo es una aseveración muy radical que difícilmente se ajusta al modelo de negocio en el que operamos hoy en día, el cual es un modelo muy bien estructurado en el que tenemos que adquirir infraestructura, emplear gente y gastar tiempo considerable en la búsqueda y colocación de ambos.

FIGURA 1-2

Cero neto	Pagas por una solución sólo si está generando un rendimiento inmediato; por ejemplo, solamente adquieres potencia informática y de almacenaje cuando y sólo si es necesario.
Casi cero	Le pagas a la gente para resolver los problemas que surjan únicamente si desarrolla una solución conveniente y aceptable; por ejemplo, haces público un problema en el sitio Innocentive.com y seleccionas una de las soluciones que se presenten allí para recibir un premio.
Cero absoluto	Ésta es la ausencia de cualquier latencia de tiempo que resulta de la habilidad inmediata de la nube para conectarte con hardware, software y recursos humanos.

Este enfoque actual muy bien estructurado para constituir un negocio es un obstáculo significativo en los mercados de ritmo acelerado. Reduce nuestro campo de visión y limita nuestras opciones al establecer altas trabas para invertir en nuevas empresas e ideas. Estas barreras básicas de entrada les permiten a las empresas ya establecidas, con menos productos y servicios de lo ideal, permanecer en el negocio. Sobre todo, estas restricciones establecen nuestras expectativas sobre lo que es posible y lo que no con base en suposiciones y planes de negocios que tienen que ser realmente convincentes. He visto repetidamente este tipo de estructura inhibir la innovación en grandes y pequeñas empresas. En pocas palabras, hay que justificar el indagar en lo desconocido anticipando plenamente el impacto financiero de lo desconocido. Eso es a todas luces un tonto ejercicio. A esto le llamo que la tierra firme se aproxime a la innovación en el área de la tierra ignota, esa zona en los mapas antiguos que se titularía "Aquí hay dragones", para ilustrar el miedo de aventurarse en lo desconocido. Los mapas eran inútiles cuando te atrevías a entrar en la tierra ignota, como lo son las herramientas financieras que usamos para aventurarnos en el futuro. Tratamos de explicar el futuro basándonos en nuestra comprensión del pasado. Es práctico y racional pero no funciona. El futuro no es simplemente una continuación del pasado.

Lo verdaderamente asombroso es lo rápido que nos enceguecemos respecto a la forma correcta de abordar un problema y lo que es factible. Pronto abandonamos la creatividad necesaria para ver el problema desde una nueva perspectiva cuando nos vemos forzados a lidiar sólo con las variables conocidas de un determinado mercado. Debido a estos impedimentos, con facilidad nos convencemos a nosotros mismos de que ninguna dosis de creatividad puede resolver problemas que nos son familiares. Por eso dudamos de la naturaleza radical de la innovación. Ya se trate de la radio, el teléfono, el foco, la internet, el iPod o la nube, somos absolutamente inconscientes del impacto que las innovaciones pueden y van a tener en nosotros y de la medida en que cambiarán la manera en que experimentamos el mundo. La realidad es que ninguna de estas innovaciones se puede justificar con base en el modelo conservador de hacer negocios; todas ellas requieren pensar en el mercado de una manera nueva. Lo mismo se puede decir de la nube.

Cuando los patrones familiares de hacer negocios se ven perturbados por la innovación radical, parece ser que la alteración siempre proviene de los candidatos más improbables para el cambio. Como si sólo un par virgen de ojos, no contaminado por el aprendizaje de lo que no funcionará, fuera lo bastante tonto para ver la oportunidad que el cambio puede provocar.

Aunque estemos rodeados por éxitos inverosímiles, nunca dejamos de sorprendernos con ellos. Amazon redefine la manera en que se compran y venden los libros; Google redefine la manera en que aprendemos; Apple redefine la manera en que experimentamos la música. En cada caso, un extraño que no tenía ninguna posibilidad racional frente a los grandes emporios los rebasó por años luz. Como un amnésico sin memoria a largo plazo, permanecemos anonadados por el fenómeno, sin importar cuántas veces lo experimentemos.

En el mundo actual, el nivel de complejidad, la velocidad de cambio en los mercados, y la sola magnitud de los problemas con los que lidiamos exigen que nos liberemos del enfoque de tierra firme que ha limitado tan seriamente la manera en que justificamos la inversión y, fundamentalmente, colaboramos para la resolución de los problemas. De otro modo, rápidamente nos vamos a situar nosotros mismos como las víctimas de la complejidad en lugar de como sus amos.

Entonces, ¿esto qué tiene que ver con la nube? Es simple. La nube representa la subversión consumada de la estructura y de los modelos tradicionales de justificación y experimentación. Es una red económica y social dominante que pronto conectará y definirá más aspectos del mundo que cualquier otra organización política, social o económica; sin embargo, seguimos viéndola como el modo de reducir costos.

La nube es la primera megatendencia del siglo XXI. Es una tendencia tan grande, que define la manera en que vamos a hacer frente prácticamente a cada desafío con que nos encontremos en los siguientes mil años. Es un lugar en el que todos viviremos, trabajaremos y jugaremos en el siglo XXI. Es donde casi treinta y cinco millones de personas ya trabajan, de hecho. Es donde están tus hijos cuando se sumergen en juegos en línea. Es donde conoces gente y te reúnes con tus amigos en las redes sociales. Es a donde las compañías acuden para dar con la siguiente gran idea y donde las campañas políticas se ganan o pierden.

Sin embargo, cuando la mayor parte de la gente piensa en la nube, la conforman en los mismos patrones a los que están acostumbrados. Para mucha gente, la nube es sinónimo de internet. Para otros es sólo otro perfil de la informática distribuida, donde el almacenamiento y la potencia computacional se adquiere en empresas de servicio público como Amazon, Microsoft, IBM o Google.

Ésa no es la forma en que quiero que veas la nube. A lo largo de este libro, definiremos la nube no como simple tecnología, sino como un mecanismo de cambio para nuestras más elementales suposiciones sobre la manera en que dirigimos los negocios e interactuamos unos con otros.

No es fácil visualizar la nube en este nuevo contexto. Simplemente no estamos programados como seres humanos para entender lo que no hemos experimentado.

Liberación

Un maravilloso ejercicio para el reto de liberarse de los patrones conocidos, ejercicio que he realizado con decenas de miles de personas, no es más que un sofisticado jarrón de Rubin –una imagen que oscila entre un oscuro jarrón perfectamente simétrico y dos caras blancas.

Mi versión muestra una pequeña animación con la silueta de una chica girando; la puedes encontrar fácilmente en la web. Pongo el video de forma continua y les pido a los espectadores que me digan si ven a la chica girando en el sentido de las manecillas del reloj o a la inversa. La mitad la ve girar en el sentido de las manecillas del reloj y la otra mitad la ve girar en sentido contrario. Lo que sigue es lo verdaderamente sorprendente.

Menos de quince por ciento de los observadores puede cambiar la dirección en que la chica gira. El resto de nosotros simplemente está atascado. Una vez que adoptamos un patrón, hay muy poco que podamos hacer para cambiarlo, aun cuando sepamos que el patrón existe sólo en nuestra mente.

Thomas Kuhn comprendió este fenómeno íntimamente. En su libro clásico *La estructura de las revoluciones científicas*, explicó con penoso detalle las fortalezas que levantamos para defender los patrones del pasado como algo sagrado. Entre más grande sea la revolución, mayores y más gruesos serán los muros de estas fortalezas.

Eso es exactamente lo que pasa con la nube.

El contexto de la nube

En su forma más poderosa la nube es un nuevo contexto para los negocios y la sociedad. La nube es un facilitador para el terrorismo y al mismo tiempo es su antídoto. Es el conductor esencial del cambio que desestabiliza en el poder de los países industrializados a los países en desarrollo, y también el mecanismo por el cual el mundo entero desarrollará un nuevo equilibrio en los próximos cien años. De hecho, la nube no se trata de tecnología alguna. El correo electrónico, la mensajería instantánea, las redes sociales, el cloud computing y el crowdsourcing son pequeñas piezas de la nube, hacen más fácil de definir cómo funcionan las partes de la nube, pero no definen cómo se comporta. Tampoco llegan al corazón de cómo nos vamos a comportar *nosotros*, y es el comportamiento de este nuevo mundo precisamente lo que necesitamos entender.

En primer lugar debemos tener en cuenta que la nube es un verdadero factor de cambio ya que redefine muchas reglas del juego en el que interactuamos y manejamos nuestros negocios. No es una tendencia o una moda. Esto es la evolución de una nueva inteligencia cuyas estructuras y patrones, para casi todo, cambiarán nuestra noción de lo que nos es familiar.

En segundo lugar, no hay que confundir la nube con la internet. La internet es sólo una colección de conexiones. No es más relevante para la nube que lo que el servicio telefónico es para la forma de construir un negocio o una economía. Puedes necesitar un teléfono para manejar un negocio, pero no construyes tu modelo de negocio alrededor de él.

Por decir un ejemplo, pensemos en la forma en que la nube altera el proceso de mercadotecnia viral, cambiando los más básicos principios de cómo los mercados se ven influidos por nuevos productos e ideas. La mercadotecnia viral saca ventaja de la nube como una plataforma integrada para influir en los mercados masivos con una inversión casi de cero, desde los videos de YouTube que han lanzado a personajes como toda una sensación, digamos el cantante juvenil Justin Bieber, hasta campañas en las redes sociales que consolidaron el voto juvenil para Barack Obama, cuyos videos en YouTube tuvieron más de ochenta millones de reproducciones. Sin embargo, utilizar la mercadotecnia viral no es nuevo; OrsonWelles la usó de manera muy eficaz en 1938 para sembrar el caos y provocó la indignación entre los radioescuchas, que consideraron que habían sido manipulados por el episodio radial "La guerra de los mundos" de la emisora Columbia Broadcasting. Si querías promocionar en el siglo XX, no tenías más alternativa que pagar por una plataforma. Si tu intención es anunciar tus productos en la nube, la noción de pagar por una plataforma pierde sentido. La plataforma ya existe. Lo importante es descubrir cómo puedes crear influencia en la nube. Este cambio de la plataforma a la influencia es quizá uno de los cambios más profundos en mercadotecnia, un cambio que muchas compañías e individuos apenas están empezando a comprender.

No se puede empujar una nube

El cambio de plataforma a influencia conduce a una de las implicaciones más interesantes de la nube. El poder de tu mensaje no se determina por la escala de tu plataforma (por ejemplo, tus suscriptores, espectadores y escuchas), sino por el alcance de tu red de influencias. En otras palabras, un solo blog tiene el impacto potencial del programa de relaciones públicas de miles de millones de dólares de la compañía más grande que exista. Estas personas influyentes se están convirtiendo rápidamente en uno de los bienes más codiciados en la nube. Lo que constituye un factor de influencia sigue siendo más un asunto de arte que de ciencia, pero la influencia de la nube ya está siendo clasificada por compañías como Klout, PeerIndex y HubSpot's Grader.

La importancia de la influencia se relaciona con el hecho de que en la nube toda comunicación se pondera por el valor de su influencia definitiva en el individuo. Ése es un concepto difícil de apreciar a plenitud. Pensemos en él así: *la mercadotecnia tradicional es como remover nieve, y entre más grande sea tu pala mecánica, más nieve podrás empujar. Si quieres influir en la gente usando este modelo, entonces debes comprar publicidad en el Súper Tazón por un millón de dólares.* Ésta es la forma en que Apple lanzó la Macintosh en su anuncio del medio tiempo en el Súper Tazón de 1984. Sin embargo, si intentas remover la nube con una pala, estás perdiendo tu tiempo. Las nubes no se pueden empujar bien. De hecho, la gente en la nube responde negativamente a este tipo de acercamiento tradicional y lo percibe como manipulador y falso. Para mover una nube de lluvia, necesitas hacer que cada molécula de agua se mueva individualmente de manera que la nube se mueva colectivamente. Lo mismo aplica a la nube de la que estamos hablando. Influencia significa mover de forma individual a la gente hacia tu marca, producto o servicio con base en la confianza en un tercero, un tercero que tiene muchas más probabilidades de moverlos de las que tú jamás tendrás. Puedes pensar en esto como una forma de promoción, pero estas personas influyentes no son como los Michael Jordan del mundo. El valor que obtienen no viene de ti, sino de su reputación, que se construye sobre la confianza y la integridad.

Uno de los ejemplos más profundos de este cambio en la manera en que usamos la influencia para crear un ímpetu social es la vorágine de disturbios que se encendieron en 2011 en lo que hemos dado en llamar la Primavera Árabe. Durante un periodo de nueve meses, empezando en Túnez en enero de 2011, hubo disidentes que se organizaron usando teléfonos celulares y redes sociales para manifestarse y protestar. Esto fue un levantamiento popular que finalmente derrocó los gobiernos de Túnez, Libia y Egipto, y asimismo perturbó a casi todos los países de Medio Oriente.

El movimiento en Túnez, llamado Takriz, tiene raíces sorprendentemente profundas en la organización en línea, habiendo empezado con el uso de internet en 1998 para comunicaciones. Uno de los fundadores del movimiento, Ben Ali Foetus, era un hacker que decidió hackear la internet con el fin de sortear las tarifas de uso del servicio, que eran exorbitantemente altas y que cobraba el gobierno tunecino.

Pero la influencia a largo plazo de la Primavera Árabe se ha extendido mucho más allá del Medio Oriente, hacia países de Europa y hasta Estados Unidos. Durante el otoño de 2011 surgieron disidentes que empezaron a organizarse en torno a lo que se ha denominado el movimiento Ocupa. Ocupa comenzó con una "ocupación" de Wall Street en septiembre de 2011 y se propagó por todo el país a más de doscientas ciudades. Se iban reuniendo grupos en las ciudades para protestar por un amplio espectro de desigualdad social, con preocupaciones que abarcaban desde la avaricia de las grandes corporaciones hasta las políticas del gobierno y los impuestos que favorecen a los ciudadanos y empresas acaudaladas, así como las fallas del capitalismo en general. Su objetivo era simplemente irrumpir en el estado de cosas y captar la atención para una causa generosa. En muchos sentidos, la Primavera Árabe y su vástago, el movimiento Ocupa, son los primeros intentos basados en la nube de experimentar con el poder de las redes sociales y la influencia para crear entidades que pueden, al menos, irrumpir en las instituciones sociales, comerciales y políticas existentes y, en el mejor de los casos, trastocarlas y derrotarlas por completo.

Es claro que los disidentes no son un fenómeno nuevo. No obstante, esta particular oleada de movimientos posibilitados por las redes sociales depende en gran medida de la habilidad de los participantes de conectarse con rapidez por medio de la tecnología y causar estragos eficazmente en el gobierno y el comercio, al movilizarse a una escala que de otra manera requeriría una cuantiosa inversión en organización.

Mientras que la Primavera Árabe pudo haber sido pionera de la protesta facilitada por las redes sociales, las raíces de las protestas basadas en la tecnología móvil se remontan a las convenciones políticas nacionales del año 2000, cuando los manifestantes usaron sus teléfonos celulares para arremolinarse como abejas, evadiendo a la policía. El problema fue tan grande que, días antes de la Convención Nacional Republicana, John Sellers, quien en ese momento encabezaba la Sociedad Ruckus y era influencia primordial de una enorme red de manifestantes, fue arrestado por las autoridades de forma preventiva y acusado de una serie de delitos menores, incluyendo, por primera vez en la historia, el uso de un teléfono celular como un "instrumento del crimen". Sellers obtuvo libertad bajo fianza de un millón de dólares, una extraordinaria suma de dinero por el presunto delito.

En un movimiento similar, los países del Medio Oriente adoptaron medidas drásticas para reprimir la posibilidad de los disidentes de comunicarse, interrumpieron el funcionamiento de su red nacional de internet, publicaron protestas falaces en blogs populares y luego se dedicaron a esperar, previendo aprehender a los manifestantes. Al final los esfuerzos fueron de poca utilidad pero ilustraron vívidamente tanto el poder de la conectividad como la medida en que dependemos de ella en las comunidades del mundo actual.

Es necesario que entendamos el tremendo poder de estos grupos hiperconectados en la nube para movilizar la opinión popular de una manera que puede alterar significativamente el curso de la política y los negocios, para bien o para mal. El movimiento Ocupa marca un punto de inflexión en la forma en que las comunidades descontentas pueden alterar el statu quo. Mientras que las etapas tempranas del movimiento Ocupa bien podrían decaer, yo no me apresuraría a descartar el asunto como si no pasara de ser un mero grupo de estudiantes sin mucho que hacer.

Cuando hablemos de la perspectiva de Joseph Schumpeter sobre el futuro del capitalismo (en el capítulo 7), analizaremos la teoría de la "destrucción creativa", que se refleja en el movimiento Ocupa y contiene la semilla de lo que, de acuerdo con Schumpeter, podría llevar a la caída del capitalismo. Aun cuando Schumpeter no podía haber previsto el advenimiento de la nube y el papel que desempeñaría, su teoría de la destrucción creativa es turbadoramente similar a la forma en que la nube podría hipotéticamente influir en el curso de los acontecimientos mundiales para derrocar al capitalismo. La otra alternativa –y desde el punto de vista con el que concuerdo– es que la nube podría ser responsable de crear una dimensión de oportunidad totalmente nueva para los emprendedores e innovadores, una dimensión que impulsa el capitalismo a una nueva órbita.

Este sutil pero profundo cambio en el comportamiento de los grupos hiperconectados en la nube va a influir en todos los aspectos de nuestra vida. Va a determinar cómo trabajen las personas, así como por qué y por cuánto tiempo trabajen. Definirá cómo contraten las corporaciones, cómo constituyan equipos, cómo se asocien y formen alianzas, cómo compitan y entren en el mercado. La nube va a decidir la naturaleza del salón de clases, junto con la forma de enseñar y el papel que adquiera la educación en la construcción del conocimiento y las profesiones. Para las naciones y las economías, definirá el equilibrio del poder y el comercio, que siempre ha sido el corazón de la estabilidad global o, como suele ser el caso, la inestabilidad.

Aprovechar el otro 90 por ciento

Como ya hemos declarado, la nube es un fenómeno en transformación. Hay que considerar que hay siete mil millones de personas en el planeta, aunque solamente quinientos millones si acaso remotamente califican como trabajadores del conocimiento –es decir, gente que se gana la vida con base en la utilización de su mente más que de sus músculos. Ochenta por ciento de los habitantes del mundo percibe incluso menos de diez dólares al día. Y, a menos que creamos que la internet está cambiando de alguna manera todo esto de la noche a la mañana, sólo 1.7 mil millones, apenas más de 25 por ciento, tiene acceso a una conexión de internet los siete días de la semana a toda hora.

Imagina que dirigieras tu empresa con sólo 25 por ciento de tus empleados con la capacidad de hablarse entre sí. Pues eso es precisamente lo que estamos haciendo a una escala global. A pesar de todo lo que se dice de allanar el mundo, de los puestos de trabajo migrando hacia el extranjero, a las economías en desarrollo, y los incrementos en la productividad que ha acarreado la tecnología y la internet, seguimos en el medioevo cuando se trata de emplear el talento del mundo. En otras palabras, seguimos usando palas mecánicas para mover las ideas.

El hecho es que toda la innovación y los logros que hemos experimentado hasta ahora han implicado una fracción ridículamente pequeña del potencial de la humanidad. La investigación y el desarrollo, la educación y el acceso a los recursos necesarios para desarrollar y explotar las ideas se han mantenido como activos. Este fenómeno es una reminiscencia de ese supuesto curioso y muy común de que los humanos usamos menos de diez por ciento de nuestro cerebro. De lo que trata la nube es de aprovechar el 90 por ciento restante.

Describir el impacto total que la nube tendrá en esta ecuación sería equivalente a explicarle los efectos de la publicación electrónica a un monje del siglo XIII que ilustrara a mano las *Crónicas de Nuremberg*.

Las buenas noticias son que tenemos cierto sentido de los cambios a corto plazo y ya están viendo el impacto de la nube. Las inversiones en la educación superior, atención a la salud y la internet están creando una fuerza de trabajo como ninguna otra en la historia de la humanidad, con el potencial de estar asombrosamente conectada a través de las fronteras sociales y nacionales. Se trata de trabajadores que vivirán más tiempo, trabajarán más y participarán activamente durante un periodo más largo de tiempo. Y esa fuerza de trabajo no solamente está creciendo en términos reales, conforme aumenta la población, sino que está creciendo exponencialmente en términos de su habilidad para reconectarse a sí misma en cualquier manera que sea necesaria para resolver los problemas del momento.

No hay que perder de vista el poder de las conexiones. Esto no sólo se trata de contar con gente más lista y educada, sino de que haya más de estas personas conectadas unas a otras. Ponemos gran parte de nuestras esperanzas en la noción de que entre más gente haya en la web, más ideas fluirán de ella. Quizá, sólo tal vez, una de esas ideas resuelva nuestros problemas. Casey Mulligan, un conocido economista de Chicago, incluso ha propuesto que ¡necesitamos aumentar la población mundial para incrementar las posibilidades de que eso ocurra![2]

La nube no se trata de traer más cerebros al problema. Ésa es una idea interesante, pero es lineal.

La nube es exponencial en cuanto a su impacto; tiene un efecto multiplicador que va mucho más allá del poder de cualquier repertorio de habilidades individuales. Lo que nos hace falta no son cerebros, sino la habilidad de conectarlos.

Necesitamos dejar de jugar a los dados con nuestro futuro y empezar a sacar ventaja del poder de esta abundancia de las ideas. Esto significa poner en marcha el proceso que la innovación necesita para prosperar. Es necesario ir más allá de lo básico de una Zona de Innovación, de la cual hablé en mi libro anterior, para construir una Fábrica de Innovación global que produzca un motor para la conexión, conducción y desarrollo de nuevas ideas mediante la hipercolaboración.

En muchos sentidos, existe un asombroso paralelo entre la hiperconectividad de la nube y los avances que tuvieron lugar durante la primera parte del siglo XX, muchos de los cuales empezaron como experimentos en pequeños negocios y colaboración. Mundialmente, hubo una asombrosa profusión de advenedizos que sacaban ventaja unos de otros. En gran medida es la razón de que haya tanta disputa en torno a la propiedad de los inventos del siglo XX como el motor de combustión interna, la radio, el teléfono y la televisión.

Las ideas fluían con libertad en los primeros días de las patentes, lo que dio como resultado uno de los periodos más prósperos de la historia. Instauramos los pilares políticos, organizacionales, legales y educativos para encumbrar esta era de la invención; protegimos la propiedad intelectual y formalizamos métodos para hacer equipo y colaborar. El modelo funcionó para los problemas y retos de la época, pero ya no funciona para los complejos problemas de hoy en día.

Además, la nube está integrada cada vez más por un grupo demográfico que envejece en los países desarrollados, lo que crea una reserva de talento de personas que trabajan por su cuenta que alterarán radicalmente la noción de retiro al trabajar mucho más allá de las fronteras tradicionales de la "vejez". Está comprobado que conforme los trabajadores envejecen, aumenta la probabilidad de que se conviertan en trabajadores independientes; mientras que 25 por ciento de quienes no han alcanzado los 50 años de edad está trabajando de manera independiente, la tasa se incrementa a 40 por ciento en aquellos trabajadores mayores de 50 años.

Esto sólo se suma al océano de emprendedores que inundará el mercado y supondrá un reto para todas nuestras nociones de trabajo y empleo, creando una nube humana amorfa que esté siempre disponible y en demanda para solucionar los mayores problemas del mundo. Pero esto sólo ocurrirá si se le confiere facultad y se le posibilita más allá de la especie de eventualidad esperanzadora de la que habla Mulligan.

¿Cómo contribuye a la nube esta reserva de talento? Bueno, así como nos gustaría creer que cada uno puede entender su propio campo de conocimiento mejor que cualquiera, las grandes ideas rara vez provienen de los lugares que más esperamos, es decir, las grandes compañías y laboratorios. Sin duda, el descubrimiento puede verse facilitado por la dimensión de los grandes actores, pero no es ahí donde comienza la mayoría de los descubrimientos. Más bien, las grandes ideas provienen de lo atípico.

Es ilógico, pero las grandes compañías de la actualidad iniciaron en tiempos de recesión económica. Estaban cortas de capital y eran extremadamente atípicas. Sin embargo, alteraron los mercados y el comportamiento social. ¿Dónde quedó la carencia de recursos y capital, tan esenciales en la creación de tierra fértil para que crezcan y prosperen las buenas ideas?

Compañías que empezaron durante recesiones
o depresiones económicas

1876	General Electric
1931	Allstate
1939	HP
1954	Burger King
1955	McDonalds
1957	Hyatt Hotels and Resorts
1973	FedEx
1975	Microsoft
1976	Apple Computer
1980	CNN
1981	MTV
1992	Clif Bar
2000	Method

En gran parte, la creatividad se da en circunstancias difíciles porque estas situaciones fomentan la colaboración y el trabajo en red, creando conexiones entre mentes afines y gente igualmente apasionada que tiene mucho menos que perder que las empresas ya establecidas. Pensémoslo de esta manera: en tiempos de crisis e incertidumbre instintivamente migramos hacia un vínculo más estrecho de comunidad. Es el momento en que nos interconectamos mejor y así se acentúa nuestra probabilidad de éxito. Es la razón de que sitios como LinkedIn se hayan vuelto tan populares entre los profesionales durante la caída económica. De hecho, LinkedIn había existido por ahí por casi una década antes de que alcanzara una concurrencia masiva durante la recesión de 2008.

¿Qué tal si pudiéramos sostener este nivel de capacidad de innovación y colaboración?

Eso es exactamente lo que está sucediendo, puesto que las redes sociales en la nube están alterando la forma en que trabajamos. Estamos llevando el nivel de lo que constituye una comunicación y comunidad normal a una nueva marca de pleamar. El impacto que esto tiene apenas está empezando a abrirse paso en cuanto a cómo hacemos negocios. Aunque mucha gente menosprecia las redes sociales como si se tratara de la comarca de la juventud distraída y los profesionales desocupados, la habilidad que estas redes tienen para escalar es increíblemente poderosa, lo que les da un alcance mucho mayor que el de muchas grandes compañías. La formación de estos grupos virtuales está proliferando en la nube de manera constante. El empleo en la nube ya casi supera los cien millones en ingresos anuales a través de nubes humanas como Elance, oDesk, Live/Work, InnoCentive, NineSigma y otras. En estas nubes humanas, los llamados "solucionadores" de problemas se reconstituyen en torno al trabajo como y donde se les necesite. El resultado es una inversión de la estructura de poder, del poder basado en la escala organizada al poder basado en redes e individuos desorganizados.

La nube es el fundamento de toda esta conectividad.

2

Economía de la nube

Así que es tiempo de tirar los dados por dos razones,
por la *economía* y por el futuro...
–Bill Parcells

Una de las mejores maneras de entender el valor actual y futuro de la nube es observar las tres distintas proposiciones de valor que existen para ella. Para ponerlo en términos simples, me gusta pensar en ello como una serie de cursos sobre economía de la nube, que abarcan todo, desde lo básico de reducir costos hasta la proposición más avanzada de equiparar riesgo y valor.

Empecemos con Economía de la Nube 101, reducir costos.

Economía de la Nube 101

Cuando era un jovencito, un día mi padre me invitó a sentarme a la mesa de la cocina con un vaso de agua medio lleno. Mientras lo observaba, me hizo esa vieja pregunta. "Entonces, Tom, ¿el vaso está medio lleno o medio vacío?" Mi padre, un ingeniero de formación, sabía cómo asestarme estas preguntas sin previo aviso. Pero en esta ocasión yo estaba preparado. Pensando que era una prueba de mi perspectiva básica de la vida, respondí con una afirmación, "¡Medio lleno, claro!"

"No", dijo mi papá, "no está medio lleno".

"Hmm", pensé para mis adentros. Quizá mi papá esté esperando la respuesta más práctica, que habla de la posibilidad más que del optimismo ingenuo.

"Bueno, supongo que está medio vacío", dije con un poco menos seguridad en mí mismo.

"No, Tom, tampoco está medio vacío."

Para entonces yo estaba completamente confundido. ¿Qué otro estado podría tener el vaso? ¿Estaba un poco más arriba o por debajo de lo medio vacío o medio lleno?

Mi papá me miró con un amago de sonrisa y pronunció una proclama que sólo pudo haber dilucidado la mente de un ingeniero. "El vaso", dijo, haciendo una larga pausa, "es del *tamaño equivocado*".

La proposición de valor más elemental de la nube, aquella que la ha puesto en el centro del escenario, es que hemos estado usando el vaso del tamaño equivocado para nuestros problemas informáticos. En un esfuerzo por ahorrar dinero, tanto individuos como pequeñas compañías adquieren vasos que son demasiado pequeños para alojar crecimiento y éxito. Por el contrario, las compañías grandes y ya bien establecidas tienen que comprar un enorme exceso de capacidad para soportar cargas máximas y una demanda impredecible. En ambos casos, la tecnología está siendo utilizada de manera increíblemente ineficaz o ineficiente.

La informática en la nube resuelve el dilema al permitirnos adquirir un vaso que se ajusta según sea necesario. Éste es el modelo de servicio público de cloud computing. Como sucede con la electricidad para tu casa, pagas según dispongas de ella. Las compañías que brindan el servicio público son las que lidian con los problemas de picos de consumo, infraestructura y entrega. Tú sólo te preocupas por encender el interruptor.

Esta simple proposición tiene un valor excepcional para muchas empresas pero es especialmente ventajosa para negocios pequeños y medianos que no pueden darse el lujo de jugar el "qué tal si" cuando se trata de adivinar qué tanta potencia informática necesitarán. Asimismo es un modelo mucho más seguro para estos negocios, la mitad de los cuales ni siquiera se molesta en respaldar su información.

Cuando Amazon y Google hablan de capacidad elástica de la informática, es este aspecto de la nube relativo a la reducción de costos al que se están refiriendo. Pero eso es sólo el principio. El siguiente nivel de beneficio inherente en la nube es la aceleración de la creación de valor.

Economía de la Nube 201

Uno de los desafíos a lo largo de la era de los sistemas de información ha sido el de diseñar aplicaciones que atiendan la mayoría de las necesidades de todos los usuarios, pero que también se puedan personalizar para satisfacer las necesidades específicas de organismos individuales. Aunque las aplicaciones suelen promocionarse como soluciones en 80 por ciento, lo que significa que ese 80 por ciento de la funcionalidad que se requiere ya está construido en la aplicación, cualquiera que haya comprado o hecho uso de una solución de software sabe que el restante 20 por ciento de la solución termina costando muchas veces el precio del primer 80 por ciento.

Recuerdo que se me presentó esta realidad durante mi primer trabajo, habiendo egresado apenas de la universidad, como un desarrollador de aplicaciones para los primeros sistemas contables. Trabajaba para una pequeña empresa y parte de mi función era comunicarme con los directores financieros para convencerlos de que un sistema de contabilidad basado en computación tenía sentido. Me hace gracia pensar en aquella época en que tenías que argumentar a favor de una contabilidad computarizada, pero en realidad no fue hace tanto tiempo. Era 1981, y yo me había graduado de la universidad con dos títulos, uno en contabilidad y otro en sistemas computacionales de información. Mi empresa debió pensar que se había sacado la lotería. Después de todo, ¿quién mejor para convencer a un director financiero de los beneficios que los sistemas computacionales pueden traer al tedio de la contabilidad que un contador con antecedentes en tecnología? Sin embargo, los obstáculos a los que me enfrenté fueron sorprendentemente difíciles de vencer.

La objeción que esgrimía casi cada director financiero o vicepresidente de finanzas con quien me reuní era que no había modo de que un sistema automatizado pudiera jamás reproducir su registro de cuentas, la lista de cuentas y subcategorías de las cuentas que componen el sistema contable de una empresa. Un complejo registro de cuentas no es solamente una lista muy larga, es también una lista exhaustivamente categorizada, con muchos niveles de incorporación, similar a una tabla de contenidos muy detallada.

Hoy en día es irrisorio pensar que algo tan fácil de hacer que cualquier usuario principiante de una hoja de cálculo podría llevar a cabo sin problemas fuera semejante obstáculo hace treinta años. Es incluso más gracioso pensar que cada uno de estos contadores sintiera que sus registros de cuentas eran tan especiales. Aunque los nombres de las cuentas específicas de bajo nivel pudieran haber diferido, la plantilla y la mecánica eran idénticas del todo.

No obstante, conforme los sistemas de contabilidad y negocios basados en la computación empezaron a afianzarse, la personalización según las especificaciones del comprador se fue a las nubes. Como resultado, por cada dólar de software vendido en los años 80 y 90, se adquirirían de diez a doce dólares en servicios con el fin de desarrollar los altos niveles de personalización que los usuarios consideraban necesarios para sus fines específicos. ¡Demasiado para una solución de 80 por ciento! Esto finalmente daba como resultado algunas de las más costosas y complejas aplicaciones disponibles en la actualidad, planificación de recursos empresariales, o ERP. Las aplicaciones ERP de compañías como SAP y Oracle eran célebres por requerir no sólo muy altas inversiones en software, sino también una increíble inversión en una concatenación interminable de servicios y mantenimiento. Incluso las actualizaciones aparentemente simples para pasar de una versión del software a la siguiente estaban cargadas de problemas.

Para muchas grandes compañías, este tipo de gasto era la única manera de desarrollar una aplicación que atendiera los muchos matices de sus sistemas y procesos internos de negocio. Sin embargo, este mismo modelo de sistema de información puede ser una carga abrumadora para la inmensa mayoría de los negocios, pues les conviene más invertir en sus competencias medulares que en tecnología. Hasta muy recientemente, las alternativas para estas compañías han sido subcontratar tecnología, lo que puede seguir siendo costoso, o confiar en el software disponible en categoría estándar, que no es personalizable.

La nube cambia las reglas de este juego. Compañías como Salesforce. com están desarrollando aplicaciones basadas en la nube que se pueden usar sin hardware o software in situ, pero que se pueden personalizar según se requiera si un cliente quiere usar una nube privada. A esta categoría de software se le llama software como servicio, o SaaS –software as a service.

Dado que una empresa sólo adquiere la capacidad que necesita, el SaaS representa un ahorro en los costos, desde luego, pero sus beneficios van más allá de eso. El SaaS también acelera la habilidad de la organización para crear valor porque, una vez que cuenta con ese servicio, la empresa ahora sí puede enfocar sus recursos a sus propias competencias medulares en vez de diluir los recursos invirtiendo en tecnologías internas de información.

Tanto Economía de la Nube 101 como la 201 cobran un perfecto sentido y crean un valor mensurable en ahorro de costos y recursos recobrados que se pueden abocar a las actividades principales del negocio, pero siguen excluyendo el beneficio final, el beneficio mayor, de la nube a largo plazo, la habilidad de equiparar valor y riesgo.

Economía de la Nube 301

El mayor desafío de lanzar un nuevo negocio o idea es equiparar el valor potencial con el riesgo y los recursos potenciales; por ejemplo, si decides crear una tienda en línea que venda partes de autos, tendrás que tomar decisiones acerca de qué tanto invertir en tu cadena de suministro, inventario, canales de distribución, sitio web/tienda, sistemas informáticos y software. Todas estas decisiones van a requerir una cierta cantidad de inversión y por lo tanto de riesgo. Como sucede con cualquier negocio, parte de lo que necesitarás determinar es qué tanto riesgo es aceptable antes de que tu negocio genere un retorno de la inversión.

Si tuviéramos que delinear la relación del valor con respecto a la inversión y el riesgo, veríamos una franja de inversión y rendimiento proyectada en el tiempo que forma una especie de función de embudo en la figura 2-1.

La figura 2-1 ilustra un precepto fundamental de negocios, concretamente que entre mayor sea tu inversión, más grande será la desventaja potencial, así como más alto será el rendimiento potencial que puedas esperar. No hay nada de inusual o inesperado en este tipo de análisis. Si el éxito de tu negocio se eleva por encima del límite superior del embudo, estarás gratamente sorprendido y tal vez inviertas incluso más en la construcción del negocio. Si, por otro lado, tus resultados caen por debajo del límite inferior del embudo, tendrás que decidir si quieres continuar con el negocio o asumir un mayor riesgo y sobrellevar las pérdidas iniciales.

Relación del valor respecto a la inversión y el riesgo

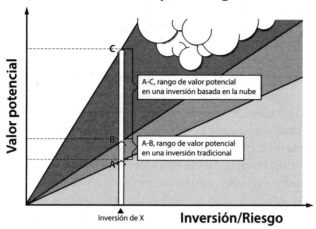

FIGURA 2-1   Esta gráfica ilustra la diferencia en el Valor potencial (eje Y) con una Inversión y Riesgo dados (eje X). En este caso, para una inversión de X, un modelo tradicional de negocio proporcionará un rendimiento en el rango de A-B. Sin embargo, en un modelo de negocio basado en la nube, la misma inversión tiene un valor potencial mucho más alto, A-C, puesto que la inversión inicial sólo necesita ser adecuada para probar que el modelo funciona. De ahí que invertir para escalar el modelo de negocio sea acorde con el valor que se obtiene.

Pero qué tal si pudiéramos cambiar este modelo limitando el inconveniente del riesgo y dando margen a una ventaja ilimitada, sin la necesidad de una inversión por adelantado. Eso suena demasiado bueno para ser verdad, y lo era, antes de la nube. Pero como veremos más adelante, la nube te permite adquirir recursos, capacidad y competencias en tiempo real, cuando y si las necesitas. Lo que esto significa es que puedes aumentar la dimensión de tu infraestructura, tu gente y tus sistemas informáticos en proporción directa a tu éxito.

Al equiparar el riesgo y el valor de esta manera, la nube altera la economía de la experimentación y la innovación al prácticamente eliminar el riesgo que implican las ideas e incursiones comerciales infructuosas.

La tormenta perfecta

Aunque las ideas en los tres modelos de la economía de la nube recientemente se han convertido en opciones para las empresas, el concepto de la nube data de 1961, cuando el especialista en informática John McCarthy describió por primera vez que la computación se abastecería de la misma manera en que una compañía eléctrica suministra electricidad.

El término *nube*, sin embargo, es una acuñación relativamente nueva en el léxico empresarial y de tecnología. El primer intento de salvaguardar el término se remonta a 1997, cuando NetCentric trató de registrar como marca "cloud computing", un esfuerzo que abandonó en 1999. Más tarde, en 2001, el *New York Times* publicó un artículo sobre la primera correría de Microsoft en internet, Hailstorm, en la que aparecía el término *cloud computing*.[1] Pero no fue sino hasta 2006 que el término empezó a consolidarse, cuando Salesforce.com, uno de los actores más importantes en este campo, y Eric Schmidt, entonces director ejecutivo de Google, se refirieron al software como servicio (SaaS), como una forma de cloud computing o informática en la nube.[2]

La primera vez que escuché el término utilizado por los investigadores en el Instituto de Investigación de Stanford a finales de 1990, me llevó a la metáfora de la nube no sólo por las implicaciones tecnológicas, sino también por la manera en que la visión de una nube informática se asimilaba estrechamente a la forma en que funcionan las nubes en la naturaleza, en un fascinante estado de desequilibrio dinámico. En las nubes físicas, las moléculas de agua están suspendidas en un continuo tira y afloja, siempre en constante flujo pero asimismo siempre trabajando en conjunto.

Sin ir demasiado lejos en el camino de esta metáfora, las nubes que vemos flotando sobre nuestras cabezas están formadas de tenues relaciones entre socios independientes pero alineados temporalmente. Como cualquiera que haya volado a través de cúmulos esponjosos de nubes puede atestiguar, las nubes están llenas de violentas corrientes que son rápidas e impredecibles; en su forma más extrema, los nimbos grisáceos, que dan lugar a violentas tormentas eléctricas, se sitúan entre las fuerzas más poderosas y destructivas de la naturaleza. Las diminutas gotitas de agua con un potencial casi nulo para hacer daño por sí solas pueden ser el elemento más feroz de la naturaleza cuando se combinan, especialmente cuando se combinan velozmente.

La representación visual de las pequeñas partículas, aparentemente intrascendentes, uniéndose para constituir una gran fuerza encontraron eco en mí porque semejan mucho el avance económico hacia organizaciones altamente distribuidas, negocios globalmente interconectados y gente que está creando el poder detrás del cambio en el mundo actual como resultado directo de la habilidad de crear conexiones masivas.

Lo mismo vale para la economía de la nube de la que estamos hablando en este libro. La nube es impredecible pero también es imparable. Se puede dar forma a sí misma para adaptarse y dar cabida a prácticamente cualquier situación. Debido al rápido crecimiento de la interdependencia y la conectividad en los últimos cincuenta años, hemos estado navegando directamente hacia una perfecta tempestad social y económica mundial en pleno, y en ella convergen cuatro frentes climáticos para crear la nube de la que estamos hablando. Esta convergencia está ocasionando un cambio radical en la forma en que trabajamos y creamos valor económico.

Estas tendencias son las piedras angulares de la actual demanda de modelos de negocio basados en la nube y los motores económicos que nos están impulsando hacia la nube.

La tormenta perfecta
Trabajo sin lugar
Trabajo eterno
Trabajo ingrávido
Trabajo complejo

Trabajo sin lugar

El crecimiento de la internet y las inversiones internacionales en educación superior han creado una industria de innovación global que está en plena ebullición de nuevas ideas y oportunidades de colaboración.

Esto es particularmente cierto en lo que se refiere a una economía global que está en crisis, creando nuevos mercados y trabajadores con educación pero que al mismo tiempo está experimentando una tasa de desempleo sin precedentes. Los mercados para los trabajadores del conocimiento como Elance, LiveOps y Amazon Mechanical Turk están proveyendo trabajo a mucha gente alrededor del mundo. Al mismo tiempo, los mercados de ideas como InnoCentive y Nine-Sigma están conectando los problemas con las soluciones sin tomar en cuenta la ubicación e incluso las certificaciones formales.

Las ideas están tomando forma en los lugares menos probables con la gente menos probable. No hay ninguna línea específica en esta fábrica de ideas. El trabajo y el conocimiento no conocen fronteras físicas, viajan libremente a donde más se les necesite. Nunca antes se había reunido tanta gente para edificar tanto valor basándose únicamente en su ambición, energía e intelecto. Estamos experimentando una democratización de las ideas sin precedente histórico y con poca noción de qué tan profundo puede ser el cambio.

Trabajo eterno: aumento en la expectativa de vida laboral

Ha surgido un cambio demográfico radical para el trabajo. Las poblaciones de todo el mundo, en prácticamente cada asentamiento humano principal, tienen una expectativa de vida laboral que se está incrementando más rápido que la expectativa de vida, de modo que es probable que ambas se conviertan en una y la misma en un futuro cercano. Con frecuencia bromeo diciendo que a este paso vamos a seguir trabajando mucho después de haber muerto. Hacia el final del libro voy a explicar por qué eso tal vez no suene tan intolerable como se oye.

Cuando se toma en cuenta cuántos de los muchos programas sociales y servicios de atención a la salud de una economía requiere la población que envejece, trabajar más allá de lo que solía considerarse como la edad de jubilación no sólo alivia este problema, sino que también crea un grado de continuidad y tutoría que ha sido imposible de lograr en el pasado.

La gente está viviendo más tiempo y trabajando por más años que en ninguna otra época en la historia de la humanidad, y sin embargo nuestros sistemas organizacionales y sociales no están preparados para hacer frente a lo inevitable. Dentro de los próximos cincuenta años, es probable que en cualquier institución encontremos cinco generaciones colaborando y trabajando hombro a hombro. Esta amalgama penta-generacional a menudo se percibe como una situación abrasiva y como una fuente de división; sin embargo, también puede generar un poco del más extraordinario combustible para la innovación que jamás hayamos experimentado, debido a la abundancia y diversidad de ideas que las distintas generaciones de trabajadores ponen sobre la mesa.

Trabajo ingrávido: disponibilidad extrema

El talento del mundo jamás había estado tan disponible en todas las economías, que están cada vez más vinculadas entre sí. Desde este punto de vista, la economía global interconectada no sólo hace que el trabajo y el valor fluyan de forma instantánea, sino que sean tan ubicuos como el servicio de la electricidad y el teléfono. Podemos conectarnos con trabajos y trabajadores tan fácilmente como cuando prendemos el televisor y pasamos de un canal a otro y a otro. El trabajo se ha vuelto ingrávido, se mueve sin fricción ni contrariedades a donde sea que exista una necesidad.

Pensar en la innovación como una agenda nacional o corporativa en este contexto es tan poco probable como creer que las emisiones de carbón se pueden controlar con un puñado de países tomando medidas ecológicas.

La realidad es que vivimos en un mundo enredado e interdependiente donde sólo la fuerza incansable de una agenda de innovación global proporcionará estabilidad a largo plazo y la solución a nuestros problemas.

Existe una ilimitada fuerza de trabajo de innovadores en la nube, lista para enfrentar cualquier desafío.

Trabajo complejo: la complejidad nos rodea

Uno de los grandes desafíos para cada negocio e individuo es el rotundo aumento en la complejidad del trabajo. En las instituciones, esa complejidad se manifiesta en los escritorios de las computadoras, plagados de aplicaciones que no funcionan entre sí, un aluvión de recursos de información, un crecimiento desenfrenado de políticas y procedimientos, un aumento de regulaciones y obligaciones de cumplimiento, y un cambio incesante.

Al mismo tiempo se les encomienda a los empleados ser más veloces, más precisos y más eficientes. Es arriesgarse caminando en la cuerda floja incluso para los equilibristas más versados. En este entorno de olla a presión, lidiar con la complejidad no es una opción sino una competencia medular que se hace indispensable.

Sacudidos por estos vientos de cambio, necesitamos volver a aprender lo que significa construir carreras y negocios exitosos. En pocas palabras, hemos creado un mundo rico en invención, colaboración e ideas. Sabemos más, compartimos más y gastamos más en creatividad que nunca antes, aunque nuestra capacidad de madurar nuestras ideas sigue en la Edad Media. Todo esto está sucediendo en un momento en que necesitamos desesperadamente construir soluciones para los problemas globales, que incluyen pandemias, el cambio climático, la escasez de energía y la inseguridad alimentaria, lo cual crea enormes retos, dado nuestro enfoque actual. Este contexto general de los desafíos socioeconómicos globales no es independiente ni distinto de la manera en que llevamos nuestros negocios. La marejada de complejidad y la incertidumbre que genera tienen un impacto a largo plazo en la planeación, especialmente cuando se aplica a la coordinación de tareas entre socios globales. Estuve hablando recientemente con el director ejecutivo de una gran compañía global muy exitosa, que dijo, "El desafío que enfrento no es planear para el año que entra o el que viene. Contamos con suficiente capital a la mano para capotear casi cualquier temporal. Lo que me quita el sueño es cómo estar seguros de que nuestra cadena entera de valor, incluyendo socios de negocios, proveedores, distribuidores y clientes, sobreviva a la tormenta". Su punto era simple: en la economía actual nadie está solo. El sobreviviente de una compañía o industria está íntimamente ligado a la supervivencia de los demás. Al igual que un equipo de alpinistas atados unos a otros con la cuerda, nuestro ascenso a la nube no es una escalada en solitario. El éxito se basa en cierto nivel de colaboración y comunidad que apenas estamos empezando a apreciar.

Tiempo para la comunidad

En la costa mediterránea de Turquía, a unos quinientos kilómetros de Ankara, se encuentra la antigua ciudad de Éfeso. Erigida en el año 1000 antes de nuestra era, Éfeso es una de las más extraordinarias excavaciones de una ciudad antigua. Sus calles bordeadas de mosaico, su estadio para veinte mil personas y la gran planeación urbana son un magnífico testimonio del arte y la ciencia de una civilización antigua.

Mientras los visitantes recorren el bulevar principal de Éfeso, se encuentran con lo que quizá sea la vista más impresionante de la ciudad, la deslumbrante biblioteca de Celso, de tres pisos. Las torres de la biblioteca se elevan sobre el centro de la ciudad, un recordatorio de que los habitantes de esta metrópolis estaban tan hambrientos de conocimiento y deseosos de protegerlo como cualquiera en el mundo interconectado de hoy en día. Éfeso te obliga a preguntarte si acaso nosotros, tres mil años después, somos fundamentalmente distintos; y bueno, te quedas buscando a tientas una respuesta.

Lo que ha cambiado radicalmente desde los días de Éfeso hasta la comunidad actual en la nube son los cimientos sobre los cuales se construye toda la sociedad: el tiempo para la comunidad. El *tiempo para la comunidad* es el tiempo que se requiere para construir una comunidad de intereses sociales o comerciales similares. Ese intervalo de tiempo ha ido decreciendo constantemente a lo largo de la historia, a menudo con extraordinarias implicaciones. No obstante, de Gutemberg a Google, no es sólo la escala o la velocidad para hacer comunidad lo que ha cambiado, sino también *la manera* en que formamos esa comunidad.

Nos adelantamos rápidamente desde Éfeso hasta nuestros días: mientras escribo este libro, las redes sociales han alcanzado un ritmo frenético de actividad. Facebook está llegando a mil millones de usuarios y está creciendo a un paso que, de no cesar, equivaldría a la población mundial en los siguientes cinco años.

Para no atribuirles todo ese crecimiento a los estudiantes universitarios y de bachillerato que no tienen nada mejor que hacer con su tiempo, hay que tener en cuenta que la mayor proporción demográfica de usuarios de Facebook está entre los 35 y los 54 años de edad, y el mayor incremento en el porcentaje de crecimiento está en el grupo de edad de 55 en adelante.[3]

Redefiniendo el tiempo

A las 9 de la noche de Nochebuena en 1906, Reginald Aubrey Fessenden cambió para siempre el significado de comunidad en la estación Brant Rock en Massachusetts. Fue allí donde Fessenden emitió la primera transmisión inalámbrica de radio que consistía en algo más que meros puntos y rayas.

A un océano de distancia, unos cuantos pasajeros de barcos en medio del Atlántico estaban, por primera vez en la existencia humana, conectados en tiempo real con el íntimo sonido de otro ser humano fuera del alcance de su voz. Deseos navideños y unos cuantos pasajes de las Sagradas Escrituras en la tonada de "Noche de paz", interpretada en violín, proclamaron la era de la comunidad electrónica.

El metrónomo de nuestra vida está regido principalmente por nuestra habilidad de hacer conexiones. El número de conexiones y la frecuencia con que las usamos define la manera en que percibimos el tiempo. Un mayor número de conexiones hace que el tiempo parezca más corto y que nuestras decisiones se sientan apresuradas. Entre menos conexiones tengamos, el tiempo parece más lento y nuestras decisiones se sienten mucho más completas.

Una simple analogía es la forma en que nos comportamos cuando se trata de las telecomunicaciones en la actualidad, en comparación con nuestro comportamiento de hace sólo unas cuantas décadas. Si eres como la mayoría de la gente, es probable que te hayas encontrado en situaciones en las que estés haciendo malabares con múltiples conversaciones a la vez. Eso significa que tal vez escribes un correo al mismo tiempo que estás usando el Skype, hablando por celular, mandando un mensaje de texto, buscando algo en Google y socializando en Facebook. Para mi hija de 16 años, esto es de lo más común y corriente. Casi no hay un momento del día en que no esté usando al menos dos o tres modos de comunicación simultáneamente. De acuerdo con Nielsen –la empresa líder en información de mercado y medios–, cerca de 57 por ciento de nosotros usa la internet mientras ve la televisión. En mi casa, no es raro que esté yo sentado en la sala con mis hijos usando el control remoto para cambiar y cambiar de canal en la gran pantalla de televisión al mismo tiempo que todos navegamos también en la web o usamos un celular. En otras palabras, debe de haber unas siete o nueve pantallas en uso en un solo cuarto con tres personas.

Un informe de la Kaiser Family Foundation[4] acerca del uso simultáneo de medios de comunicación mostró que los niños de 8 a 18 años de edad consumen, en promedio, siete horas al día de medios de comunicación mientras hacen varias cosas a la vez, y absorben alrededor de diez horas de medios desde sus diversos aparatos electrónicos. Pero ésas son cifras conservadoras comparadas con un estudio del doctor Harry Rosen, profesor en la Universidad Estatal de California, quien sostiene que el número total de horas que los adolescentes de entre 16 y 18 años de edad pasan consumiendo medios de comunicación es de veinte al día, si sumas todas sus vertientes de comunicación, mientras que los adultos de la generación del baby-boom llevan un ritmo de cinco horas de consumo diario de medios acumulados.

Por más que trato de funcionar en ese modo baby-boomer de multitareas, que es relativamente austero, sigue enloqueciéndome. Mi comportamiento es fundamentalmente de un único hilo de comunicación; me gusta conectarme con una sola persona o un solo grupo de gente a la vez y hablar de un único tema, más que tratar de cortar en rodajas el ancho de banda de mi cerebro para atender muchas pequeñas conversaciones.

Esta tendencia hacia las multitareas electrónicas no sólo es un asunto de percepción. De hecho, si trazas una gráfica del aumento en el tiempo que se emplea para comunicarse electrónicamente con la duración de cada conversación individual, te darás cuenta de que las dos se desplazan en direcciones completamente opuestas, y el tiempo total de comunicación se eleva tan rápido como disminuye el tiempo promedio de cada comunicación. Nos guste o no, todos nos estamos viendo forzados a realizar estos actos malabares de rebanar el tiempo tan sólo para mantenernos al día con los demás.

Podemos atribuir mucho de esto a la tan cacareada ley de Moore, que, en pocas palabras, nos dice que la velocidad informática y la densidad de almacenamiento se duplica, en relación con el costo, cada dieciocho o veinticuatro meses.[5] Pero eso es sólo una medida empírica. No nos dice gran cosa acerca de cómo estos incrementos también modifican la forma en que nos comportamos en la nube.

El verdadero comportamiento con que nos conducimos de forma dinámica es el número de personas y máquinas que están conectadas unas a otras. Al momento de escribir estas líneas, hay más de cinco mil millones de números de teléfono celular en servicio. Eso no significa que cinco séptimas partes de la población mundial tengan un teléfono celular. Casi la mitad de esos números celulares es para máquinas, pues todas cuentan con un número, desde bombas de gasolineras hasta cajeros automáticos o terminales de tarjetas en los puntos de venta. Es el ritmo en que estas conexiones se están incrementando lo que finalmente provoca que la nube tenga tal impacto en nuestra conducta.

Si aun con la omnipresencia de las conexiones sigues pasándola mal al querer tomar decisiones basándote en el tiempo, entonces considera el auge que los códigos de respuesta rápida o QR –Quick Response– han tenido en los últimos cinco años. Un código QR funciona en gran medida como un código de barras, pero tiene la capacidad de almacenar desde diez hasta casi cinco mil caracteres alfanuméricos acerca de un producto, servicio u otra pieza de información en particular. Los códigos QR pueden ser leídos por la gran mayoría de los smartphones, lo que les da a los usuarios acceso casi instantáneo a todo, desde información sobre el menú, la ubicación y la calificación de un restaurante hasta una aplicación de realidad aumentada, que sobrepone datos de un producto en su imagen. Digamos que te encuentras en una tienda departamental y quieres comprar una televisión de pantalla plana pero no estás seguro de las críticas y comentarios que ese modelo ha recibido de otros compradores. Tan sólo necesitas apuntar la cámara de tu smartphone hacia el código QR y remitirte a los comentarios en Epinions.com, les echas un vistazo y tomas una decisión ahí mismo.

Pero ¿por qué detenerse ahí? Podrías obtener información fácilmente no sólo sobre artículos de consumo, sino acerca de gente y negocios. Escanea mi código QR y sabrás instantáneamente no sólo quién soy, sino casi todo lo que he hecho en mi vida profesional y personal. Ya sé lo que estás pensando: "¡Pero no tengo o no quiero un código QR!" Muy bien. Puedo entender tu renuencia, pero ¿una renuencia se basa en la percepción o en los hechos? Si quisiera escarbar, bien podría encontrarme con una inmensa cantidad de la misma información sobre ti, pero también me toparía con cierta información irrelevante o indiscutiblemente incorrecta. ¿Preferirías que obtuviera todo y tratara de separar la verdad de lo que es falso, o que obtuviera una descripción autorizada de ti?

Las realidades profundamente competitivas que se asocian con la llegada de la competencia basada en el tiempo, en toda regla, todavía son incipientes apenas en la mayoría de las empresas de la actualidad. Esas empresas que aún tienen que comprender la importancia de esta tendencia clave recuerdan a las compañías ferroviarias de principios del siglo XX que no entendieron el efecto que los automóviles y los aviones tendrían en el transporte. Mientras que el mercado los rebasa, los que se mueven lentamente se estancan en rieles metafóricos, incapaces de cambiar su velocidad o dirección debido a las anticuadas vías que han ido fijando de trecho en trecho. Es francamente divertido ver compañías como Circuit City, que había hecho un extraordinario trabajo al posicionarse como *la* megatienda de hardware y tecnología, tratando de aguantar el ritmo de la tecnología, pero casi implosiona debido a su ineptitud. Lo que Circuit City no entendió fue que su competencia medular como tienda de gran superficie no radicaba en su elección, sino en su experiencia. Durante su apogeo, la tienda era un bastión de aprendizaje para los consumidores. El personal de piso no era primordialmente gente de ventas sino guías tecnológicos que ayudaban a los clientes a entender las nuevas tecnologías. Conforme la compañía fue creciendo, hubo dos dinámicas que funcionaron en su contra. Primero, los consumidores se volvieron mucho más educados acerca de las tecnologías que estaban comprando, y en segundo lugar, Circuit City empezó a reducir costos cambiando al personal de piso sumamente educado por gente de ventas que no era especializada en los productos que vendía. El resultado fue la simple mercantilización de sus servicios. Los clientes no podían justificar el tiempo que les tomaba ir a una tienda en busca de algo que podían conseguir en línea con incluso mejor servicio provisto por los comentarios de otros clientes. El resultado para Circuit City fue el cierre simultáneo de todas sus tiendas en instalaciones físicas, y la empresa tuvo que recurrir a un plan B: su presencia relativamente frágil en línea.

Al mismo tiempo, tiendas como BestBuy y Radio Shack han hecho progresos al sacar ventaja del valor del tiempo ofreciéndoles a sus clientes una especie de ventanilla única, es decir, una sola opción que abarque todo, para comparar y adquirir una de las decisiones de compra del consumidor más complejas y mudables a gran velocidad, los teléfonos celulares. Al reunir a todas las compañías más importantes de teléfonos celulares bajo un mismo techo, hacen más eficiente y aerodinámica la experiencia de compra al facilitar de un solo golpe las comparaciones de planes y aparatos. Este tipo de enfoque de minimizar el tiempo que los consumidores gastan comparando la plétora de complejas opciones sólo aumentará de valor si la complejidad de los bienes reales y virtuales continúa en aumento.

No te tomes el pelo. Aunque las reglas fundamentales de comercio se han mantenido esencialmente iguales a lo largo de la historia, los cambios en el consumismo que tendrán lugar en la siguiente década modificarán radicalmente la expectativa de tiempo de espera, sin importar si tu negocio es de alta o baja tecnología.

Una habilidad básica para crear valor a ritmo acelerado mediante las conexiones que tenemos disponibles es crucial para una compleja serie de interacciones, y pronto será simplemente imposible de alcanzar si no estás ya de hecho aprovechando la nube.

La formación de la nube se da en respuesta directa a esto. Con muy poco o nulo tiempo de espera en las transacciones, tanto compradores como vendedores se han vuelto cada vez mas conscientes del tiempo como el principio métrico del éxito. Los consumidores ya dan por hecho la habilidad para encontrar información en bienes y servicios con un mero clic del mouse. Este cambio actitudinal no va a retroceder, y es este cambio en las expectativas basadas en el tiempo el que, más que ninguna otra cosa, traerá la nube al centro del escenario.

En un mercado regido por la demanda, donde los consumidores configuran sus propios productos y servicios, el lujo del tiempo de respuesta se elimina. En su lugar, la nube crea un mercado receptivo simultánea y casi instantáneamente.

Los ingenieros describen una máquina que funciona eficientemente como la que no tiene fricciones, lo que significa que está libre de obstáculos que le impidan funcionar óptimamente. Parte de lo que espero que conserves de este libro es una comprensión de cómo la nube nos está llevando más cerca de una economía sin fricciones, una economía que se convertirá en el concepto definitorio para todas las empresas en este milenio. Sé que es un poco exagerado visualizar eso, tomando en cuenta toda esa fricción en la economía actual, pero es precisamente por estos desafíos a los modelos tradicionales de negocio, la crisis económica mundial casi catastrófica que estamos enfrentando y el rotundo cambio generacional en las redes sociales que necesitamos repensar radicalmente la forma en que operamos como individuos, empresas y gobiernos.

Un último punto, junto con estas mismas líneas, antes de que nos embarquemos en el resto de nuestro viaje hacia la nube: la economía de la nube está íntimamente conectada con el movimiento hacia las redes sociales y a lo que me gusta denominar como la economía social. Tratar de separar ambas cosas es una tontería, puesto que gran parte de la nube se basa en conexiones e interacciones humanas facilitadas por la nube.

Aquí presento cinco maneras en que la economía social nos está redefiniendo a nosotros y a la manera como hacemos negocios en la nube:

1. La influencia social está donde se encuentre el valor: la mercadotecnia social se trata por completo de la influencia. Tomemos el *Huffington Post*

como ejemplo. Utilizando acertadamente la noción de una "red de personas influyentes", Arianna Huffington fue capaz de darle un nuevo significado al término *socialite* y aprovechar una ganancia de 300 millones de dólares caídos del cielo por la venta de su sitio web, que había mantenido por seis años, dedicado a recopilar contenidos de noticias, un sitio agregador que AOL adquirió. El *Huffington Post* fue el máximo influyente de la nube, con más de nueve mil blogueros que le proporcionaban contenido. También vale la pena destacar que un escritor sin compensación ha presentado una demanda colectiva por 105 millones de dólares en nombre de los blogueros no remunerados del sitio, puesto que habían estado escribiendo gratuitamente y no recibieron parte alguna de la ganancia inesperada. Como dije, estamos *redefiniendo* las reglas del negocio, no que ya las hayamos *redefinido*.

2. La transparencia social: el negocio social requiere transparencia, algo que puede ser difícil de aceptar para muchas compañías. Considera qué tan seguido tienes que proteger y ocultar el funcionamiento interno de tu organización de las intromisiones del mercado, los clientes y los socios. ¿Qué pasaría si ya no fuera posible encubrir la mayor parte de esa información? Hay que aprender la lección de Jonathan Schwartz, quien era director ejecutivo de Sun Microsystems antes de su adquisición por parte de Oracle. El blog de Schwartz estaba abierto para todos y cada uno —no siempre estaba bonito pero estaba abierto, y eso marcó la pauta de transparencia de la corporación entera.

3. El tiempo social: el negocio social es en tiempo real. La naturaleza de inmediatez y presencia permanente que esperan los clientes requiere un enfoque de reciprocidad por parte de cada empresa. En la nube, los clientes juzgarán tu compañía a partir de qué tan rápido respondes a sus necesidades, quejas y conductas. Tomemos por caso Comcast, que, como la mayoría de las compañías de cable, sigue siendo vista por muchos como "el tipo que repara tu instalación de cable y que quiere que definas un lapso de dos horas dentro del cual vas a esperar pacientemente por sus servicios". Lo que hace que sea aún más sorprendente es que hayan abierto una cuenta de Twitter, @comcastcares, que atiende en tiempo real las preocupaciones y quejas del cliente. Al menos tengo a alguien con quién hablar mientras espero a que llegue el tipo del cable.

4. El significado social: tu marca solamente será tan poderosa en la medida en que sea clara sobre lo que representa. Yo compro Apple en parte porque es una mejor computadora, pero también compro Apple porque dice algo de quién soy. ¿Qué dice tu marca sobre quién soy (nótese que dije "soy" y no "eres")? ¿Qué valor le aporta a *mi* vida?

> La era de la lealtad del consumidor ha terminado. En la nube, necesitas crear una marca que respete mis valores y los apoye.

5. La experiencia social: incluso los fabricantes de bienes perdurables como BMW están aprendiendo que la experiencia es social conforme van cambiando la mera experiencia de manejar a la de dispositivos móviles como iPods, con aplicaciones que no sólo funcionan con sus productos, sino que además redefinen la noción de una experiencia de manejar, dentro o fuera del automóvil, al interconectar los sistemas de tu coche, tus comportamientos de manejo y tus intereses, inclusive, por ejemplo, qué tipo de tiendas, restaurantes o actividades de ocio prefieres en largos fines de semana, de manera que BMW puede enviarte un itinerario con rutas, paradas y actividades sugeridas para la semana entrante.

Este mismo principio aplica para productos más simples, en especial productos muy uniformes que son difíciles de diferenciar. Aunque quizá el producto no sea distinguible de otros parecidos a él, puede serlo la experiencia de comprarlo o utilizarlo. En la nube, estas experiencias son más enriquecedoras y mucho más personales puesto que se basan en tu personaje, es decir, la representación en línea de ti mismo, algo de lo que hablaremos más a fondo en el capítulo 3.

Parte de la ansiedad de estar tan abiertamente expuesto en la nube proviene del desafío de manejar tu reputación o tu marca. El hecho de que tu reputación pueda ser tan fácilmente influida por otros y que tu identidad se comprometa con tanta facilidad es motivo de una considerable preocupación respecto a mudarse a la nube, puesto que tus detalles personales y tu imagen corporativa existen principalmente, si no es que exclusivamente, en la nube. Veremos esto a mayor profundidad más adelante, pero por ahora ten en mente que casi todas las formas de comercio de hoy en día requieren que des un poco de ti mismo para ganar cierta ventaja.

Finalmente, la nube es nuestra mejor esperanza para que nuestras organizaciones se desarrollen a un punto en el que podamos seguirle el paso al tremendo grado de creatividad e innovación que se requerirá de nosotros en los años y décadas por venir.

Aquí están las buenas noticias: si estás usando cualquiera de los productos que hemos abarcado hasta aquí, entonces ya estás en la nube. La volatilidad e incertidumbre del mundo no hacen más que crecer. Los vientos de cambio ya están en una categoría 4; la alarma de tormenta ya se ha activado. La única pregunta que queda es si vas a correr para guarecerte en las estructuras con las que te sientes familiarizado o si vas a edificar las estructuras del futuro.

3

Complejidad en la nube

De las complejidades intensas surgen las simplicidades intensas.
—*Winston Churchill*

A pesar de que podría decirse que el tiempo en que vivimos es el más complejo en la historia de la humanidad, al menos tenemos la ventaja de que estamos utilizando poderosa tecnología para ingeniárnosla con esta complejidad. Durante la Segunda Guerra Mundial, el estatus y la estrategia del campo de batalla se resolvían con cuerdas o con tachuelas en un mapa de pared. Si quieres apreciar el desafío de la complejidad, te sugiero que hagas una visita a los gabinetes de guerra en el búnker subterráneo del Londres central desde donde Winston Churchill y sus generales dirigían los esfuerzos de guerra. Sin embargo, hubo una tecnología sin la cual el resultado de la Segunda Guerra Mundial habría sido totalmente distinto.

Durante la Batalla de Gran Bretaña, en la primavera y el verano de 1940, la fuerza aérea de Inglaterra fue superada en número por cuatro a uno, además de que sus aviones eran tecnológicamente inferiores a los de la fuerza aérea alemana. Si tuvieras que apostar por lo obvio, Gran Bretaña no tenía ninguna posibilidad, pero gracias a la red de veintiún estaciones de radar de largo alcance (construidos, en no pequeña medida, a instancias de Churchill), la fuerza aérea británica supo *cuándo* y *de dónde* venían los aviones enemigos. Con esta ventaja, los pilotos británicos podían acechar a los aviones alemanes y luego atacar. Gracias a la eficiente coordinación entre los operadores de radar en el Fighter Command y los pilotos de la fuerza aérea británica, se invirtió el marcador y se pudo obstaculizar la ofensiva aérea de Alemania, y en septiembre de 1940, Hitler suspendió la "Operación León Marino", que era su plan de invasión a Gran Bretaña. Elogiando a los pilotos de la fuerza aérea real en un discurso ante la Cámara de los Comunes, Churchill señaló: "Nunca en el campo del conflicto humano tantos les han debido tanto a tan pocos". Desde entonces, el radar ha hecho contribuciones cruciales a gran parte del transporte militar y civil.

En esencia, el radar no es más que un medio para separar señales importantes de las que no son importantes, a lo que los ingenieros llaman filtrar el ruido. La transportación moderna simplemente habría sido imposible sin el radar. La precisión que se requiere para manejar el volumen, la complejidad y la velocidad del tráfico aéreo y la habilidad para prever y predecir los patrones y condiciones climáticas fueron esenciales para la era moderna. Pero conforme aumentó el tráfico aéreo, ni siquiera el radar fue suficiente. El Sistema de Posicionamiento Global por satélite –GPS– y de anticolisión a bordo también tuvieron que tejerse en la trama de la aviación para arreglárselas con una mayor complejidad y riesgo. Finalmente, la tecnología GPS, que en un inicio se había pretendido destinar sólo a unos cuantos, se volvió parte de la experiencia cotidiana de viaje para cualquiera que tenga un celular.

La nube sensorial

La amplia gama de sensores y redes que damos por sentado para predecir los patrones climáticos y planear nuestro día de trabajo y actividades de ocio es en muchos sentidos una analogía apropiada para los medios de navegación, del mismo modo omnipresentes, a través de la complejidad de las conexiones del futuro. En el mundo como lo conocemos actualmente, hay una multitud de conexiones a sensores para registrar nuestras acciones y actividades públicas y privadas. Tomemos como ejemplo las videocámaras de vigilancia; en Londres hay más de quinientas mil cámaras que graban la actividad de la gente las veinticuatro horas del día, siete días a la semana, y hay alrededor de diez veces ese número de cámaras distribuidas por todo el Reino Unido. El gobierno chino ha lanzado el proyecto Escudo Dorado, que promete tener millones de cámaras instaladas, junto con la compilación de una base de datos de cada persona en China, 1.3 mil millones de personas al momento de escribir estas líneas.

En contraste, hay mucho menos cámaras de vigilancia en la ciudad de Nueva York: no llegan a diez mil. Sin embargo, este tipo de aplicaciones de cámaras de vigilancia se está usando a lo largo y ancho de Estados Unidos. El Departamento de Seguridad Nacional de Estados Unidos ha instalado 358 videocámaras en tiempo real en los autobuses de San Francisco. Estos equipos no sólo están capturando imágenes, sino que también pueden seguir los movimientos oculares, realizan reconocimiento facial e incluso te recorren con rayos X de dispersión para ver debajo de tu ropa. En Washington DC, los barrios de alto índice de criminalidad están utilizando un sistema llamado ShotSpotter, que emplea una combinación de cámaras y micrófonos para identificar la ubicación y el número de tiros de arma de fuego que se hayan disparado. Otras compañías, como Skybox Security, están planeando desplegar una constelación de doce a veinticuatro satélites que proporcionarán imágenes sobre pedido de cualquier punto en la Tierra hasta un metro de resolución, un límite impuesto por el gobierno por razones de seguridad nacional y privacidad. No obstante, a diferencia de la actual proyección de imágenes de satélite, que puede llevarse días para emitir una imagen, Skybox ofrece un profundo análisis junto con la imagen, lo que puede ayudar a darles sentido a patrones y tendencias que surgen de la formación de muchedumbres, patrones de tráfico y otros movimientos complejos de la gente o las máquinas.

Como si eso no fuera suficiente, también hay una gran cantidad de datos que se extraen de tus dispositivos móviles y que se pueden utilizar para registrar tus movimientos y actividad. A esta vigilancia aérea habría que añadir una vigilancia satelital, de GPS, identificación por radiofrecuencia o RFID y vigilancia de extracción de datos de tus transacciones comerciales o de consumo, y las cosas empiezan a ponerse interesantes. Pero los números no cuentan la historia completa.

Estamos creando una sociedad basada en sensores que definitivamente haría temblar a George Orwell. No sólo es el simple número de cámaras y sensores, sino sus conexiones entre sí lo que permite una acción en tiempo real. En el caso de ShotSpotter, la policía recibirá una notificación de tiroteo incluso antes de que empiecen a entrar las primeras llamadas al 911.

Aunque las consecuencias de la nube en nuestras libertades personales son algo de lo que debemos preocuparnos, también es necesario que reconozcamos los tremendos beneficios que semejante información agregada puede ofrecer.

Tomemos como ejemplo el uso de cámaras de vigilancia en Londres. En 1993, las noticias del secuestro, tortura y asesinato del pequeño de 3 años de edad James Patrick Bulger proveyeron un espantoso ejemplo de cuán ineficaz puede ser la vigilancia si no está conectada en tiempo real a las redes sociales. James fue secuestrado en el centro comercial New Strand en Londres por un par de niños de 10 años de edad. El secuestro fue visto en el circuito cerrado de televisión instalado en el centro comercial. Sin embargo, la parte desgarradora de esta historia es que, según algunas versiones, más de cincuenta transeúntes vieron a James y a sus secuestradores durante el transcurso del día. De hecho, James fue llevado a una tienda de mascotas por sus secuestradores, que fueron echados de ahí por su conducta. Algunas de las personas presentes que vieron a James llorando y con una contusión en la cabeza por una lesión incluso llegaron a cuestionar a los niños, que se inventaron varias historias sobre quiénes eran y a dónde iban. Sin embargo, estas numerosas interacciones no hicieron nada por salvar a James.

Traigo a colación este triste caso porque habla mucho de la forma en que la vida en la nube va a contrastar crudamente con la vida antes de la nube. ¿Qué habría pasado si las imágenes registradas por el circuito cerrado hubieran estado disponibles para la madre de James? ¿Qué tal si uno de los cincuenta transeúntes que vieron a James hubiera enviado un mensaje de texto o twiteado lo que estaba sucediendo para que una autoridad local hiciera algo al respecto? ¿Qué tal si los niños de 10 años hubieran tenido consigo teléfonos celulares que hubiesen podido rastrearse al momento del secuestro al relacionar las imágenes del circuito cerrado con su ubicación e identidad? ¿Qué tal si se hubiera podido utilizar el software de reconocimiento facial? Sé que todos estos "qué tal si" son mera especulación, pero el ejercicio plantea la cuestión de qué sería posible hacer en la nube. También entiendo muy bien que eso pinta un cuadro aterrador de cómo podría ser el mundo y la intensidad con que seríamos observados en el futuro.

Separar la señal del ruido

Antes de que retrocedas aterrorizado ante esta nueva imagen de realidad y la casi completa pérdida de todo anonimato, detente a pensar acerca de cuánto más identificable y rastreable eres hoy en día de lo que eras hace sólo diez años. Si eres en cierta forma como yo –y si estás leyendo este libro entonces es una comparación justa–, quiere decir que te pasas la vida atado a los aparatos y siendo ya rastreado por sensores, de hecho. Si quiero averiguar dónde estás y qué estás haciendo, no se requiere mucho más que un acceso básico a internet. Mi punto es que estamos renunciando a la libertad personal, y lo hemos estado haciendo ya durante algún tiempo, a cambio de comodidad y valor. Esto no significa que no deberíamos luchar celosamente por proteger nuestra privacidad, sino que también deberíamos luchar celosamente por obtener un valor a cambio de otorgar siquiera una parte de ella. En la nube, esa batalla será inmensamente más profunda de lo que ya es.

Mientras tanto, conforme nos mudamos a la nube conectada, la avalancha de información de la que ya disponemos ha resultado en lo que sólo se puede denominar como *trastorno de déficit de atención global*. Bien podría decirse que captar tu atención, como marca, compañía, bloguero, animador o un simple individuo, y asimismo retener esa atención, es hoy por hoy el activo más valioso y disputado de la gran mayoría de las empresas y la clave para inferir significado a partir de toda esta información inconexa.

En su libro *La era de las máquinas espirituales*, Ray Kurzweil describe cómo un exacerbado nivel de actividad frenética está cambiando la naturaleza misma del tiempo. Acontecimientos significativos en nuestra vida se dan a un ritmo tan apretado que se están volviendo indistinguibles unos de otros. Los cambios sociales, políticos y tecnológicos de una naturaleza transformacional suelen ocurrir unas cuantas veces en la vida de una persona, pero hemos visto ese periodo de tiempo colapsarse de toda una vida a una década, luego a unos cuantos años, meses y días, inclusive.

Los psicólogos han sabido desde hace mucho tiempo que conforme aumenta el "ruido" alrededor de nosotros, nuestros mecanismos de filtración se incrementan también, y esto es un instrumento básico de sobrevivencia. Es a lo que los científicos se refieren como relación señal-ruido. Es el mismo principio que la Búsqueda de Inteligencia Extraterrestre, o SETI –Search for Extraterrestrial

Intelligence–, usa para rastrear vida inteligente en el espacio al escanear el caótico ruido de radiofrecuencia del cosmos en busca de un patrón discernible de inteligencia. Conforme aumenta el ruido de fondo de nuestro mundo, tenemos que volvernos mejores para identificar señales relativamente más y más débiles. Sin embargo, filtrar sin un enfoque que acompañe la intención primordial puede ser una propuesta peligrosa, el equivalente a que un caballo de tiro que esté furioso lleve puestas unas anteojeras que le impidan ver el panorama completo. Eso es particularmente cierto tratándose del potencial que implica usar la capacidad basada en sensores, que estamos construyendo de una forma que tiene consecuencias obviamente negativas para los ciudadanos respetuosos de la ley. En otras palabras, ¿cómo separamos el uso bien intencionado de sensores que detecten la actividad ilícita de los criminales del hecho implícito de captar las actividades de los ciudadanos que respetan la ley? Hoy en día no les seguimos la huella a todos sólo para distinguir a los pocos que estén involucrados en actos criminales, porque creemos en el derecho de privacidad para todos los ciudadanos hasta que acaso lleguen a ser sospechosos de conducta criminal. Una sociedad basada en sensores pone de cabeza este ideal.

El principio de incertidumbre

Combinar el volumen y la velocidad de la información que estamos captando significa oportunidades cada vez menores en las cuales se pueda tomar decisiones. Estamos tejiendo la web de nuestra vida cada vez más estrechamente al dedicar intervalos de atención más y más pequeños a cada tarea y responsabilidad. Es lo que yo llamo el Principio de Incertidumbre:

> Conforme aumenta el volumen de oportunidad, el tiempo para actuar en cada oportunidad individual disminuye de manera proporcional.

Este fenómeno es algo que probablemente estés experimentando de primera mano. En la actualidad parece que todos tenemos más que hacer y menos tiempo para hacerlo.

Consideremos, por ejemplo, que la duración promedio de una llamada telefónica se ha reducido de unos nueve minutos en 1985 hasta menos de un minuto hoy en día. Al mismo tiempo, el número de minutos facturados se ha disparado de dos mil millones en 1985 a más de cien mil millones en 2010, y eso sin contar los doscientos mil millones de minutos sin facturar que se usan anualmente tan sólo en Skype.

Para nosotros como individuos, esta nueva forma de vida no ha sido un cambio gradual sino una súbita sacudida. No fue hace mucho tiempo que asociamos distintos lugares y momentos con el trabajo, la vida familiar y el

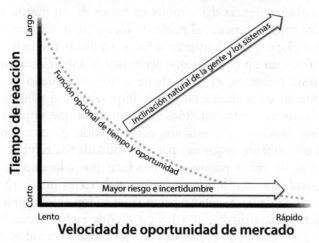

El principio de incertidumbre

FIGURA 3-1   El principio de incertidumbre: conforme aumenta la incertidumbre y la velocidad de la oportunidad de mercado, el tiempo de reacción decrece.

ocio personal. La norma era una jornada de trabajo de ocho horas, de lunes a viernes; las tardes y los fines de semana estaban fuera de los límites laborales, se dedicaban a la familia y al ocio.

Hace algún tiempo, AT&T emitió una serie de anuncios de televisión que afirmaban "LO HARÁS". Los anuncios mostraban un panorama futurista del mundo que incluía la posibilidad de transferir películas hasta tu casa o a tu computadora, enviar un fax desde la playa, realizar una llamada de videoconferencia con cualquier persona en el mundo desde tu habitación de hotel, compartir documentos e imágenes en computadoras de tabletas y estar al tanto de tu hijo en la noche desde una cabina telefónica de video. Con frecuencia le pongo estos anuncios a la gente y pregunto, "¿En qué año creen que se transmitieron por primera vez?" La mayoría de la gente responde que a principios de los años 80 o incluso de los 70. Sorprendentemente fue hace menos de dos décadas, ¡en 1993! Nos consterna que lo que entonces considerábamos como lo más avanzado e innovador se haya convertido tan rápidamente en el modo de vida normal, incluso indispensable, y nos reíamos por lo bajo ante el hecho de que AT&T no haya traído nada de esta tecnología al mercado. En cambio, estas innovaciones fueron introducidas al mercado por compañías que ni siquiera existían cuando los anuncios salieron al aire, como Netflix, o aquellas que no tenían un lugar en esa perspectiva del futuro, como Apple.

Con el advenimiento de la internet, las comunicaciones por celular, correo electrónico, redes sociales, acceso inalámbrico a la red y los dispositivos móviles

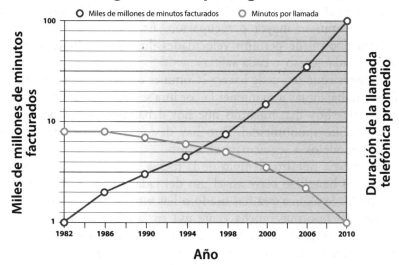

Crecimiento del uso del teléfono a lo largo del tiempo (a gran escala)

FIGURA 3-2   El uso del teléfono (que incluye celulares pero no VozIP –o Voz sobre Protocolo de Internet–) ha aumentado a un ritmo acelerado en los últimos treinta años, de mil millones de minutos en 1982 a cien mil millones en 2010. Al mismo tiempo, sin embargo, la duración de una llamada telefónica promedio ha disminuido de casi diez minutos a menos de un minuto. La tendencia ilustra cómo es que dependemos de más comunicaciones de duración cada vez menor.

inteligentes, hemos sido empujados en un muy corto periodo de tiempo a un modo permanentemente conectado para el que no estábamos muy preparados.

Las líneas de demarcación entre los compartimentos de nuestra vida se han vuelto cada vez más vagos. La tecnología nos vincula con el trabajo en todo momento y en todo lugar. La productividad se incrementa, aunque con el alto costo implícito de la pérdida de privacidad, falta de tiempo de remanso y de una necesaria desconexión.

Desde una postura organizacional, al parecer aplica el mismo principio de incertidumbre.

Las cadenas de valor se están entrelazando mucho más, pero también se están volviendo mucho más susceptibles a la desarticulación global conforme se vuelven más interdependientes de las alianzas globales.

Todo esto crea un nivel de complejidad que hace de la coordinación del comercio una actividad crítica pero también sumamente frágil. Hemos construido una máquina global de negocios increíblemente poderosa, cuando las cosas funcionan bien e ininterrumpidamente. Pero un solo acto de terror, una catástrofe natural o una crisis económica puede llevar el comercio rápidamente a un alto. De hecho, un estudio reciente llevado a cabo por fmglobal.com con seiscientos ejecutivos financieros en todo el mundo identificó el riesgo en la cadena de suministro como su mayor preocupación. Es como si construyéramos una supercarretera que puede permitir velocidades ilimitadas y luego le pusiéramos semáforos en cada acceso y cada salida.

Entonces ¿qué se puede hacer? ¿Cómo es que la nube podría ayudar a las compañías y trabajadores a mantener la cordura y a mitigar el riesgo? Responder a estas preguntas hoy día, mientras que nos debatimos en medio de todo este caos, es un desafío monumental. Pero hay destellos de esperanza que podrían proporcionar modelos a seguir para el futuro.

Volvamos a nuestro ejemplo de la fuerza aérea británica al principio de este capítulo. El beneficio clave en el uso del radar fue su habilidad de hallarle sentido al ruido. Si alguna vez has usado o has visto a alguien usando un detector de metal, del tipo que mucha gente usa en la playa para encontrar objetos de valor que se perdieron en la arena, probablemente tengas una idea de cómo funciona esto. Lo interesante tanto del radar como de los detectores de metal es que necesitan que los sintonices justo a lo que estás buscando. Para decirlo de otra manera, si los sintonizas con demasiada amplitud, todo empieza a verse como algo significativo; si los ajustas con demasiada precisión, te perderás de la mayor parte de lo que tiene valor y sólo conseguirás los objetos más grandes.

Este proceso de sintonizar a la frecuencia adecuada es esencial cada vez que estés buscando algo. ¿Qué pasaría si pudiéramos calibrar nuestra visión de la nube de tal manera que tuviéramos una visión personalizada de sólo aquellas cosas que tienen significado para nosotros? Ése es el poder de la atracción.

El poder de la atracción

Uno de los problemas más elementales que encara la nube, y uno que ha asolado a las corporaciones a lo largo de la era industrial, es el de trabajadores sumamente especializados pero aislados. En términos simples, el aumento de la especialización en corporaciones y sociedades complejas tiende a aislarnos unos de otros, haciendo de nuestro conocimiento sobre lo que otras personas hacen en la misma institución o muy poco o incluso nulo; esto, en el corazón de la complejidad que frena la innovación.

Pensemos en los problemas que asolan los servicios de atención a la salud, donde los expedientes, historiales y numerosos productos farmacéuticos prescritos se representan en un conjunto de fuentes increíblemente inconexas y son manejados por diferentes profesionales de la salud y en distintos lugares.

Si un incremento en el número de conexiones es un atributo esencial de la nube, tienes que preguntarte si habrá que exacerbar nuestros problemas actuales mediante una especialización aún mayor. La respuesta es: absolutamente no. De hecho, la nube es un antídoto directo para este desafío sistémico, que enfrentan todas y cada una de las industrias, por dos razones.

La primera es que cuando las respectivas tareas de dos personas se separan durante varios días, es menos probable que entiendan el impacto del trabajo de uno y otro que si las tareas se separaran sólo por segundos, minutos u horas. ¿Por qué? En una sola palabra, *iteración*. Iteración es una palabra sofisticada para el diálogo que se da cuando estás negociando un proceso que requiere interacciones complejas y en el que las decisiones no se hacen evidentes de forma inmediata; por ejemplo, pensemos en la negociación de un gran contrato. El que la iteración se repita una y otra vez es un aspecto necesario para llegar a una decisión correcta y oportuna. Sin embargo, cuanto más tiempo se necesite para repetir una tarea, más difícil es mantener la continuidad del discurso. Como resultado, se ve afectada la integridad de la tarea y se vuelve más difícil conseguir los mejores resultados. En otras palabras, si toma dos días obtener una respuesta a una pregunta en vez de dos segundos, o bien es menos probable que hagas la pregunta o es más probable que obtengas una respuesta que no satisfaga directamente la pregunta que haces. En el mismo orden de ideas, es menos probable que comprendas o cambies un proceso si te excluyen de él por intervalos significativos de tiempo.

La nube cierra los intervalos de tiempo eliminando los tiempos de transferencia inherentes a enrutar no sólo información sino también trabajo de una persona a otra. Se debe tener en mente que éste no es un problema que se pueda solucionar tan sólo por una red de comunicaciones, así como tampoco se pudo resolver con la evolución de los memorandos en papel al correo electrónico. Los electrones pueden viajar a la velocidad de la luz, pero el trabajo y la gente no. La internet y el concepto actual de la informática basada en la nube (lo que hemos llamado la nube adolescente) –mediante la cual la potencia y el almacenamiento informático se utilizan conforme se necesita– son sólo la propuesta de valor más básica de la nube.

Si no crees que esto es más que un problema de qué tan rápido podemos transmitir y acceder a la información, plantéate esta pregunta: ¿Cuándo leí por última vez mi correo electrónico? Si fue hace treinta minutos, entonces podrías decir que a los mensajes de correo electrónico que esperan por ti les ha tomado treinta minutos llegar desde su remitente hasta ti, aunque al mensaje real probablemente le haya tomado tan sólo unos nanosegundos para llegar a su destino. "Pero, espera un minuto", te estás diciendo ahora, "yo tengo un smartphone, y el correo electrónico me llega inmediatamente". De hecho tu smartphone podría notificarte que el trabajo se tiene que hacer, pero ¿tu smartphone te provee de todas las herramientas que necesitas para hacer el trabajo? Probablemente no, y eso es cierto para la mayor parte del trabajo enviado electrónicamente, porque gran parte de la información –y de las aplicaciones que necesitamos para actuar sobre esa información– existe en dispositivos específicamente localizados.

El problema de fondo es que el trabajo complejo rara vez existe de forma aislada. Trabajar en la negociación de contrato que estaba yo utilizando antes como ejemplo podría requerir vínculos a otros documentos de apoyo o a regulaciones o a gente con un conocimiento específico. Puesto que la comunicación viaja a través de la nube y no hacia y desde los sistemas privativos –o propietarios–, punto a punto, la nube es capaz de conectar todo, la información, la gente y los recursos que necesitamos para actuar sobre la información.

Aunque los smartphones como BlackBerry, iPhones y Androids han aliviado el problema en cierta medida al permitir la recepción de correos electrónicos sobre la marcha, no son capaces de proporcionar una verdadera plataforma para el trabajo pues no tienen la habilidad de hacer todas las conexiones necesarias de manera instantánea. En muchos casos, la falta de espacio en la pantalla impide que los espectadores tengan la posibilidad de ver la complejidad del trabajo. Pero eso es sólo el comienzo. Hay tres partes en este problema.

El primero es que nos hemos enfocado por demasiado tiempo a la entrega de *información* y *no* en la entrega del *trabajo*. El trabajo, por definición, no se entrega, se organiza y se realiza. No importa qué tan rápido funcione la cadena de montaje de la información, el trabajo siempre terminará esperando, a menos que las herramientas, los recursos y las personas adecuadas lo conecten con quien vaya a realizar el trabajo.

Para un negocio que pretende alcanzar la esquiva meta de intimidad –es decir, la habilidad de actuar rápidamente respecto al trabajo y no sólo trasladar la información–, se debe ir más allá de tan sólo la entrega y la creación de redes de información, y más bien considerar la forma en que el trabajo se realiza y cómo es que puede reunir las herramientas y los recursos necesarios para hacer el trabajo. Limitarse a entregar la información es como enviar las piezas de una cadena de montaje sin mandar las instrucciones, la experiencia y los instrumentos necesarios para ensamblar las partes.

Para recurrir a un ejemplo simple, imaginemos un escenario en donde el trabajo incluya el análisis de documentos de gran formato para ingeniería, rayos X o imágenes de alta resolución, grandes conjuntos de documentos para una transacción financiera o volúmenes completos de regulaciones y procedimientos. En todos estos casos, y en muchos otros, la clave es el análisis, no sólo la transferencia, de información. Es la razón por la que gastamos mucho tiempo imprimiendo información una vez que la recibimos y luego atiborramos nuestros escritorios físicos con esos documentos, que de alguna manera necesitamos organizar y asimilar. No es que necesitemos el artilugio físico para hacer el trabajo, sino que los sistemas de información se han construido en torno al carácter central del documento o la información más que al trabajo. El trabajo se trata de coordinar y organizar documentos e información. Cuando los documentos y la información se hallan contenidos en un sinfín de aplicaciones, sistemas y fuentes, que no trabajan en conjunto, es el ser humano quien termina fungiendo como el pegamento que une toda esta información dispar y le da un contexto. Pero incluso una vez que hemos terminado de organizar la información, todavía necesitamos pasársela a un colega o a un cliente. Esta impericia para transferir el trabajo como un objeto con todas sus piezas de información, recursos y herramientas también es la razón de que quizá termines siendo transferido a tres agentes de servicio al cliente y describiendo tu problema tres veces. Asimismo es la razón por la que una visita a la sala de urgencias requiere de que expliques tus síntomas a cada enfermera y a cada doctor que se plante al lado de tu cama. El doctor podrá tener todos los datos, pero no cuenta con la crónica o el historial que dé forma al contexto crítico para interpretar esos datos.

Trabajar la nube

Parte de la dificultad que tenemos para visualizar cómo es que se logrará llevar a cabo el trabajo en la nube es que los dispositivos que usamos para realizar la mayor parte del trabajo no son recursos que respalden el espectro completo del trabajo. El mero hecho de poner datos en la nube y jalarlos de vuelta nuevamente hace muy poco por paliar este problema; si acaso, agrava el conflicto al crear acceso a más información todavía con incluso menos contexto.

La segunda limitación de la mayoría de los mecanismos que utilizamos hoy en día para transferir el trabajo es que las aplicaciones necesarias para llevar a cabo el trabajo están relacionadas con dispositivos y ubicaciones específicas. Si estoy enviando un correo electrónico, casi cualquier dispositivo hará esa labor, desde un teléfono celular hasta una computadora personal, pero si estoy trabajando en un complicado presupuesto con otros colegas alrededor del mundo, necesito determinar una zona horaria específica, utilizar una aplicación en particular, colaborar y compartir información en un entorno definido y tener a la disposición toda la documentación complementaria que se requiera para tomar decisiones.

La tercera limitación, y la más difícil, es que en la actualidad la mayor parte del trabajo se nos impone en vez de que lo atraigamos nosotros mismos. En el modelo de imposición, las reglas estrictas definen a quién se dirige el trabajo. Vivimos en un mundo accionado por esa imposición, donde se nos envía información constantemente. Los correos electrónicos, las llamadas telefónicas, las noticias, los medios de comunicación y los anuncios de productos y servicios ante todo se nos ponen enfrente ya sea que los pidamos o no. Si observas cuánto tiempo pasas tamizando todo ese ruido, sin lugar a dudas te darás cuenta de que empleas una gran parte del día actuando como un sofisticado radiotelescopio que separa el ruido de fondo del universo de las señales que sí tienen sentido. Cada vez que suena el teléfono, que llega un correo electrónico a tu bandeja de entrada o que abres una revista o un libro, estás agregando todavía un canal más de ruido potencial a una esfera de por sí saturada.

¿Acaso estoy sugiriendo que no se requiere tal imposición, que no hay necesidad de presionar? Desde luego que no. He tropezado con muchas circunstancias fortuitas, personas, productos y bastante información útil que de otra manera nunca habría sabido cómo buscar. La presión le brinda a nuestra vida un nivel favorable de oportunidad que puede crear valor. Sin embargo, es un acercamiento azaroso a la vida, y el trabajo es el único acercamiento, ¿o acaso será el único que conocemos? La cuestión no es cómo eliminar la presión, sino cómo minimizarla y filtrarla.

Ésa es la idea detrás del modelo de atracción. En el modelo de atracción, existes en la nube como una serie de intereses, comportamientos, habilidades, capacidades, aptitudes, preferencias y conexiones. Todos ellos crean un personaje que define lo que es singularmente importante para ti.

El modelo de atracción no es del todo nuevo. De una u otra forma, lo hemos estado usando tanto tiempo como ha habido fuentes de información de las cuales elegir. De hecho, se puede dejar de lado el asunto de la información en el sentido contemporáneo y aplicar la noción de atracción a nuestras percepciones del mundo que nos rodea. Hacemos oídos sordos a lo que nos parece irrelevante con base en lo que estamos buscando, como hacemos con los libros de niños *I Spy*, que muestran imágenes de objetos saturando una página, de entre las cuales hay que encontrar unos cuantos artículos bien escondidos.

Una ilustración todavía mejor es una colección muy divertida de videos que se ha vuelto viral en internet y que comprueba este punto de la forma más divertida. Hay muchas variantes del video, pero casi todas empiezan pidiéndole al espectador que cuente cuántas veces un grupo de personas, por lo general de seis a diez, pasa entre sí una gran pelota de ida y vuelta. El video corto muestra al grupo pasándose la pelota de aquí para allá. Dado que estás observando atentamente, contando cada pase de la pelota, te enfocas por completo en la actividad que has elegido ver; te encuentras en el modo de atracción y nada que te presione superará tu filtro, que ajustaste con gran agudeza. Todo lo demás se elimina de tu campo visual y mental.

La prueba viene cuando, al final del video, se te pide no que identifiques el número de veces que se pasó la pelota, sino más bien que describas a la persona en traje de gorila que se estaba moviendo en el plano de fondo del video durante casi todo el tiempo que el equipo se estuvo pasando la pelota. La mayoría de la gente no lo puede creer en ese momento. ¿Cuál gorila? Jurarías que no había absolutamente nada de eso en el video. No obstante, cuando pones el video una segunda vez, de hecho ves al gorila moviéndose lentamente, haciendo gestos y ademanes salvajes detrás de las personas en las que te estabas concentrando y, no obstante, está claramente a la vista. Sin embargo ¡te lo perdiste por completo! Tu reacción es de gran asombro, te quedas boquiabierto. ¿Cómo es posible que no hayas visto a un tipo vestido de gorila? Es fácil. Pusiste en práctica un modelo de atracción que estaba finamente sintonizado a un propósito y un proceso en específico: seguir la pelota. Tu tarea era muy clara y no te ibas a dejar engañar por cualquier truco o juego de manos, pero te perdiste algo muy grande, absurdo y abrumadoramente fuera de lugar. ¡Felicidades, eres humano!

Nuestra sobrevivencia depende en grado sumo de utilizar un modelo de atracción, ya seamos predadores cavernícolas identificando a una presa o gente de negocios detectando oportunidades de mercado. Pero esa capacidad innata para filtrar se está poniendo a prueba más allá de su nivel previsto de resistencia. Estamos tan bombardeados con información presidida por la imposición, que ya hemos excedido nuestra habilidad para darles sentido a los datos de que disponemos, y sin embargo apenas hemos empezado a experimentar el alcance de la sobrecarga de esa imposición. En la nube, esto se pondrá infinitamente peor, no sólo por la simple cantidad de información, sino también por el número de personas que estarán participando en la nube como creadoras de contenido.

Subestimamos el grado en el que estamos educando y trayendo a bordo a nuevos ciudadanos de la nube. Incluso las estimaciones más generosas indican que el número de usuarios activos es de aproximadamente dos mil millones. Si consideramos que la población mundial en la actualidad se acerca a los siete mil millones y estará rondando los diez mil millones en la próxima década, hasta donde bien podría quedarse debido a las limitaciones de recursos fundamentales, aún siguen quedando de cinco a ocho mil millones de personas que podrían estar en línea, un incremento de cinco veces más en los números crudos de población, pero con una impactante cifra de 100,000,000,000,000,000,000 conexiones potenciales entre seres humanos. Y esto sin contar los cincuenta mil millones de conexiones adicionales debido a los dispositivos, sensores y máquinas. Usar la tecnología y las conductas actuales para hacer frente a este número de conexiones es un plan fundamentalmente fallido.

Navegar en este magnífico tsunami de oportunidades y complejidad requerirá modelos accionados por la atracción, que son difíciles siquiera de concebir en la actualidad. Sin embargo, ya se está usando un tipo de modelo de atracción que utiliza un enfoque personalizado que se llama portal, y se está desarrollando como una importante forma de afrontar el caos de la nube hoy en día.

El portal personal

Un portal es un solo punto de acceso personalizado, y representa un aliado clave tanto para hallar un significado como para orquestar el volumen de información disponible en la nube. Con un portal personalizado se puede crear un lugar donde toda la diversidad de información, gente, procesos y aplicaciones que necesitas para hacer tu trabajo, tomar una decisión y colaborar con otros se encuentra instantáneamente disponible de una manera coordinada y confiable.

Los portales no son del todo nuevos. Algunos de los ejemplos más simples son destinos de internet como Yahoo!, que han estado proporcionándoles a los usuarios la habilidad de agregar diversas fuentes de servicios propios y de terceros para crear una página web personal con datos climatológicos, del mercado de valores, noticias y correo en un solo punto de acceso. Aunque estos portales pueden ayudar a organizar las fuentes básicas de información accesibles al público, hacen muy poco para integrar otras fuentes privadas, como tu información de banca personal, financiera y de seguros, actividades relacionadas con el trabajo, la salud y expedientes médicos, u otra información a la que necesites acceder. Para estas áreas hay otros portales, como Mint y Manilla, que actúan como recopiladores de datos financieros, incluyendo cuentas de banco, cuentas de corretaje, saldos crediticios, hipotecas y préstamos. Pero estos portales solamente proveen ventanas a tus transacciones y saldos, integran la manera en que puedes ver la información pero no las aplicaciones subyacentes (el software que maneja la información) que la manipulan.

Originalmente, los portales no eran otra cosa sino buscadores. La propuesta de valor inicial era simple: nadie puede aspirar a encontrar algo en la vastedad de la web con la ayuda de medios "convencionales", de modo que ofrecer un índice de texto completo de la web significó un gran paso hacia delante y proporcionó una oportunidad de sacar ventaja de las nuevas capacidades de hipervínculos incorporados en los protocolos web.

Los portales pronto se transformaron de buscadores a "sitios de navegación", que se convirtió en el término utilizado para describir las funciones disponibles en portales tempranos como Excite, Infoseek, Yahoo! y Lycos. Aunque se asumió que los usuarios de buscadores podían navegar a través de una "red" asociativa y abierta de "vínculos", pronto se hizo evidente que desarrollar habilidades de búsqueda profesional con la finalidad de encontrar información no estaba en un lugar privilegiado de la lista de prioridades del usuario promedio. De tal suerte que para atender la frustración del usuario y reducir el "tiempo de búsqueda" promedio para información relevante, estos sitios de navegación añadieron la función de categorización, filtrando los sitios y documentos populares en grupos preconfigurados por su contenido (deportes, noticias, finazas, etc.), que es lo que sigues viendo hoy en día si entras a Yahoo.com.

Estos sitios no sólo proporcionan funcionalidad de búsqueda y una colección de contenido clasificado, también ofrecen acceso a "comunidades de interés" (por ejemplo, la comunidad financiera de Yahoo), opciones de chat en tiempo real, personalización de contenido mediante la especificación del usuario, así como acceso directo a funciones especializadas (redes de compras, subastas, sitios de comercio en línea, etc.).

A pesar de que todo esto sucedió mucho antes de la nube como la conocemos en la actualidad, sentó las bases de un principio fundamental de cómo navegamos en la nube, estableciendo que debe haber un solo punto de acceso a partir del cual hacer conexiones para todas nuestras necesidades de información: noticias, compras, navegación y redes sociales. Hasta ahora, la visión utópica de un punto de acceso único ha sido vaga. Estamos rodeados por dispositivos de computación y cada uno ofrece un portal hacia un aspecto en particular de nuestra vida. Mi laptop es fabulosa para escribir, mi smartphone es genial para mandar mensajes de texto, mi iPad es excelente para mandar correos electrónicos, mi servidor GoDaddy es ideal para alojar sitios web, mi servidor principal es estupendo para gráficas y multimedia, mi AppleTV es idónea para el entretenimiento, mi GPS es perfecto para viajar, y la lista sigue y sigue. Tengo más artefactos para más usos de los que jamás pude haber imaginado hace una década. Me siento como el viajero frecuente que abre una copia del catálogo SkyMall, ese bastión de invenciones inútiles, sólo para encontrarme con artículos de los cuales de ningún modo estaba enterado de que no podía prescindir.

La razón de toda esta diversidad es que no hay una sola tecnología que maneje cada una de las fuentes individuales de información a las que necesitas acceder. Más bien, *tú* te conviertes en el pegamento que conecta todos estos sistemas. Es un elemento de complejidad que ha excedido por mucho los límites de lo razonable, lo cual es la causa de que muchos de nosotros terminemos con una docena de ventanas abiertas en nuestros escritorios en cualquier momento dado mientras intentamos darle sentido a nuestra vida y a nuestro trabajo. Como una analogía, imagina que cada vez que fueras de tu banco a tu casa de bolsa, y de ahí a tu supermercado o a tu gasolinera, tuvieras que usar un idioma distinto para comunicarte. En muchos sentidos, eso es exactamente lo que estamos haciendo en la actualidad con el uso personal y profesional de nuestras aplicaciones corporativas, de escritorio e internet.

En la nube, los portales personalizados se vuelven una calle de doble sentido con mecanismos bien definidos y estandarizados para comunicarse unos con otros, de manera que no puedes solamente ver información agregada, sino que también puedes actuar en relación con ella. Cada una de tus fuentes de información y aplicaciones existe como un objeto que se puede conectar y que puede hablar con los demás.

Esta visión coordinada de la nube también trae a colación la noción de cómo identificar lo que es relevante para ti, tus intereses y tu trabajo sin crear una visión de túnel que limite tu habilidad para distinguir nuevas oportunidades y peligros.

Entonces, ¿cómo es que lucirían estas oportunidades y peligros basados en la nube? Una vez que toda esta información sobre ti se agregue y archive, el mayor reto que enfrentaremos será crear una nube en la que podamos confiar no sólo para proteger nuestra identidad, sino también para proporcionar mayor valor a cambio de la transparencia que creará en nuestra vida.

4

Verdad en la nube

La seguridad no es algo que se pueda comprar, sino algo que haces.
–Mark Mellis

En el año 2000 me uní a la junta directiva de una pequeña compañía emergente con una muy grande ambición. La compañía había desarrollado un programa de software que detectaba la actividad y todos los cambios que ocurrían en un sitio web o en múltiples sitios, y luego le permitía al usuario ir y venir en el tiempo para ver el sitio web como hubiese sido en cualquier momento del pasado.

Imagina, por ejemplo, ser capaz de ir al sitio de una compañía y accionar una herramienta en la parte inferior de la pantalla para ver exactamente cómo se veía el sitio de la compañía en cualquier fecha y momento determinado. Imagínate hacer lo mismo en un sitio web individual.[1] El software también podía rastrear un número ilimitado de conexiones a sitios web asociados y fuentes de información. Entonces terminabas teniendo a la mano una historia perfecta de la internet. Se da por hecho que la internet era mucho más pequeña y simple en ese entonces, pero no había razón alguna para que la propuesta no pudiese haber escalado con el aumento en la potencia informática y de almacenamiento que se dio en la última década.

Teníamos ciertos clientes corporativos importantes que estaban muy interesados en poder hacer esto para sus propios sitios web, pero también con propósitos competitivos. De hecho, uno de nuestros prospectos más interesantes era una gran agencia gubernamental de inteligencia que quería hacer esto para rastrear grandes porciones de internet. Si piensas que esto sigue siendo un asunto de ficción, te equivocas.

La internet se ha convertido en una inmensa colección de artilugios históricos, de una dimensión tal que nunca antes habíamos visto. Tenemos a nuestro alcance el potencial para un registro histórico y de memoria colectiva casi perfecto. Pero la constante renovación de internet lo vuelve una corriente en la que nunca puedes meterte dos veces. Las fluctuaciones de internet, que cambian constantemente en inimaginables y complejas redes de conexiones y un vasto contenido, no se parecen a nada que hayamos experimentado antes como sociedad. De acuerdo con el gurú de la tecnología Yuri Milner, se está creando más contenido cada dos días en internet de lo que había sido creado desde los albores de la civilización hasta 2003.

Hasta apenas hace muy poco, registrar todo este cambio de una forma en que haga posible ir y venir en el tiempo ha requerido una máquina del tiempo imaginaria. No ha habido manera de crear automáticamente una historia completa, porque gran parte del contenido web proviene de bases de datos privadas y sistemas de gestión de contenidos; por ejemplo, el contenido de *The New York Times* se puede buscar, pero sólo a través del portal provisto por *The New York Times*.

A medida que el contenido y los vínculos en internet cambian, se van perdiendo. No podemos retroceder a un acontecimiento, fecha o momento determinado, y ver las millones de páginas web como existieron en aquel momento y en cada momento subsecuente hasta el presente porque la información le pertenece a un particular y por lo regular se ubica detrás de una barrera de seguridad, un cortafuegos de alguna especie.[2] Aun si pudiéramos acceder a esta información, las aplicaciones que se utilizan para administrarla por lo general tienen un código cerrado. Ya es bastante difícil hacer esto con un solo sitio web, mucho más si se tratara de los millones de sitios que existen. ¿O acaso sí podemos?

¿Qué tal si pudieras registrar cada caso del pasado y usarlo no sólo para navegar en el pasado, sino incluso para predecir el futuro?

Es asombroso que Isaac Asimov acuñara precisamente un término para este tipo de capacidad ya en 1950. Lo denominó *psicohistoria*, la habilidad de predecir el futuro con base en enormes cantidades de datos acumulados sobre comportamientos del pasado. No se puede hacer esto con la internet pero sí con la nube. Pensémoslo de esta manera: la nube es a la internet lo que la imagen en movimiento era a la fotografía. En vez de captar un sólo instante en el tiempo, la nube está captando un flujo continuo de historia, conexiones, negocios, sociedad, comportamientos y cada matiz de nuestra vida individual, nuestros negocios y las interacciones entre ellos, así como la comunidad global que hemos formado. Ya se puede ver el embrión de ese flujo en sitios como Internet Archive (archive. org), que cataloga más de 150 mil millones de páginas web desde 1996 de forma continua. Pero Internet Archive proporciona instantáneas al momento de sitios web individuales, no la habilidad de volver a cualquier punto en el tiempo a través de múltiples sitios web y sus contenidos.

Facebook se ha embarcado en un empeño similar mediante su ofrecimiento de la Biografía o Línea del Tiempo, lo que te permite construir una historia navegable de tus actividades y aplicaciones de Facebook. La diferencia, en el caso de la Biografía, respecto a lo que he estado describiendo, es que Facebook te permite resaltar los acontecimientos que tú consideres importantes en vez de registrar toda tu actividad. Facebook es también sólo una faceta de tu identidad digital; sin embargo, algunos organismos de control de la industria están preocupados por la forma en que la compañía maneja la privacidad y la información del usuario. Facebook admitió haber rastreado las actividades de 750 millones de usuarios y los sitios web que visitaban aun cuando hubieran cerrado su sesión de Facebook. No obstante que la compañía alegara que esto fue un error técnico garrafal, ilustra la habilidad de la nube para registrar una asombrosamente reveladora historia del comportamiento y los intereses de las personas.

Mientras que el enfoque de Facebook sigue siendo parte de la nube adolescente, las implicaciones de esta capacidad a medida que madura son poco menos que alucinantes. Imagina ser capaz de regresar el tiempo y obtener un registro histórico absolutamente preciso de todo, desde los pormenores climáticos y los mercados de valores hasta el desarrollo de las tendencias sociopolíticas más importantes. Conforme la web refleja una visión cada vez más completa del mundo, éste se vuelve un túnel del tiempo al pasado.

Una de mis primeras exposiciones a esta potencia de la nube sucedió por un dramático caso de infracción de derechos en el que estuve involucrado. Una marca registrada de mi propiedad estaba siendo usada por otra compañía, que se rehusaba a ceder y desistir en el uso de mi marca. Luego de años de interminables batallas legales y cientos de miles de dólares gastados por cada parte tratando de defender su uso de la marca registrada, nos encontrábamos casi a punto de llevar la contienda hasta la suprema corte, una circunstancia más costosa todavía. Puesto que hablé con mis abogados sobre lo que necesitaban para asegurar el caso, quedó de manifiesto que parte del desafío era mostrar en términos claramente comprensibles cómo era que la infracción se había estado llevando a cabo a lo largo de los años. La compañía infractora alegó que su utilización había tenido muy poco que ver con la forma en que mi compañía había usado la marca registrada.

A través de un extenso camino de hallazgos –el proceso por el cual mis abogados encontraron evidencia para probar su caso–, mis abogados habían reunido anuncios e imágenes que evidenciaban la forma en que la marca había sido usada sin autorización. Cuando vi este portafolio del uso de la marca, me consternó el hecho de que lo que faltaba era una sola historia coherente de mal comportamiento. Por supuesto, las piezas del caso ilustrado con las distintas imágenes de anuncios y recortes de periódico mostraban un argumento en cierta forma convincente, pero estaba lejos de ser claro como el cristal. Yo quería que no hubiera duda alguna en cuanto a la clara intención y a la historia de infracción por mucho tiempo.

En ese momento, Internet Archive era muy poco conocido, pero había estado recopilando datos sobre sitios web durante casi una década. De hecho, me quedé anonadado al ver imágenes de nuestro propio sitio web conforme había ido evolucionando a lo largo de la década anterior desde su primer formato, verdaderamente ordinario. En cuestión de minutos había armado una década de historia de la violación de los derechos de nuestra marca registrada, que era asombrosamente clara y exhaustiva. Orgulloso de mí mismo, se la llevé a mis abogados. Hay que tener en cuenta que estos abogados eran socios de una firma muy grande y prestigiosa de Los Ángeles que se dedicaba solamente a casos en que se vulneraban los derechos de patentes y marcas registradas, pero no tenían idea siquiera de la existencia de Internet Archive. Ese simple descubrimiento contribuyó a lograr un sustancial acuerdo extrajudicial. En ese momento no lo sabía, pero de hecho estaba navegando en la nube y en el tiempo.

Ahora tomemos esa historia y vamos a extrapolarla. El ejemplo que acabo de dar aplica no sólo a asuntos legales y a los negocios, sino también a nuestra vida personal. El rastro de migajas que dejamos en la nube es indiscutible e inolvidable. Nuestra vida está siendo documentada con gran detalle, y por siempre seremos presos de este registro. ¿Aterrador? Quizá, si lo piensas en términos de sólo *tu* historia ahí al garete. Pero ¿qué pasará en el plazo de una generación, cuando la historia de todo el mundo esté ahí disponible? ¿Ves cómo el campo de juego se nivela de repente? Cuando nuestra vida y nuestros negocios se vuelven así de transparentes, se redefine la naturaleza misma de la honestidad y la confianza.

Pero no nos detengamos ahí. Aunque no hay duda de que la nube primero participará como herramienta para propósitos legales (nótese el creciente papel del correo electrónico en los litigios corporativos y públicos), también nos dará una destreza mucho más confiable para entender las decisiones en su contexto.

El gobierno de Estados Unidos cuenta con un programa que ya está en marcha bajo la tutela de una agencia llamada IARPA –Inteligencia de Proyectos para la Investigación Avanzada de Actividad. La misión de IARPA es acceder a la tremenda cantidad de datos disponibles a través de todas las formas de comunicación y analizar cómo es que las tendencias y comportamientos que surgen de estos datos podrían ayudar a predecir los acontecimientos en el futuro.

¿Por qué la nube es capaz de hacer esto mucho mejor que la internet? Por la misma razón que Google es capaz de acceder a tu correo electrónico basado en la nube y usar tus conversaciones para recomendar productos y servicios. Conforme la información se mueve a la nube, los metadatos –los datos acerca de tus datos– se vuelven extremadamente fáciles de registrar y de usar. Estos metadatos son un derivado de la nube que se puede perder fácilmente y sin embargo representa un activo increíble para quienquiera que los tenga, especialmente si se puede explotar de tal forma como para inferir tendencias y comportamientos con el paso del tiempo.

Con este tipo de historia al alcance de nuestras manos, ¿podríamos ser capaces de ir más allá de navegar en la nube de manera retrospectiva para aplicar experiencias previas a resultados futuros? Damos por hecho que el pasado jamás ofrecerá una representación 100 por ciento precisa del futuro, pero ciertamente nos ayudará a cubrir nuestras apuestas. Hoy en día se nos dificulta creer que esto sea posible, porque hasta ahora hemos usado piezas sueltas de historia y desafortunadamente el contexto incompleto para determinar cómo es que los comportamientos y acciones del pasado impactan al futuro.

He aquí una analogía que permite entender más fácilmente este concepto. Hasta ahora hemos hecho proyecciones y predicciones acerca del futuro del mercado de valores basándonos en información disponible para el público. Se trata de datos típicamente empíricos acerca de cómo se comporta el mercado a partir de una imagen incompleta de por qué se comporta de esa manera. Pero digamos que la nube reúne y otorga sentido a toda esa infinidad de acciones y actividades inconexas que rodean a estos datos empíricos. Hoy en día a eso le llamamos uso ilícito de información privilegiada para la compra y venta de acciones en la Bolsa si se basa en información que por lo general no se conoce ni está disponible fuera de los ejecutivos clave y de quienes toman las decisiones en una compañía; por definición de una práctica honrada y dentro de la ley, la información privilegiada no puede usarse como base para la compra o venta de acciones.

¿Qué tal si la nube fuera capaz de hacer predicciones de mercado utilizando semántica y metadatos sofisticados? (*Metadatos* es otro término que se usa para describir información sobre la información que no es obvia de manera inmediata o que requeriría muchísimo esfuerzo para inferirse, tomando en cuenta la internet en la actualidad.) ¿Qué es la información privilegiada versus la información generalmente accesible? Nuevamente, no estoy asegurando un conjunto de conexiones o predicciones 100 por ciento preciso. Más bien, digamos tan sólo que aquello que actualmente consideramos conexiones que constituyen información privilegiada se irá convirtiendo cada vez más en información disponible de forma más general. Es muy difícil comprender exactamente lo que va a representar, pero no es difícil aceptar que eso tendrá un impacto.

La clave aquí es que no estás escarbando para averiguar sobre estas conexiones y no tienes que especular sobre el posible contexto de un acontecimiento en particular. En cambio, la nube está haciendo esto por ti. Por lo menos, desvía todo lo que sabemos acerca de cómo el pasado influye en el futuro.

Aunque en un principio esto no cambiará las reglas básicas del comercio, sí cambiará drásticamente nuestra habilidad para formar conexiones más rápidamente en un mundo mucho más complejo. Por supuesto, lo primero que nos viene a la mente es simplemente qué tan seguros se encuentran todos estos datos cuando se encuentran en la nube. Si bien puede haber beneficios por ser capaces de navegar en la nube a través del tiempo, el riesgo de tener mis datos y los datos de mi compañía en la nube parece razón suficiente para preocuparse.

El mito de la seguridad

Con cada cambio económico o social importante parece haber un mito primordial a disipar. En el caso de la nube, el asunto central a exorcizar es que nuestra seguridad personal y organizacional se vea más comprometida de lo que está en su forma actual.

Tendemos a medir el riesgo en la nube sobre la base de un ilusorio estándar de comparación de riesgo nulo sin la nube, en vez de compararla con el riesgo real con el que tenemos que lidiar actualmente en internet. El robo de identidad y las intrusiones corporativas son comunes en el modelo actual de informática y uso de la internet. Parece lógico que entre más información sobre nosotros se encuentre allá afuera en la nube, es más probable que nuestras identidades puedan ser manipuladas, robadas o puestas en riesgo de cualquier otra manera. También se deduce que la propiedad de productos, servicios y patentes podría estar comprometida de manera similar. No debemos hacernos ilusiones al respecto. Se estima que el crimen cibernético ya es un negocio global que alcanza la cifra de un millón de millones de dólares.[3]

No obstante, tenemos incluso más de qué preocuparnos sobre la manera en que utilizamos dispositivos físicos para almacenar nuestros datos y aplicaciones localmente. De acuerdo con un estudio llevado a cabo por el Phenom Institute, más de doce mil laptops se pierden o son robadas cada semana en los aeropuertos de Estados Unidos. El estudio muestra además que:

- Sólo se recupera 33 por ciento de esas computadoras portátiles
- 53 por ciento de los viajeros de negocios encuestados lleva información corporativa confidencial en sus computadoras
- 65 por ciento de aquellos que llevan información confidencial no ha tomado precauciones para protegerla mientras viajaba
- 42 por ciento de los encuestados dice no respaldar sus datos

Esto difícilmente es un modelo seguro para los datos de carácter personal o corporativo, pero es una estadística que toma a la mayoría de la gente por sorpresa y a la que rara vez se recurre cuando se habla de los beneficios de la nube. El punto es que si vamos a medir el riesgo, tenemos que hacerlo basándonos en dónde nos encontramos ahora y cuán más seguros podríamos estar.

Así que ¿cómo puede un modelo basado en la nube ofrecer una mayor seguridad? En primer lugar, es importante entender que estar en la nube no equivale a simplemente poner datos en internet. Al observar la seguridad de la internet en comparación con la nube, la analogía sería afirmar que los automóviles son más seguros que los aviones. El miedo de lanzarse por el cielo a toda velocidad a ocho kilómetros por encima del suelo es mucho más fácil de comprender que la de conducir por una carretera donde puedes salirte del camino en cualquier momento. Sin embargo, el riesgo anual de mortandad promedio en Estados Unidos a causa de un accidente en un vuelo comercial es de sólo uno en once millones, comparado con la probabilidad de uno en cinco mil de morir en un accidente automovilístico o atropellado por un coche. Es claro que los números no respaldan la percepción de riesgo. Pero para aquellos que les aterra volar, el miedo no se debe descartar tan fácilmente.

Como sucede en el caso de nuestra analogía de los aviones y los autos, las reglas que aplican para la nube son inmensamente distintas de aquellas que aplicamos a la informática localizada.

El mito del control

Al igual que en la comparación entre aviones y automóviles, comparar la nube con la internet tiene básicamente muchos puntos débiles. El primero es que el riesgo que se percibe no se trata de los números, sino del miedo inherente a la pérdida del control. Cuando estás detrás de las llantas de un coche, te parece que estás en control de tu destino. Tampoco eso es cierto cuando estás sentado en una máquina que utiliza alguna fuerza invisible y un sinnúmero de complejas tecnologías para desafiar las leyes de la gravedad. La nube, incorrectamente, implica una pérdida de control, debido a que finalmente todo lo que posees, desde tus aplicaciones y documentos hasta tus datos y correo electrónico, todo existe en alguna otra parte. Sin embargo, esa "alguna otra parte" es un batallón de equipo fuertemente monitoreado, fortificado y seguro que se ha dispuesto con el objetivo de proteger los datos con múltiples capas de seguridad física y cibernética. En última instancia, esa seguridad se traduce en un aumento de control sobre tu información dado que tiene una mayor probabilidad de estar disponible de manera fidedigna.

El segundo defecto que distorsiona la percepción es el hecho de que cuando las personas mueren en los aviones, rara vez están solas. Cientos de personas muertas en un solo accidente aéreo ganaría mucho más atención que cientos de personas que mueren cada día del año a bordo de automóviles, en contraste con un solo día cada tantos años en un avión. Lo mismo aplica para la nube. Escuchamos hablar de incidentes en que se roban miles de identidades en una sola violación de un cortafuegos corporativo de seguridad mientras que miles de computadoras portátiles, muchas de las cuales tienen información acerca de mucho más miles de personas, se pierden o son robadas cada semana tan sólo en los aeropuertos.

El tercer punto débil que hace de las comparaciones entre la nube y la internet algo impreciso es que ambas difieren respecto al conocimiento de los usuarios de qué tan segura está su información. La habilidad de rastrear y encarar las fisuras y la seguridad comprometida es mucho mayor en la nube de lo que es para cualquier entorno informático localizado, especialmente en el caso de un individuo o de una pequeña empresa, que no sólo tiene recursos limitados y carece de la sofisticación necesaria para rastrear una fisura, sino que además tiene mucho menos disciplina alrededor de la seguridad básica de la información. Por ejemplo, en el mismo estudio del que hablamos antes del Phenom Institute, se descubrió que menos de la mitad de todas las laptops cuenta con respaldo o está asegurada de alguna manera, por ejemplo utilizando códigos cifrados. Retomando nuestra analogía del avión, esto es algo así como comparar la precisión y confiabilidad de una línea aérea comercial con las de un avión fumigador, al que, casualmente, la Administración Federal de Aviación de Estados Unidos ¡ni siquiera le exige tener una radio a bordo!

El cuarto fallo es que la mayoría de la gente tiene una percepción de la nube como una entidad amorfa y sin control. Podrías pensar que éste no es un obstáculo de mayores dimensiones que el que internet enfrentó en su momento, pero la internet tenía una presencia más concreta, a saber, la web, la interfaz gráfica que se utiliza para acceder a internet. Los sitios web hicieron de internet algo tangible de una manera muy visible y personal. Sin embargo, a diferencia de la internet, a la que puedes experimentar y ver como un sitio web, y a diferencia de una laptop, que puedes tocar, ver y escuchar, la nube se presenta como un concepto abstracto. Al igual que la teoría de la gravedad, sabemos de lo que se trata pero no tenemos idea de *cómo* funciona.

La gente suele hacer preguntas como, ¿Entonces dónde existe la nube? Esto es algo así como preguntar, ¿Dónde existe la electricidad?

Ciertamente se encuentra en tu casa, está en un foco y en el tomacorriente de la pared, pero también se ubica en cada parte del sistema de transmisión, empezando por las turbinas, los paneles solares o los molinos de viento que la generan. Preguntar dónde está no tiene un sentido real. Lo que más bien cuenta es la pregunta de, ¿Está ahí cuando la necesito?

El último punto débil en nuestra percepción del papel que juega la nube radica en la forma en que usaremos las aplicaciones o los programas que llevan a cabo el trabajo de nuestras tareas personales y profesionales. Actualmente, estas aplicaciones son locales en su mayoría, lo que significa que existen en un lugar que puede ser una laptop, un servidor o un equipo remoto conectado a nosotros mediante una red como internet. Muchas descripciones actuales de la nube simplemente ponen más de estas aplicaciones en un servidor remoto; por ejemplo, tanto Microsoft como Google tienen paquetes de aplicaciones para procesadores de palabras, hojas de cálculo y gráficas que ellos hospedan o ejecutan en equipos remotos, de modo que tú no necesitas instalar las aplicaciones en tu computadora local. Lo mismo sucede con Salesforce.com y Animoto, compañías de las que hablamos anteriormente. La aparente ventaja de esto es que nunca necesitas comprar la aplicación ni tienes que preocuparte de tener la última versión. Aunque eso es un beneficio, no es el objetivo a largo plazo de los proveedores de estas aplicaciones basadas en la nube.

A corto plazo, podrías rentar aplicaciones de nube para reducir el costo de comprarlas y mantenerlas. Éste es el modelo popularizado por Salesforce.com, un pionero en el paso de las aplicaciones empresariales a la nube.

Pero el mayor juego a largo plazo consiste en regalar las aplicaciones, como hace Google. ¿Por qué una compañía como Google regalaría una aplicación si tiene un fuerte precedente de valor por el que otros vendedores están cobrando? Porque tu uso de la aplicación le transmite conocimiento al dueño, permitiéndole entender mejor tus comportamientos e intereses. Este conocimiento se puede traducir en infinitas oportunidades para anunciarte otros productos y servicios.

Comercio a partir del comportamiento

Para entender mejor las oportunidades de comercialización inherentes a la nube, pongamos por caso a Gmail, el servicio de correo electrónico de Google basado en la web, que tiene más de doscientos millones de usuarios. (Otros ejemplos de correo electrónico basado en la web son Yahoo! y Hotmail, cada uno de los cuales cuenta con más de trescientos millones de usuarios.) Cuando usas Gmail, el servicio rastrea las palabras específicas de tu correspondencia con el fin de orientar anuncios específicos de patrocinadores que pagan por eso y que pueden dirigirse a ti de manera directa. Como usuario de Gmail, uno empieza a notar dos cosas inmediatamente: la primera es que tu cuenta de Gmail incluye una barra lateral con anuncios de diversos anunciantes con artículos que van desde lo certero hasta lo francamente cómico; por ejemplo, hace poco estaba usando mi Gmail para tratar de consolar a un amigo que estaba pasando por un divorcio traumático. Inmediatamente, empecé a notar anuncios patrocinados no sólo de abogados de divorcio sino también de libros acerca de cómo recuperar al cónyuge, artilugios para espiar sus comunicaciones y, obviamente, sitios web de citas. Entre más sepan de ti estos proveedores del correo electrónico basado en la web, más oportunidades tienen de colocar acertadamente su mercado para ti y de conectarte con otros recursos en la nube.

La segunda forma en que esta información sobre el comportamiento puede utilizarse es creando lo que se conoce como anuncios de contenido en la red, que aparecen en sitios web que no tienen nada que ver con Gmail. En mi caso, empecé a recibir anuncios en numerosos sitios de la misma lista de proveedores, incluso cuando el sitio no tenía nada que ver con relaciones personales. Al principio, la sensación es la de una realidad Orwelliana donde todo el mundo está asomando la cabeza por sobre tu hombro para ver lo que has estado haciendo. Esta especie de amplia difusión de tu personaje –la representación en línea de ti mismo– puede adquirir múltiples dimensiones con base en tus muchos intereses y, como resultado, puede parecer muy caótico. ¿Por qué –te preguntarás– estoy viendo sitios de citas cuando se supone que estaba buscando llantas nuevas para mi sedán?, y todavía peor, ¿qué tal si mi pareja ve estos anuncios apareciendo en mi computadora? Se siente como si estuviera en un ensayo clínico para el que no me ofrecí como voluntario.

Pero este enfoque está basado en la web, no en la nube.

En la nube, esta capacidad se puede usar para construir una versión más completa de tu personaje, tu imagen pública, al correlacionar datos de conducta desde aplicaciones incluso más complejas que proveen una mucho mayor comprensión de tus patrones de uso. La razón es que en la nube, todas las aplicaciones de tu escritorio, las basadas en la web y las empresariales, son objeto del mismo nivel de análisis, especialmente si todas son propiedad de un solo proveedor de la nube, como Amazon o Google.

Cuando piensas qué tanto de tu tiempo te la pasas frente a una pantalla de computadora compartiendo los más íntimos detalles de tu vida y tus negocios, empiezas a darte una idea de lo valiosas que pueden ser estas tendencias. También son inquietantes. Lo especialmente interesante acerca de este enfoque de rastrear conductas es que todo es conducido por algoritmos automatizados que son capaces de hacer el rastreo y la orientación personalizada a través de lo que se conoce como metaetiquetas. Una metaetiqueta es una manera de identificar tus preferencias sin divulgar tu identidad, puesto que el servicio de enlace con clientes idóneos está sucediendo completamente con base en palabras, frases y lenguaje. Las metaetiquetas se convierten no sólo en parte de quien eres, sino que también te agrupan en comunidades de intereses similares que pueden representar nuevos mercados.

Pero no nos limitemos a una nube que reside solamente en internet. Pensemos un momento en cuál aparato es el más cercano a tu persona por la mayor cantidad de tiempo cada día, día tras día. Correcto, tu teléfono celular o smartphone. Uno de los más importantes indicadores de tus comportamientos es tu uso de un teléfono celular, especialmente uno capaz de seguir tus movimientos así como tus actividades en línea. Proveedores como Verizon ya están usando teléfonos celulares para rastrear y predecir patrones de tráfico de modo que puedes obtener información en tiempo real acerca de las condiciones y retrasos en las calles y carreteras.

Sin embargo, esto es sólo la punta del iceberg. Podemos usar nuestros teléfonos celulares para tomar fotografías, escanear códigos de barras en tercera dimensión, pagar por servicios, abordar un vuelo y, por supuesto, para definir nuestra red social. Este almacén de datos, que combina patrones geográficos, de consumo y de red, es una de las minas de oro que están aprovechando los proveedores de la tecnología móvil. ¡Ajá! Ahora puedes ver por qué Google tiene tanto interés por desarrollar y adquirir tecnología móvil.

Ahora, tomemos el mecanismo básico de seguir la pista y etiquetar y aplicarlo en la escala más amplia posible de modo que todas las aplicaciones que utilizas –profesionales, empresariales, móviles y locales– se encuentren en la nube y se puedan comunicar entre sí no sólo para rastrear tus preferencias actuales, sino también para predecir tus futuros comportamientos. Estás empezando a darte una idea de qué tan poderosa puede ser la nube.

Conoce a tu personaje en la nube

No hace mucho tiempo, llevaba conmigo una pila de tarjetas de presentación a dondequiera que iba. Ya no. Sólo hay que recurrir a cualquier buscador; no importa cómo deletrees Koulopoulos, de todos modos me vas a encontrar. Hay un valor en eso, pero también hay un precio a pagar por estar tan conectado, por estar en todos lados, y no queda claro exactamente cuán elevado será ese precio. Bienvenido a la nube, una comunidad en desarrollo con fronteras, oportunidades y riesgos aparentemente ilimitados, donde tu personaje o imagen pública es la nueva moneda de cambio.

Tu personaje es algo más de lo que eres en los sitios de redes sociales como Facebook y LinkedIn. Es una combinación de tus intereses, datos, documentos, redes, comportamientos y casi cualquier otra cosa que te permite interactuar con la nube.

Proteger la imagen pública en la nube es algo con lo que apenas estamos empezando a lidiar. Las implicaciones van desde resguardar tu marca e imagen hasta custodiarlas ante la posibilidad de un franco robo de identidad. Mientras gran parte de la atención hoy en día se centra en limitar el acceso a los datos privados, tales como los registros financieros o médicos en el caso de los individuos, o datos corporativos confidenciales en el caso de las compañías, existe un problema aún mayor que hay que considerar, el de la reputación.

Aunque una fisura en el sistema de seguridad puede ser costosa, casi siempre se puede detectar y, en última instancia, corregir. Pero una reputación empañada no es de ningún modo algo sencillo de restaurar ni de lo que uno se pueda recuperar fácilmente. Esto es sin duda tan cierto en la nube como lo es fuera de ella.

Uno de los ejemplos más contundentes del daño de una marca se dio con el envenenamiento de siete personas en 1982 en el área metropolitana de Chicago como resultado de ingerir cápsulas de Tylenol Extra Fuerte espolvoreadas con cianuro. Aunque las cápsulas habían sido alteradas por un tercero y si bien Johnson & Johnson (el laboratorio fabricante de Tylenol) se movilizó con una costosa campaña de relaciones públicas y retiró del mercado más de treinta millones de frascos del fármaco, aún así el inconveniente le costó a la compañía más de 100 millones de dólares y el incidente provocó una caída en las acciones del mercado de 35 por ciento a sólo 8 por ciento. A pesar de ello, Johnson & Johnson sentó un nuevo precedente para el manejo de crisis, siendo proactivo y no sólo limitándose a colocar publicidad correctiva, sino desarrollando nuevas tecnologías para prevenir la manipulación de medicamentos no controlados. Debido a las medidas que tomó Johnson & Johnson, Tylenol recuperó su nivel en el mercado accionario en tan sólo un año. Con todo, fue un duro golpe a la marca que pudo haber puesto fin a su línea de productos.

Traigo Tylenol a colación específicamente para señalar que el manejo de la reputación no sólo se trata de prevenir un ataque malicioso o sin mala intención a una marca. Las compañías y las personas tienen que ser capaces también de responder rápidamente a los ataques a su reputación. En 1982, mucho antes de la existencia de internet, se comisionó a las patrullas de policía de Chicago a hacer un recorrido por los vecindarios con megáfonos y altavoces anunciando que se debía evitar a toda costa el consumo de productos Tylenol. En la nube, los mecanismos para proteger tu reputación son mucho más sofisticados pero la premisa es muy parecida: ser proactivo en protegerte a ti mismo y también instantáneamente reactivo para corregir la desinformación.

Hay dos cosas que necesitas entender y dominar con el fin de proteger tu contenido así como tu reputación o marca en la nube. La primera es la solución a corto plazo y la segunda es la solución a largo plazo.

La solución a corto plazo: proteger tu reputación en la nube

Uno de los mayores impactos de la web es que ha hecho de casi todo el mundo un crítico. A la gente que nunca en su vida se hubiera pronunciado acerca de compañías, marcas, acontecimientos u otros individuos se le ha entregado un megáfono digital, y su audiencia, que anteriormente se limitaba a un círculo cercano de amigos, familiares y colegas, ahora es tan amplia como lo sea su habilidad de influir a través de las redes sociales, los blogs y los comentarios en línea. Sitios como TripAdvisor.com se ven inundados con más de veinte millones de comentarios sobre cuatrocientos mil propiedades. Aunque la inmensa mayoría de estos comentarios es genuina, no hay duda de que el asunto se presta para cierto juego, pues una propiedad puede publicar reseñas sobre sí misma bajo seudónimos, y desde luego existen clientes descontentos que pueden publicar especialmente comentarios negativos.

Aunque la puerta para este tipo de reseñas basadas en gente como uno para hoteles, empresas y productos se abrió mucho antes que la nube, a través de guías impresas, como Zagat's, y sitios pioneros en internet como TripAdvisor.com y Orbitz, el reto de ahora en adelante es que las opiniones en la nube no desaparecen con cada nueva edición de la nube, puesto que la nube nunca olvida.

Así pues, ¿qué pasa cuando te encuentras en el lado equivocado de las opiniones negativas, tendenciosas o abiertamente maliciosas? Digamos que tu empresa puso en circulación involuntariamente un lote de producto en mal estado que fue retirado enseguida del mercado sin que hubiera lugar a mayores incidentes en el mundo desconectado de internet. En la nube, es infinitamente más difícil encarar y refrenar las consecuencias.

Tu opción en la nube adolescente es montar una campaña proactiva para proteger y rectificar tu reputación mediante servicios como Reputation.com, una empresa establecida en California que se especializa en soluciones para el manejo de la reputación en línea tanto para individuos como para compañías. Su línea de trabajo incluye manejo proactivo de la reputación, soluciones de control de la privacidad para redes sociales, un servicio para resguardar y eliminar información personal de internet, y protección de ataques falsos o malintencionados en línea.

Fundada en 2006 por Michael Fertik, Reputation.com surgió luego de que Fertik se percatara de la tendencia en crecimiento del bullying cibernético y el efecto que estaba teniendo en la vida en línea y fuera de ella. Mientras trabajaba como oficinista de la corte, Fertik decidió lanzar su empresa, que se dedica a proteger la privacidad en internet por medio de la supervisión y manejo de reputaciones en línea.

Filtrando la masa de información que se generaba y publicaba en la nube, Reputation.com y compañías similares, como Integrity Defenders, incursionaron donde las empresas tradicionales de relaciones públicas se abstenían, además de hacerlo por un compromiso de costo y tiempo mucho menor. Los usuarios individuales pueden simplemente escribir su nombre completo y dirección de correo para generar un rápido escaneo de tres puntos que les muestra su nivel de vulnerabilidad.

Decidí darme una vuelta por ahí y teclear mi nombre y correo electrónico, luego me recargué en el respaldo del asiento mientras el sitio hacía lo suyo. En el lapso de un minuto obtuve una valoración preliminar de mi reputación en línea, con base en mi visibilidad, percepción, exposición e influencia. Me sorprendió gratamente ver que no había amenazas inmediatas acechando del otro lado del monitor de mi computadora, en la nube. El sitio prosiguió para decirme cómo podría elevar mi perfil en línea, utilizando otros servicios como Klout, que clasifica tu influencia en línea. Reputation.com también muestra cómo mitigar problemas futuros asociados con la privacidad en internet, robo de identidad y otros peligros basados en la nube.

Eliminar datos en línea requiere de una suscripción al servicio MyPrivacy de Reputation.com, que retira tu información de sitios como Spokeo y People Finders.com, así como de otras bases de datos en línea. Reputation.com también trabaja con la Asociación de Mercadotecnia Directa (DMA) para reducir el correo físico no deseado al quitarte de las listas de correo de más de tres mil compañías.[4]

Las empresas acudieron a las atractivas ofertas de Reputation.com, que empiezan con un breve cuestionario que incluye preguntas como: ¿Qué quieres hacer? (volver menos visible mi información privada; suprimir contenido negativo); ¿Hay algo en la web que no quieres que la gente vea? (sí o no); ¿Qué sería más útil para ti? (que me ayuden a establecer una presencia básica en línea, que me ayuden a construir una presencia fuerte en línea, que ayuden a mi negocio a volverse más visible en línea).

Además de encargarse de ver por las reputaciones de personas y compañías, Reputation.com también ofrece servicios similares a los de LifeLock e IdentityGuard para proteger los datos personales y mantener las identidades a salvo del robo de identidad.

El alza en la apuesta de los delincuentes que tratan de explotar el banco de datos de la nube se puede atribuir meramente al considerable volumen de usuarios de internet, sitios web y comunicaciones basadas en la web. Tan sólo en 2010 hubo 407 incidentes de fisura de datos, 26 millones de registros expuestos y 8.1 millones de víctimas de robo de identidad.[5]

Eso representa a mucha gente y negocios frustrados buscando la forma de mantener privada su información, y eso es exactamente a lo que Reputation. com le está apostando. Mucho más que la sola identidad en la nube, la palabra *reputación* implica una comprensión más rica de quién eres y qué eres, y de si eres digno de confianza, fiable, leal y demás.

La nube ha puesto toda nuestra información "por ahí" de una manera que ningún otro medio ha sido capaz de hacer en la historia. Eso crea una percepción de mayor riesgo en la nube. Pero esto no es mucho muy distinto al temor de guardar mi dinero en un banco pensando que es más arriesgado que rellenar mi colchón de billetes, simplemente porque el dinero no está en mi poder.

La solución a largo plazo: ser dueño de tu casillero digital

Aunque servicios como Reputation.com pueden ayudar a proteger tu identidad y tu marca, ¿qué pasa con las grandes cantidades de almacenamiento de información que vas a crear en la nube?

Además de la información sobre ti mismo, también vas a dejar un rastro increíble de actividad esquizofrénica conforme vas rebotando de un servicio al siguiente, tratando de acceder a tu contenido, que incluye documentos, archivos, fotos y medios. Mira dónde reside hoy toda esta información: sin duda tienes numerosos depósitos en línea y fuera de ella, desde tu computadora local hasta tus respaldos en discos duros, respaldo en línea e incontables servicios basados en internet como Facebook, Twitter, Flickr, libros electrónicos de Amazon Kindle y muchos otros.

Te des cuenta o no, al usar todos estos sitios, estás conformando una colección digital de contenido que puede tener drásticas implicaciones al irte definiendo y que permanecerán mucho después de que hayas muerto.

Tus actividades, tus amigos, conexiones, comentarios en línea y docenas de elementos más se reúnen para armar tu propio casillero digital –un lugar en la nube que almacena información crucial sobre tu propia identidad, además de todo el contenido (o acceso y vínculos a ese contenido) que posees.

Por primera vez en la historia, la vida personal de la gente ordinaria está siendo documentada, compartida con el mundo, desplegada para que todos la vean y archivada para un uso futuro. La tarea de registrar la historia solía dejarse a los historiadores, que se enfocaban principalmente en hacer un recuento para preservar los acontecimientos y las personas más dignas de quienes se tuviera noticia, pero la nube prácticamente garantiza que todos vamos a crear un legado en línea que perdurará durante años luego de que hayamos desaparecido.

Sin embargo –como ya lo hemos mencionado–, nada "desaparece" realmente en la nube, nunca. Tu casillero digital no es una excepción a esa regla. Un casillero digital va más allá de quién eres en los sitios de redes sociales como Facebook, Twitter y LinkedIn. Más bien, incorpora tus intereses, datos personales, documentos, redes, comportamientos y prácticamente cualquier cosa que te identifique y te permita interactuar, crear valor y conectarte con la gente, las aplicaciones y las máquinas en la nube.

La pregunta es, ¿dónde se almacenará el casillero digital y quién tendrá acceso a él? Como dijimos ya en el apartado anterior acerca de los portales, esta información actualmente se encuentra ampliamente dispersa y desconectada, lo que dificulta mantenerla en orden. El resultado es una forma sumamente inconveniente e ineficiente de identificarte tú mismo. Eso está muy lejos de la noción de un casillero digital. Pero cuando piensas en los beneficios de la nube, como la personalización y los modelos de atracción, el valor principal de una imagen pública bien definida y protegida es la habilidad que tiene de alinear tus intereses dentro de la nube, de modo que puedes hallar valor y el valor te puede hallar a ti.

Uno de los aspectos interesantes de este conglomerado de información personal en la nube es que *mucho de lo que constituye los comportamientos y la imagen pública que se puede almacenar en tu casillero digital no lo construyes tú personalmente.* Tus redes sociales y sitios de búsqueda, compañías de seguros, bancos, tiendas de autoservicio y otras entidades con las que tienes tratos también contribuyen a la causa. Tendrán información sobre tus cuentas y transacciones de negocios en la nube, y van a analizar tus preferencias para ayudar a que operen bien y tomar decisiones de negocios. Las personas que se encuentran en tus mismas redes están en igualdad de condiciones; ese simple "retweet", o una publicación en tu página de Facebook, o un comentario de blog acerca de tus recientes logros puede resultar en información tan valiosa como para almacenar en un casillero digital.

Sin embargo, uno de los desafíos actuales en el desarrollo de los casilleros digitales radica en el hecho de que las compañías con las que tienes tratos juegan un papel importante en el desarrollo de tu imagen pública digital pero *no deberían* contribuir a *tu* casillero digital. La razón es que un casillero digital debería ser de tu propiedad, y el acceso a sus contenidos debería estar bajo tu control todo el tiempo. En la actualidad, eso no siempre es el caso. Digamos que un sitio cambia su contrato, vende datos o niega el servicio sin informarle al usuario, ¿qué sucede con la información digital del usuario? Por ejemplo, cuando Yahoo! adquirió a eGroups, los usuarios se sorprendieron al percatarse de que había un bloqueo que les impedía acceder a su información a menos que le proporcionaran al nuevo dueño un perfil completo y que estuvieran de acuerdo con los nuevos términos del servicio. Si el usuario se negaba a hacerlo, de todos modos Yahoo! seguiría siendo dueño de la información y de los archivos de correspondencia.

Esto ha sido una batalla continua en el espacio digital durante algún tiempo. En octubre de 2001, varios propietarios de listserv (un programa de listas de correo electrónico automático) se quedaron anonadados al percatarse de que todos sus archivos y datos habían sido borrados; no se les dio ni explicación ni forma alguna de remediar la situación, y Yahoo! no respondió a ninguno de los intentos para contactarlo. Incluso una revisión de los términos del servicio no ofreció ninguna explicación, ya que la mayoría de los afectados no veía ningún conflicto. No fue sino hasta que se publicó un artículo del *Washington Post* cuando estos propietarios tuvieron noticia de por qué sus datos habían sido borrados. Yahoo!, al parecer, los había declarado terroristas.[6]

La preocupación actual sobre la manera en que compañías tales como Facebook utilizan datos sobre ti, tu red y tus comportamientos ha desatado una contracultura que está buscando maneras para devolver el valor de estas enormes colecciones de conocimiento y revelaciones a sus dueños –concretamente, los miembros que crean el contenido para empezar. Unthink es un ejemplo de la nueva generación de sitios de redes sociales que promete emancipar a sus miembros al no comercializar la imagen pública de sus usuarios sin su consentimiento explícito. Unthink te permite especificar cuáles marcas quieres asociar contigo y por lo tanto permite que esas marcas lleguen a ti directamente para que se beneficien del poder de tu influencia. El provocador *manifiesto de emancipación* de Unthink parte de la comprensión de que toda esta información acerca de lo que hacemos en la nube tiene valor; la cuestión, a final de cuentas, es para quién.

Una versión de la verdad

Aunque tiene sentido que quisieras mantener la propiedad de tu casillero digital, la mayoría de nosotros todavía tiembla ante la idea de compartir sus contenidos sin un estricto control que aminore la amenaza de alguien robando nuestra identidad digital.

Bien, detengámonos a pensar sobre eso por un momento. Usaré el ejemplo de Hasan Elahi, un ciudadano estadunidense que fue detenido durante un vuelo de rutina de vuelta a Estados Unidos por agentes de aduana en Detroit. Desafortunadamente para Elahi, el Departamento de Justicia y el FBI lo habían marcado porque rentó una bodega en Florida, y era sospechoso de utilizarla para almacenar explosivos relacionados con Al Qaeda. Hasan pasó los siguientes seis meses cooperando con los oficiales estadunidenses, quienes incluso llegaron a someter a Elahi a pruebas de polígrafo. Una vez librado de cualquier participación, Elahi seguía preocupado de que tuviera que dar cuenta de su paradero en el futuro.

En un esfuerzo por mantener un adecuado registro de lo que estaba haciendo y evitar más sospechas, Elahi adoptó un enfoque más radical. Empezó a documentar cada movimiento que hacía y a publicarlo en línea. Elahi hace un recuento al respecto en un artículo publicado el 29 de octubre de 2011 en el *New York Times*:[7]

> Mi razonamiento fue algo como, "Me quieren vigilar, ¿no? Muy bien. Pues yo puedo vigilarme a mí mismo mejor que ustedes, y puedo llegar a un nivel de detalle que ustedes nunca alcanzarán".
>
> En el proceso de reunir datos sobre mí mismo y suministrarlos al FBI, empecé a pensar acerca de lo que los agentes de inteligencia podrían no saber sobre mí. Hice una lista de cada vuelo que había tomado en la vida, desde que nací. Para los vuelos más recientes, anoté los números exactos de vuelo, registrados en mis cuentas de viajero frecuente, también puse fotografías de las comidas que consumía en cada vuelo, así como fotos de cada cuchillo provisto por cada aerolínea en cada vuelo.
>
> A pesar del alud de información sobre mí que se encuentra disponible al público, vivo una vida sorprendentemente privada y anónima –afirma Hasan para terminar su artículo.

La manera que adoptó Hasan Elahi de abordar semejante situación parece trasladar la cuestión de la privacidad a su resolución más extrema, pero ¿realmente tenemos tanta privacidad hoy en día? Al menos el casillero digital de Elahi, aunque pueda resultar crudo y poco amigable con el usuario, es una relación autorizada de quién es Elahi –al menos según Elahi. ¿Podrías decir con confianza lo mismo sobre tu propia imagen pública en línea? Probablemente no. El punto de un casillero digital es que se pueda validar, haciendo de él el documento de registro de nuestra vida y creando finalmente "una versión de la verdad", algo que retomaremos nuevamente cuando tratemos el tema del comercio en la nube en el capítulo 7.

Nuevamente, puedo percibirte estremeciéndote ante el solo pensamiento de semejante exposición pública. Pero la reacción no es diferente de la reacción que habría tenido una persona que hubiese vivido hace cien años si se le hubiera presentado el nivel de transparencia y visibilidad que nosotros ya estamos experimentando en la actualidad. En muchos sentidos, la ilusión de la vida privada y la expectativa de que se nos puede encontrar en la nube implica un mayor riesgo que la realidad de transparencia. La solución no es hacer retroceder el tiempo –tenemos un historial 100 por ciento pésimo al respecto. La solución estriba en manejar el futuro de manera que los beneficios continúen sobrepasando los riesgos y los costos.

La incursión de Microsoft en los casilleros digitales

Hoy en día, estamos muy lejos de la realidad de un casillero digital verificable; sin embargo, uno de los primeros ejemplos de un casillero digital se originó nada menos que con Microsoft, que lanzó un servicio, de hecho llamado Digital Locker, como parte de Microsoft Marketplace en 2006. El Digital Locker de Microsoft era mucho menos ambicioso de lo que estamos describiendo. Se utilizó para adquirir y descargar títulos de software de otros fabricantes que fueran compatibles con Microsoft Windows, de modo que los usuarios pudieran acceder a su software comprado en cualquier computadora que permitiera la licencia del software.

Microsoft presentó el sitio web Windows Marketplace Labs, que contaba con una versión beta –a prueba– del Digital Locker. Aunque el Digital Locker ofrecía una experiencia de compra en línea más segura y les daba a los consumidores una sola fuente para almacenar información personal, incluyendo su historial de compra y sus licencias, no proporcionaba la amplitud de miras que hemos estado describiendo. El servicio simplemente les daba a los consumidores el acceso directo a las fuentes donde compraban los productos, así como información de contacto, información de compra y la información de licencia, todo lo cual era almacenado en la seguridad del Digital Locker.

La idea detrás del servicio era buena, pero Microsoft cerró su mercado digital en agosto de 2009, para gran consternación de muchos de los usuarios que habían empezado a confiar en el servicio. Pero, como muchas de las buenas ideas que se cultivan prematuramente, la de un casillero digital se quedó unos cuantos años congelada hasta que el resto del mundo lograra captar el concepto de la nube. Actualmente, la idea de un depósito central de todas las cosas digitales es más concebible para la persona promedio que batalla para manejar su identidad –o para autorizar a otra persona que lo haga por ella– y para manejar todas sus conexiones en la nube, desde experiencias de compra al por menor hasta el contenido para su legado digital en la nube. Este último elemento es uno de los aspectos más interesantes de tener un personaje digital en la nube.

Permanecer en la nube

Como mencioné anteriormente en este mismo capítulo, tu casillero digital te va a sobrevivir, sin lugar a dudas. Simplemente hay que explorar en la web en busca de ejemplos que lo corroboren. Las celebridades son puntos de partida lógicos y obvios en esta búsqueda. Desde Amy Winehouse hasta Michael Jackson o Kurt Cobain (el último murió antes de que la palabra *nube* se hubiera relacionado siquiera con la tecnología), el legado de estas estrellas ha perdurado en la nube mucho después de que ellos desaparecieran, y cada año, en los aniversarios de su muerte y nacimiento, estas estrellas casi "cobran vida" nuevamente en la nube gracias a sus devotos fans y otros colaboradores.

Sin embargo, no necesitas ser una estrella de rock para tener un casillero digital que llame la atención y te sobreviva; por ejemplo, ahí está Melissa Waller,

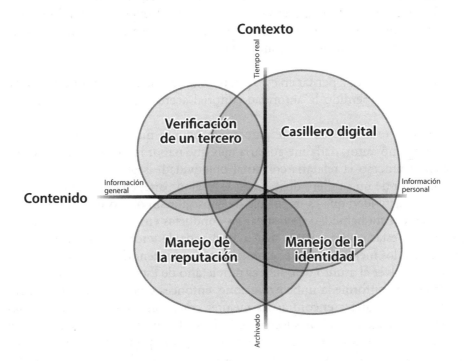

FIGURA 4-1   La seguridad en la nube suele implicar dos factores: proteger el contenido y el contexto de acceso. El contenido sobre ti y tu empresa por lo general puede ser accesible, como opiniones y comentarios, o puede ser personal/privado, como tu número de seguridad social y tus datos financieros. El contexto de acceso se puede archivar, lo cual significa que involucra un análisis del contenido existente, o puede ser en tiempo real, lo que significa que el contenido se está creando o usando en alguna forma de transacción que requiere un alto nivel de confianza y fiabilidad inmediata. En cada una de las combinaciones de contenido y contexto resultantes, se necesita disponer de un conjunto distinto de herramientas y métodos para proporcionar seguridad.

quien a la edad de 31 fue diagnosticada con cáncer de pulmón en etapa IV, un diagnóstico devastador, especialmente para Melissa, quien nunca había fumado un solo cigarro en toda su vida.

Durante los siguientes dos años, Melissa documentó todos sus tratamientos, progreso, sensaciones y emociones en un blog muy popular que conmovía a todo aquel que lo leyera. Esos lectores interactuaron con ella en la nube y le ofrecieron su apoyo y buenos deseos.

Melissa murió en noviembre de 2010, pero su legado permanece puesto que la gente sigue leyendo su experiencia con la enfermedad, aprendiendo de aquello por lo que tuvo que pasar, sintiendo compasión por sus desafíos y haciendo comentarios sobre su historia de vida. Aunque trágica, la historia de Melissa no es la única. Cada uno de nuestros viajes por el curso de la vida se llena con una gama de emociones humanas que todos queremos comprender, con las que queremos relacionarnos y conectarnos desesperadamente.

Lo que hace de un casillero digital algo especialmente profundo es que se escribe a sí mismo al mantener con constancia una rica historia de tus experiencias de vida tal como se expresan en la nube.

Detengámonos a pensar en esto por un momento. Lo que estoy afirmando es que has perdido la autoridad editorial acerca de tu vida.

¿Cómo te afecta eso? Si te pareces un poco a mí, te vas a ir para atrás del horror. Como autor, nada me gustaría más que narrar la historia de mi propia vida, y en el proceso la relataría con total objetividad, ¡seguro!

El valor de un casillero digital radica, en gran parte, en que puede alcanzar un nivel de objetividad que es imposible de conseguir sin observación imparcial e independiente. Esta habilidad de rastrear las conductas en la nube nos asusta hoy en día porque estas observaciones siguen en manos de terceros, y bien puede ser que no tengan los mejores intereses en mente, como los tendríamos nosotros. Pero si se puede resolver el asunto de quién es propietario de estos poderes, y yo pienso que sí se podrá conforme la nube evolucione, entonces esta información objetiva será capaz de ayudarte a encontrar las mejores conexiones posibles cuando más las necesites, parecido a lo que sucedió con Hasan Elahi. Esto no significa que la fortuna no vaya a continuar desempeñando un papel importante en nuestra vida, sólo que dependeremos un poco menos de la mera casualidad y un poco más de lo que yo llamo *casualidad diseñada*, que es un medio por el cual se pueden crear situaciones en las que es más probable que se den conexiones valiosas. En muchos sentidos, éste es precisamente el tipo de dinámica que está alimentando la atracción hacia los sitios de redes sociales como Facebook y Twitter.

Aun así, esta nueva realidad es un tanto difícil de digerir. Pero ánimo; se trata en gran medida de una fobia generacional. Cuando aquellas personas de generaciones más jóvenes, que están documentando en la nube cada movimiento y paso en falso que dan, están compitiendo por las riendas del poder en las corporaciones e instituciones del futuro, todos ellos tendrán pasados relativamente bien documentados con los cuales contender. Este hecho seguramente nivelará el campo de juego, puesto que el pasado de todos será igualmente observable y de igual manera expuesto. En la actualidad éste no es el caso, ya que los rastros que se dejan en las publicaciones de blogs y redes sociales predominan mucho más en un veinteañero que solicita un nuevo trabajo que en el gerente de cincuenta y tantos que lo contrata.

Finalmente, sin embargo, aun sin el advenimiento de los casilleros digitales, todos estaríamos en el mismo estado de exposición del comportamiento. Los casilleros digitales no van a eliminar por completo ese fenómeno, pero al menos van a asegurar que la información sobre nosotros tenga un nivel más alto de precisión, credibilidad y propiedad legítima de lo que pasa con nuestra reputación digital hoy en día. Pero esta reputación digital crea otra interesante vuelta de tuerca en el uso de casilleros digitales, es decir, ¿qué pasará con ellos cuando nos hayamos ido?

Travesuras en los casilleros

El hecho de que nuestros legados digitales vayan a seguir viviendo mucho tiempo después de que muramos es una revelación para muchas personas. Es algo que muchos de nosotros querríamos archivar en un rincón trasero de nuestros cerebros junto con los preparativos fúnebres, los epitafios y el testamento. Enfrentar nuestro propio deceso no es fácil, pero la idea de que –al igual que Melissa Waller– puedas usar la nube para crear un legado perdurable mediante un casillero digital resulta algo agradable en realidad.

Los tweets acerca de tu última carrera de 5 kilómetros, tus publicaciones en la biografía de Facebook anunciando la celebración de los días de asueto en la oficina, las fotos de ese atardecer en Maui y los videos en YouTube de la graduación universitaria de tu hijo también entran en juego. Recuerda que tu imagen pública en línea se compone de todos estos elementos, cada uno de los cuales vale algo para alguien, en algún lugar. De hecho, tal vez ese alguien ni siquiera seas tú. Cuando Ajmal-ur-Rahman, un chico de 16 años, murió en un accidente mientras conducía su motocicleta de carreras en Hyderabad, su desconsolado amigo Shaad Ali Khan se dirigió al sitio web de una red social.

Khan inició una sesión en Facebook y subió fotografías de sí mismo y Ajmal que fueron tomadas cuando Ajmal había visitado su casa apenas unos cuantos días antes del trágico accidente. "Algunos de nosotros que somos amigos cercanos tenemos las contraseñas de unos y otros", dijo Khan. "Seguimos compartiendo recuerdos de Ajmal al poner al día la página con fotos y varias experiencias que compartimos juntos."[8] Lo que hizo Khan y las respuestas que evocó prueban la energía y el potencial contenido en la colección de actualizaciones de estado, tweets, comentarios, conexiones y redes, todo almacenado en la nube. Como muchos otros en el mundo virtual de hoy en día, este joven está ayudando a alguien a "seguir viviendo" en la nube, aun cuando el legado físico de la persona haya llegado a su fin.

Varias empresas han saltado a la palestra para ayudar a la gente a gestionar el acceso a sus casilleros digitales en caso de que fallezcan prematuramente. Legacy Locker, Asset Lock, Great Goodbye, Vital Lock y Deathswitch están fungiendo como depositarios de contraseñas, números de cuenta, datos, información diversa y otros detalles que confluyen como parte de un casillero digital. Estas compañías proveen un valioso servicio en el que obligan a la gente a planear para un futuro puesto que quizá ya no estén presentes para dar a conocer una contraseña, revelar un número de cuenta o proporcionar una actualización de Facebook.

Los servicios son bastante fáciles de usar y por lo general te solicitan que registres una cuenta, que crees múltiples preguntas de seguridad (como en cualquier otra aplicación web en línea) y que des a conocer a tus "verificadores", es decir, las personas que pueden acceder a la cuenta en caso de que algo te pasara. Luego identificas tus activos en línea ingresando nombres de sitios web, nombres de usuario y contraseñas, y luego asignando beneficiarios para cada uno de estos activos. Muy similar a una caja de seguridad bancaria, el casillero digital va a servir como el perro guardián de esos valores hasta que tú o uno de tus verificadores decida otra cosa. Conforme estos servicios evolucionen, no sólo proveerán acceso seguro a tu casillero digital, sino que establecerán normas que determinen qué información se puede cambiar, por quién y bajo qué condiciones.

> Como una última voluntad y un testamento o un fideicomiso, los casilleros digitales tendrán la estatura jurídica que conlleve poderes y sanciones específicas.

Los casilleros digitales van más allá del estatus de depositarios que ayudan a los seres amados a desentrañar los activos virtuales luego del fallecimiento de una persona. Las leyes en Estados Unidos y en cualquier otra parte son vagas respecto al destino de los derechos digitales para las cuentas en línea después de la muerte, lo cual conduce a complicaciones y disputas legales para los sobrevivientes que quieren acceder a los servicios en línea del difunto. En un caso sumamente publicitado, por ejemplo, la familia de un oficial de la Marina de Estados Unidos que había sido asesinado en Iraq acudió a la corte en 2005 luego de que se le bloqueara el acceso a la cuenta de correo electrónico del oficial en Yahoo!, y la compañía aducía que no podía liberar información "privada" y que la cuenta "no era transferible" según los términos del servicio. (Yahoo! solamente proporcionará acceso con una orden de la corte.)[9]

Un reflejo de ti mismo

Evidentemente, los casilleros digitales no se tratan sólo de almacenar datos personales y tus preferencias sobre qué hacer en caso de que mueras. También son reflejos directos de intereses personales, comportamientos, emociones, gustos y antipatías. Un portal personal que reside en la nube y que refleja los distintos elementos que constituyen tu imagen pública es una valiosa herramienta que puede usarse para muchos distintos propósitos. La longevidad de la nube y su cualidad indeleble hacen del casillero digital tanto un instrumento como un arma. Con tan sólo saber la ortografía correcta de tu nombre, por ejemplo, una persona con quien apenas hayas tenido una primera cita romántica puede indagar sobre ti en línea antes de decidirse a invertir demasiado tiempo en la relación. Un empleador potencial puede darse una idea de tus intereses y comportamiento. Un director de admisiones en la universidad puede examinar tus actividades en redes sociales (si has hecho públicas tus cuentas) y hacerse una buena idea de cómo eres realmente.

La nube es una avenida de doble sentido, por supuesto, y puedes utilizar las mismas estrategias con tus datos, posibles empleadores e instituciones de educación superior. También es algo que está bajo tu control en tanto decidas qué vas a poner en tu casillero, lo que otros pueden ver o no, qué comportamientos proyectas (nadie realmente necesita usar improperios en Twitter o Facebook, por ejemplo, y con sólo unos cuantos ajustes en los controles de privacidad, esa ofensa en particular se puede ocultar de la vista pública) y lo que otras personas ven cuando googlean tu nombre.

También podemos utilizar los casilleros digitales para acoger a nuestros personajes o diferencias personales. Todos tenemos múltiples personajes que emergen dependiendo de lo que estemos haciendo (por ejemplo, navegar en Facebook por diversión, buscar un alma gemela en eHarmony, publicar profesionalmente sobre un tema de trabajo, y así sucesivamente). Por ahora, todos estos personajes son un gran revoltijo que no nos ayuda a aprovechar el valor de la nube, porque se confunde quiénes somos con lo que son nuestros intereses determinados en cierto momento dado. Ahí es donde entran los personajes. Ellos alivian el problema al ayudarnos a definir qué aspecto de nuestra vida estamos expresando actualmente en la nube.

Conforme la internet continúe convirtiéndose en una parte cada vez más omnipresente de nuestra vida diaria, el uso de los casilleros digitales simplemente va a aumentar. De modo que también lo hará la necesidad de una mejoría en la seguridad para resguardar los datos que estamos mudando a la nube. A medida que más personas tengan acceso a mayor información, querrás saber que tus datos confidenciales estén protegidos y que sólo sean accesibles para la gente a quien tú designes. Todos los indicios apuntan a que estos nuevos arcones de seguridad en la nube se conviertan en un artículo de moda, en la medida en que más de nosotros nos esforzamos en dejar legados que van más allá de lo físico.

Por supuesto, el valor real para un casillero digital en el corto plazo será la habilidad que tiene de proporcionarte acceso instantáneo a toda tu información y aplicaciones sin importar dónde estés. Al mismo tiempo, tus conductas se comprenderán mejor y se incorporarán a tu casillero digital mediante un solo dispositivo para todo y en todo lugar. Como veremos en el siguiente capítulo, esto será resultado del vínculo entre la nube y lo que rápidamente se está convirtiendo en la aplicación estelar para la nube: la movilidad.

5

La nube móvil

Estamos llegando velozmente al punto en que el medio de
comunicación más importante que tiene la gente es su dispositivo
inalámbrico. Está con las personas a cada momento del día. Es
verdaderamente la caja de convergencia de la que todo el mundo ha
estado hablando durante tantos años.
—Andrew Robertson, director ejecutivo de BBDO

Uno de los grandes conceptos erróneos acerca de la nube es que está pensada principalmente para crear una red de computadoras tradicionales,
como las computadoras personales y los servidores, las máquinas a las
que nos conectamos cuando utilizamos aplicaciones e información empresarial
o basada en la web.

Todo eso cambió mientras dormíamos en nuestros laureles. Desde 2010,
la cifra de ventas de teléfonos celulares ha superado las ventas de computadoras
personales, o PC. En 2011, el número de teléfonos celulares en Estados Unidos
superó al número de habitantes del país. Estamos ya viviendo en un mundo
postPC, y esto es un cambio significativo en la manera en que nos comportaremos
y en la forma en que la nube va a evolucionar.

Aunque las PC, las laptops y las tabletas continuarán desempeñando
un papel a corto plazo en cómo llevamos a cabo el trabajo del conocimiento,
especialmente en los marcos empresariales, el smartphone es el aparato mediante
el cual vamos a expresar nuestras conductas con mayor frecuencia y de manera
más conveniente, y con el que nos conectaremos más a menudo a la nube y la
nube con nosotros.

Eric Schmidt, ex director ejecutivo de Google, dijo en cierta ocasión:
"Si no tienes una estrategia móvil, no tienes una estrategia para el futuro". Se
puede decir lo mismo de la nube móvil. El futuro de la nube es aquel en el que
seamos capaces de mantener una conexión constante con ella. Aunque podríamos
especular sobre cómo podría pasar eso en un futuro no muy lejano mediante
implantes de dispositivos, el smartphone es lo más cercano que tenemos a un
implante en la actualidad. Cuando estamos despiertos, siempre está al alcance
de la mano, y para muchos de nosotros está igual de cerca cuando estamos
durmiendo. Mi hija de 16 años duerme con su teléfono bajo la almohada; el

mío está en mi buró. Al resto del mundo le parece una atadura inalámbrica el que yo entre en pánico de sólo pensar quedarme sin mi teléfono.

Hemos desarrollado una adicción general por la idea de estar siempre en línea, y algunos de nosotros juzgamos nuestro propio valor y el de otros dependiendo de qué tan rápido y hábilmente podemos usar un teléfono celular para acceder a la nube.

El aspecto más sorprendente del fenómeno móvil es su increíblemente rápida penetración en el mercado mundial. Si echamos un vistazo a la historia de la tecnología de las comunicaciones previa al teléfono celular, nada se compara a la velocidad en que ha sido adoptado el celular o al simple número de teléfonos celulares en uso, que, mientras esto escribo, alcanza los cinco mil millones alrededor del mundo. Si ese número no te sorprende, entonces recordemos lo que se dijo en la Introducción de este libro al respecto de que para el año 2020 habrá cincuenta mil millones de dispositivos conectados máquina con máquina. Hoy en día sólo hay cien millones de estas conexiones máquina con máquina. Se trata de aparatos en tu coche, casa u oficina o en tu tableta o smartphone, todos los cuales están conectados y se comunican unos con otros sin la intervención de los seres humanos.

Llamar red a esta especie de conectividad generalizada es muy preciso, pero le resta importancia a su poder e inteligencia. Una red tiene una serie de nodos y conexiones establecidos que tienen tanto identidad como propósito. En otras palabras, la internet, antes de la nube, tenía sitios web y direcciones de correo electrónico que definían claramente el quién y el qué de cada nodo en la red; por ejemplo, *tk@delphigroup.com* define quién soy y *www.tkspeaks.com* define lo que soy.

En la nube, el quién y el qué no dependen de nodo, persona o lugar alguno (pensemos en un URL, *www.gm.com*, como un lugar). El poder de la nube, y su principal elemento distintivo cuando se le compara con internet, es su habilidad para combinar estos nodos con el fin de identificar patrones que crean nuevas identidades; por ejemplo, en la actualidad, si necesito encontrar a un proveedor de autopartes, lo más probable sería que me dirija a Google, Bing o Yahoo!, que use el buscador y obtenga las opciones de proveedores de autopartes. Los resultados aparecerán clasificados con base en los anuncios de patrocinio y según la relevancia para mi criterio de búsqueda, es decir, si especifico un cierto tipo de parte o automóvil en mi búsqueda. En caso de estar utilizando un sitio de compras, un proveedor también podría aparecer clasificado por otros que hayan adquirido autopartes con él.

Lo que estoy describiendo aquí es el tipo más simple de modelo basado en la atracción, del que hablamos en el capítulo 3. Es mejor que usar la Sección Amarilla, pero está muy lejos del modelo basado en la nube.

En la nube, mi búsqueda no se limita a algo que ya sepa que existe, pongamos por caso un nuevo juego de llantas para mi carro, sino que también incluye preferencias de compras anteriores de mi historial de compra de autopartes, un conocimiento de los tipos de automóviles que tengo, el kilometraje de mi coche tomado directamente de los sensores que lo registran en tiempo real, el historial del mantenimiento del carro, mi ubicación geográfica actual, el saldo en mi cuenta de banco, la posibilidad que tengo de solventar un cierto tipo de llanta, los saldos de mis tarjetas de crédito junto con las compañías que aceptan las tarjetas de crédito que tengo, una idea de quién más en mi comunidad está adquiriendo llantas al mismo tiempo, e incluso una proyección de qué tanto tiempo seguiré manejando mi coche con base en mis comportamientos y en la condición del auto.

¿Y por qué esto es móvil? Bien, cuando piensas en casi todo lo que acabo de enlistar, cada uno de estos elementos se puede inferir a partir de mi dispositivo móvil, que puede ser todo, desde mi billetera digital hasta mi navegador o mi conexión a bordo, a todos los sensores en mi coche. Conforme los smartphones se vuelvan capaces de captar incluso más conductas, por ejemplo mediante la tecnología de billetera digital móvil como Google Wallet, este fenómeno sólo se incrementará. A poco de ser un implante, mi smartphone es el mejor aparato para registrar todas mis interacciones personales.

El smartphone se convertirá finalmente en mi portal para entrar a la nube y va a crear un modelo accionado por la atracción que me va a conocer y será capaz de predecir mis patrones incluso mejor que mi pareja o cónyuge.

Los avances en las interfaces de mi smartphone y la proliferación de aplicaciones (más de quinientos millones en este momento y que se duplican cada tres meses), sumado a la enorme disminución en el costo de los smartphones, nos han facultado con una gran cantidad de información y poder informático en nuestras manos. Esto es tan cierto para nosotros como individuos como lo es en el contexto empresarial. Y en un giro perverso de la tecnología, nuestros dispositivos más personales también se han convertido en los más valiosos profesionalmente hablando. Trazar una línea entre el trabajo y el juego nunca había sido más difícil. No puedo evitar una risita ahogada cuando veo a mamás y papás con sus hijos en los parques infantiles, en los eventos escolares o haciendo cola para entrar al parque de diversiones, mientras al mismo tiempo están mandando mensajes de texto y hablando (fuerte) con sus socios de negocios. Asimismo, no es menos común ver a niños sentados a la mesa enviándose mensajes de texto sin parar.

Una casualidad diseñada

Quizá una de las memorias más vívidas que tengo de usar un smartphone en la nube se presentó en uno de los momentos más difíciles de mi vida, mientras que mi madre se encontraba en la residencia para enfermos terminales. Su estado era tal que ya no se podía comunicar con nosotros para nada, pero creíamos que todavía era capaz de escucharnos.

En cierto momento, mi hermano Nick y yo nos encontrábamos al lado de su cama, ambos tomándola de la mano y hablando con ella. Entonces Nick se apartó para usar su iPhone. No pensé mucho en eso, puesto que los dos estábamos pasando tiempo con ella día y noche, y el resto del mundo parecía apenas darse cuenta de que para nosotros la vida estaba detenida. Ésa es la parte chistosa de los celulares: no tienen la habilidad para filtrar quién, cuándo y por qué alguien está llamando, ni para hacer coincidir eso con tu estado mental o físico en ese preciso momento. Son mensajeros indiferentes, impávidos.

Puesto que tomó su teléfono, asumí que tenía un asunto urgente que atender. Después de tamborilear un poco y rápidamente en el teclado, Nick tomó su teléfono y lo puso en la almohada junto al oído de mi mamá. Me tomó unos segundos caer en cuenta de lo que pasaba, pero entonces escuché una canción en griego que a mamá le encantaba bailar tiempo atrás. Nunca esperé eso. La canción debía de tener unos cincuenta años, la interpretaban completamente en griego, y yo no habría tenido ni idea de dónde buscarla ni cómo dar con ella. Pero en unos cuantos segundos Nick fue capaz de encontrarla, bajarla a su teléfono y tocarla.

¿Parece algo trivial? Sí, en comparación con lo mucho más que podemos hacer incluso con la nube adolescente de ahora. ¿Significativo? Sin duda alguna.

Traigo este ejemplo a colación no para tirar de tus fibras sensibles, sino para presentar argumentos convincentes de que aquello que estamos creando en la nube, incluso en esta etapa temprana, tiene valor. Podemos hacer conexiones en el momento que tienen repercusiones que ni siquiera podemos prever aún, mientras nos echamos a andar por este nuevo mundo hiperconectado.

En la nube estamos creando una arquitectura para lo inesperado. En esta nueva arquitectura seremos medidos, como individuos y como instituciones, con base en qué tan rápido podamos aportar soluciones en tiempo real. Los ejemplos son, claro está, no sólo personales. Para las empresas, la nube móvil significa una habilidad para manejar sistemas de información ampliamente distribuida y heterogénea sin tener que depender de una multitud de aparatos ni de fuentes de información físicamente desconectadas.

Esta casualidad diseñada no pasó así como así. Ha estado evolucionando por algún tiempo, y es importante entender cómo es que llegamos hasta aquí. Aunque el smartphone es un salto evolutivo, como sucede en toda la evolución, el camino estuvo lejos de ser directo y ciertamente no fue planeado.

Una breve historia de las aplicaciones y su desaparición

En el principio de la era del software de aplicaciones, durante la década de los 70, no teníamos que preocuparnos gran cosa por la diversidad de plataformas, infraestructura, clientes y servidores. Nada de eso existía. La arquitectura de los sistemas de información era simple; los programas fueron elaborados para ejecutarse directamente en el entorno operativo del sistema "host" –o servidor anfitrión–, ya fuera una computadora central o bien un equipo departamental. Mucha gente relaciona la forma en que se utilizaban estos equipos con la manera en que se usa la nube, pues toda la potencia de la computadora se hallaba en el host y no en el dispositivo remoto, que no era más que una sosa terminal. El libre flujo de la conectividad, que es tan fundamental para la nube, era inexistente en estos equipos. Tenías una conexión para una aplicación en una computadora. Comparar esto con la nube sería similar a comparar dos latas y un cordel con una red telefónica.

Los usuarios de estos sistemas basados en el host rápidamente se dieron cuenta de que las aplicaciones tenían que ser las mejores en su categoría para poder ser competitivas. En otras palabras, la aplicación de comercialización tenía que adaptarse a los comercializadores, la aplicación de ingeniería tenía que adaptarse a los ingenieros, la aplicación de contabilidad tenía que adaptarse a los contadores, y así sucesivamente. A partir de personas bien intencionadas, que fueron adquiriendo las mejores herramientas para realizar sus trabajos especializados, terriblemente diversos, se desarrollaron entornos empresariales fragmentados. Esto alimentó un fuerte incremento en el número de "silos", o "chimeneas", de organizaciones muy compartimentadas, divididas. A medida que aumentaba el número de estos silos o depósitos, así como su personalización, sólo se hicieron más altos y menos proclives a trabajar juntos.

Mientras todo esto estaba sucediendo, las computadoras personales estaban revolucionando la forma en que se adquiría y usaba el software al crear soluciones localizadas para los individuos. El resultado fue una diversidad y desconexión aun mayores.

En un intento por unificar este panorama cada vez más fragmentado, la innovación en la tecnología de *escritorio* creó la primera medida provisional: la interfaz gráfica de usuario, o GUI, que llegó con la Macintosh, X-Windows y MS Windows. Pero estos entornos eran, en retrospectiva, un parche. Su desarrollo fue una respuesta apropiada al estado de cosas en un momento dado, y fue un paso en la dirección correcta, pero no se trató de una unificación. ¿Tener veinte ventanas abiertas en tu escritorio te permite trabajar con la información con una mayor eficacia? Es evidente que no. Mientras la información esté fragmentada en esencia, una interfaz gráfica de usuario basada en ventanas simplemente refleja, y en algunos casos magnifica, la fragmentación al verter más y más información en pantallas más y más grandes.

El advenimiento de la internet y el despliegue generalizado de los estándares de internet, tales como HTML, proveyeron una metáfora de interfaz en común (el navegador omnipresente en la web) y la base para la integración mediante tecnologías como los servicios web, que les permiten a los sitios web pedir prestada eficazmente una función de otro sitio web. La web creó las condiciones para la llegada de un verdadero escritorio centrado en las funciones para reemplazar al escritorio centrado en las aplicaciones con el cual hemos estado batallando, y con el que muchos de nosotros seguimos lidiando.

No es excesivo predecir que dentro de una década, a lo mucho, todo lo que ahora se habla respecto a las aplicaciones se desvanecerá. El procesador de palabras, las hojas de cálculo y las bases de datos, todo se volverá parte de un único entorno integrado de negocios en la nube. Sé que eso es algo difícil de aceptar, especialmente dada la proliferación de aplicaciones en los dispositivos móviles. Pero esta proliferación es precisamente la razón de que las aplicaciones sean tan insostenibles. Es como si, en un frenesí por aislar los millones de distintas cosas que podemos hacer con todos los dispositivos informáticos que tenemos, hubiéramos creado un archipiélago virtual de destinos, ninguno de los cuales está conectado con los demás. El efecto es un trastorno de déficit de atención a una escala que requiere toda una nueva categoría de fármacos que lo contrarreste.

La cuestión no es *qué tantas aplicaciones se necesitan para hacer mi trabajo, entretenerme y ayudarme a vivir una vida plena,* sino más bien ¿*cuán pocas aplicaciones?* Simplificar estas funciones es el papel que la nube desempeñará al navegar y entregar información, herramientas y contenido personalizado, así como entregarlos en el dispositivo adecuado. Independientemente del dispositivo, ¿cuál, si es que hay alguna, de las metáforas actuales para consumir esta información es la mejor? Ésa podría ser una pregunta más fácil de responder mediante un proceso de descarte. El primer elemento a descartar es el uso de metáforas como interfaces de ventanas de escritorio. Las interfaces de ventanas constituyen la última tecnología de la era de escasez en la información –nunca fueron diseñadas para dar cabida a la era de abundancia informativa. La escasez en la información requiere de un portal que te permita segmentar la información en cubos perfectamente definidos: un documento de procesador de palabras, una hoja de cálculo, una presentación. Lo mismo se usa para las aplicaciones de clase empresarial, o lo que se conoce como ERP o CRM. Éstas, también, son aplicaciones que proporcionan entornos sumamente estructurados donde las transacciones predecibles pueden ser tratadas de manera predecible.

Compañías como Microsoft, SAP y Oracle ya han empezado –y hay que decirlo a su favor– a mudarse a la nube, pero cada una enfrentará importantes desafíos en su intento de reemplazar los ingresos sumamente lucrativos de la venta de paquetes de software con servicios basados en la nube. Tomemos, por ejemplo, el caso de Microsoft y su paquete de productos Office, que están compitiendo con el paquete gratuito de Google Docs en la nube. Google ya tiene un modelo tanto a corto como a largo plazo para sacar provecho comercial del software gratuito. Microsoft apenas está empezando a pasar a la fase siguiente. Pero incluso con un modelo de negocios muy claro en lugar de aplicaciones basadas en la nube, los vendedores tradicionales enfrentan increíbles obstáculos dentro de sus corporaciones cuando se trata de reorientar su mercadotecnia,

Cuando estás involucrado en las situaciones más complejas, ¿cuántas ventanas tienes abiertas en tu escritorio?

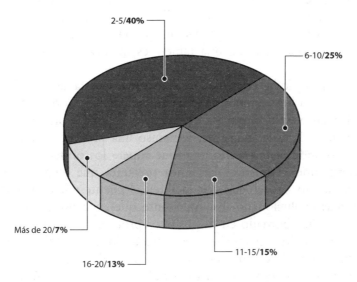

2-5/**40%**

6-10/**25%**

Más de 20/**7%**

11-15/**15%**

16-20/**13%**

FIGURA 5-1   Si hay algo común al entorno de casi cada trabajador del conocimiento, es la enorme variedad de aplicaciones, fuentes de datos y sistemas empresariales de los que dependen para hacer su trabajo.

Sorprendentemente, la mayoría de los trabajadores del conocimiento tiene al menos seis distintas ventanas abiertas en su escritorio a la vez y en cualquier momento, y 35 por ciento está navegando en once o más ventanas.

¿Qué significa todo esto para el trabajo del conocimiento? Simplemente que requiere un tremendo grado de navegación y coordinación, lo cual puede crear el potencial para el riesgo, los errores y la incongruencia.

su fuerza de ventas e incluso clientes que existen según los fundamentos de la nube. No hay que descartar ni por un segundo la importancia de estos desafíos para superar la inercia que implica el impulso de modelo de negocio existente. El síndrome de los grandes emporios, del cual hablo pormenorizadamente en mi libro *The Innovation Zone*, es la principal limitación para alcanzar –y mucho menos adelantársele– a un nuevo competidor que no carga con esa herencia o predisposición a lo que históricamente ha funcionado.

La tableta es la siguiente plataforma a considerar como un posible portal a la nube. En muchos sentidos, yo veo la tableta como un puente entre la computadora personal y la más reciente evolución del smartphone. *Las tabletas son el primer puente de cuota hacia el mundo postPC, un mundo habilitado para la nube móvil.* Ofrecen una manera de trabajar y jugar sin ataduras y casi siempre en línea. Pero las tabletas difícilmente son tan convenientes y discretas como los smartphones. Además son mucho menos unidas a nosotros –en términos de estar cerca de nuestra persona– de lo que son los smartphones. Por último, la gente prefiere tabletas y no smartphones simplemente por su forma. Para una población acostumbrada a tener un amplio espacio en pantalla con el fin de organizar muchas ventanas, una población que también tiene la desventaja de una visión menos que perfecta, una tableta es un aparato con el cual es más fácil arreglárselas.

Sin embargo, todas estas metáforas, desde las ventanas hasta las tabletas y los smartphones son limitaciones de la tecnología actual. Con pantallas flexibles que se pueden enrollar o plegar para una mejor calidad portátil, capacidad de proyección para teclados e imágenes, e incluso una proyección directamente al ojo, estamos pasando a un smartphone que supere los obstáculos tecnológicos que limitan su funcionamiento. La única pregunta que tengo es por cuánto tiempo necesitaremos las tabletas que faciliten el puente mientras pasamos a un smartphone más evolucionado. Es interesante que cada limitación tecnológica que enlisté ya se ha abordado en dispositivos prototipo. De modo que nuestro marco de tiempo podría ser mucho más corto de lo que podríamos esperar. Mi conjetura fundamentada es que veremos gran parte de esto totalmente resuelto en los próximos cinco años y en su totalidad, dentro de diez años.

A ese paso, la noción de un portal hacia la nube se convertirá en un sinónimo de smartphone.

La nube móvil

En el corazón de la tendencia hacia la convergencia y personalización de dispositivos está la evolución de la nube móvil como un medio para interactuar en tiempo real y fusionar todas las necesidades de un individuo en un solo punto de acceso personal.

En última instancia, la nube móvil hace de un smartphone un dispositivo sumamente personalizado que integra las fuentes más relevantes de información y las conexiones subyacentes que vuelven valiosa esta información para nosotros. La nube móvil también aprende de nuestros hábitos de trabajo, comportamientos, preferencias y los papeles que jugamos con la intención de proporcionar una experiencia del mundo en constante cambio y personalización. El resultado es una persona (o una empresa) que siempre está sensibilizada respecto a su entorno, mercado, clientes y socios. En pocas palabras, un smartphone habilitado por la nube es un aparato que *te conoce*, ¡quizá mejor de lo que te conoces tú mismo!

La nube móvil está pensada para encarar dos retos fundamentales a los que hacemos frente cuando lidiamos con la complejidad y velocidad de las interacciones en la nube:

- Sobreabundancia de información
- Falta de capacidad de respuesta en tiempo real

Grandes volúmenes de datos y la sobreabundancia de información

El desarrollo de la industria de la información se puede leer como una historia continua de nuevas oportunidades de adaptación creadas por las necesidades desconocidas que surgen del avance de la tecnología; por ejemplo, hasta el advenimiento del iPad, ¿sabías que necesitabas un aparato táctil con miles de aplicaciones? Pero ahora sabes que no puedes vivir sin él. ¿Por qué? Dos palabras resumen el motivo: estar actualizado.

El mantenerse al día con la avalancha de oportunidades para acceder a la información y manipularla ha traído aparejado un cambio fundamental en la propuesta de valor de la información.

En todas las eras anteriores, el principal factor negativo de trabajar con información ha sido su *escasez*; nunca hubo la suficiente disponible, y las decisiones tenían que tomarse con la certeza de que faltaban algunos hechos clave, quizá los hechos fundamentales para tomar la decisión correcta. Los líderes y directores se acostumbraron a trabajar en este entorno imperfecto de información, y nunca había un cuestionamiento acerca de si quienes tomaban las decisiones tenían la capacidad de procesar cualquier información que tuvieran a la mano. El clásico graduado de la escuela de negocios se adiestraba para diseccionar casos prácticos, maniobrar con los números, analizar las opciones y elegir la más adecuada para resolver el problema. Ésta es la manera en que yo fui enseñado y es la manera en que yo, a mi vez, enseñé a mis estudiantes universitarios hace muchos años. Pero ese método de enseñanza no aporta nada que sirva realmente para preparar a los líderes de la actualidad frente a un mundo en el que esta situación se ha puesto de cabeza. El problema ahora es la capacidad humana para procesar las cantidades de información disponibles.

Abundan los ejemplos. Yo trabajé con una de las mayores organizaciones sin fines de lucro de Estados Unidos, y entre más alto miraba en las filas de la organización, mayor era la cantidad de tiempo que la gente pasaba simplemente buscando información. El rango era de cerca de 10 por ciento de su tiempo en el caso del personal administrativo, y de ahí hacia arriba hasta alcanzar 40 o 50 por ciento en el caso de los altos funcionarios. La media ponderada en la totalidad de la organización era de 18.7 por ciento, o alrededor de un día a la semana. (¡Sí, existen organizaciones que sólo trabajan cinco días a la semana!)

Los costos de este tipo de búsqueda interminable son impactantes. Una de las compañías aeroespaciales líderes en el mundo, con la que trabajé alguna vez, calculó el costo para la organización, sobre una base anual, en cerca de 145 millones de dólares al año, y los directivos estuvieron de acuerdo en que esta cifra

¡"sonaba" razonable! Aunque tal vez te preguntes si razonable es simplemente una medida relativa.

En el entorno informativo de hoy en día estamos experimentando una transformación radical de la relación entre la gente y la información con la que tienen que trabajar. La increíble afluencia de fuentes y flujos de información fácilmente accesibles, aunque completamente inconexos, dentro y fuera de la organización ha dejado claro que los medios para navegar, organizar y vincular la información con la toma de decisiones son lamentablemente inadecuados. A esto a menudo se le denomina como el problema de los "grandes volúmenes de datos", puesto que nos desafía cada vez más a encontrar nuevas formas de lidiar con la sola magnitud de la información disponible para cada organización.

El problema en casi todos estos casos es que estamos tratando de evaluar grandes cantidades de información con un alto grado de recuperación pero un bajo grado de precisión. La recuperación es una función que consiste en lanzar una red muy grande que vuelve con todo lo que *pueda ser* relevante para una situación dada. La precisión es obtener solamente aquellos artículos que son *más relevantes* para esa situación determinada. Conforme disminuye el tiempo que tienes para reaccionar (ver la disertación sobre el principio de incertidumbre en el capítulo 3), la relevancia se vuelve mucho más importante que la recuperación.

No obstante, si piensas en la forma en que hasta la fecha hemos construido sistemas de información, casi todos los aspectos de ellos, desde la manera en que se organiza y registra la información hasta el tamaño de los monitores que usamos para verla, han sido presionados bajo la cantidad de información disponible y en aumento. Ésa es en parte la razón por la que la medida y la resolución del monitor ha ido en constante aumento. Pero la realidad es que nunca tendremos suficiente espacio en pantalla para resolver el problema de la sobreabundancia. La respuesta no es crear más espacio para más datos, sino más bien conectar entre sí las piezas relevantes de datos de manera que podamos minimizar la cantidad de información con la que tengamos que lidiar.

Piensa en esto por un momento usando una simple analogía.

Si estoy tratando de reservar el paquete de vuelo, hotel y renta de auto más barato posible para un viaje complicado, tengo básicamente dos opciones. Puedo navegar en la web por horas, recorrer todos los sitios de viajes más populares, como Travelocity, Orbitz, Priceline y Hotels.com, e ingresar mi consulta cada vez. Tengo abierta una docena de ventanas que estoy comparando, ninguna de las cuales aparece en el mismo formato.

La alternativa es que puedo dirigirme a Kayak.com (un portal basado en la nube), ingresar mi solicitud una sola vez y dejar que Kayak navegue en la nube por mí para encontrar las mejores ofertas entre todos los sitios de viaje, aerolíneas, hoteles y compañías de renta de automóviles. Puedo incluso optimizar mi solicitud con todo lo que sea importante para mí, costo, duración del vuelo, conexiones, clase del hotel y demás pormenores, y obtener una visualización unificada. Este tipo de unificación de datos de otra forma inconexos es el distintivo esencial entre las soluciones que sacan ventaja de la nube y además simplifican la interacción de tal manera que el usuario entra y visualiza sólo la información esencial.

Utilizando un proceso simplificado, limito tanto los datos que necesito ingresar como los datos que necesito evaluar. A esto hay que añadirle la habilidad de mantener mis preferencias y mis antecedentes de viaje en la nube, y así reduzco significativamente la complejidad de mis comunicaciones.

El resultado es toda una nueva forma de interactuar con la nube que es mucho menos desordenado e infinitamente más fácil de usar.

Vivir en tiempo real

A medida que la nube se expande para incluir a más gente y dispositivos (hay que recordar que hemos estimado cerca de setenta mil millones de personas y máquinas conectadas para 2020), va a generar una inimaginable premura por llevar a cabo el trabajo en el intervalo de tiempo más corto posible. Tratar de dar cabida a esto en la manera en que trabajamos ahora sería francamente una locura. El volumen de conexiones que todos tenemos lo hará simplemente insostenible.

La mayoría de nosotros entiende, gracias a nuestra propia experiencia, que los escritorios basados en aplicaciones generan islas de automatización. A pesar del valor que han comportado para el lugar de trabajo, han tenido el efecto de separar y dividir funciones que son intuitivamente parte del mismo proceso.

En esta etapa, sólo podemos especular acerca de lo que el panorama resultante de la industria de la información semeje una vez que la nube móvil se haya vuelto parte estándar de nuestra vida. Lo que sabemos a ciencia cierta es que ya no nos vamos a referir a los "escritorios", pues habrá pasado mucho tiempo desde que la gama de funcionalidades disponibles de los dispositivos de información en muchas formas diferentes haya dejado atrás la imagen de un escritorio.

Cada organización habrá trasladado por completo su modelo de negocio a la nube, y las últimas piezas restantes del legado del software en la era de las aplicaciones se irán eliminando gradualmente. Los trabajadores del conocimiento habrán dejado atrás sus quejas de que el aislamiento de las aplicaciones y la contradicción entre el uso de la computadora y la productividad hicieran el lugar de trabajo más frustrante que eficaz.

La nube móvil será considerada como un servicio público; la usaremos para hacer nuestro trabajo sin pensar dos veces en el hecho de su existencia. Así como confiamos en la presencia del tono de marcación cada vez que tomamos el teléfono, esperaremos que nuestro entorno de trabajo personalizado esté siempre disponible, en cualquier momento y dondequiera que estemos.

Agentes de inteligencia incorporados a la nube, trabajando con un conjunto aprendido de normas y preferencias del usuario, decidirán si mandar o no una pieza de trabajo a una persona en particular. Si la persona adecuada no está disponible para actuar respecto a una fase del proceso que está sujeta a una restricción de tiempo, estos agentes de inteligencia dirigirán el trabajo a otra persona calificada de la comunidad. Además, estos agentes de inteligencia extraerán de la nube la información que sea necesaria para completar la tarea sin una intervención manual.

En última instancia, la nube móvil conformará la plataforma para un nivel de flexibilidad y espontaneidad respecto a cómo trabajamos y vivimos, una plataforma que para nosotros es muy difícil de imaginar ahora puesto que apenas estamos intentando coordinar nuestra vida en medio de múltiples aparatos, aplicaciones y fuentes de información. El resultado será una habilidad no sólo para adaptarse rápidamente al tipo de incertidumbre que hemos estado describiendo, sino también para innovar a un ritmo y a una escala que harán parecer a los innovadores de hoy en día como si se hubieran paralizado. Aquí también, como veremos en el próximo capítulo, la nube va a alterar la forma en que vemos los fundamentos de la innovación, el riesgo que involucra y el valor que puede ofrecer a la más amplia audiencia global posible.

6

Innovación en la nube

Las grandes innovaciones no deben sustentarse
en las pequeñas mayorías.
–Thomas Jefferson

La innovación siempre nos toma por sorpresa. Cuando los primeros teléfonos celulares Motorola, del tamaño de un ladrillo, se introdujeron al mercado en 1983, incluso las más ambiciosas proyecciones a futuro eran de cincuenta millones de teléfonos en uso en el año 2008. Sin embargo, para 2010 se suministraban y estaban en uso más de cinco mil millones de números celulares por todo el mundo. De cincuenta millones a cinco mil millones no es un error de redondeo. ¿Cómo es que podemos estar tan sistemáticamente equivocados acerca del futuro? Porque lo que tratamos de predecir es la trayectoria de la tecnología en vez de la trayectoria del comportamiento. Me viene eso a la mente cada vez que me formo a esperar el siguiente gran artilugio tecnológico, cuestionándome sobre lo tonto que es ser tan dependiente de tecnologías sin las cuales era completamente capaz de vivir apenas doce meses atrás.

El asunto es que cada vez que nos topamos con un cambio masivo, como el que implicaron las tabletas, smartphones, celulares, laptops y PC –elige el que quieras–, es casi imposible apreciar la verdadera naturaleza del cambio o la manera en que va a alterar nuestra conducta. Ésa es la razón de que la humanidad tenga esos antecedentes tan miserables de predicciones sobre el verdadero impacto de la innovación y el cambio en el futuro. Se sabe que Thomas Watson padre, ex presidente de IBM, dijo que el mercado global para las computadoras nunca superaría los cinco equipos. Apócrifa o no, esta declaración siempre se clava en mi mente como una gran alegoría de la manera en que incluso el más visionario entre nosotros se ve obstaculizado por la imprevisibilidad del futuro.

Ya se trate de la computadora, la imprenta, el automóvil, el celular o el iPad, nos quedamos atónitos ante nuestra propia habilidad para hallar aplicaciones para nuevas ideas y para adaptarnos al cambio. A final de cuentas, es el aspecto más alentador y optimista de la naturaleza humana.

Nuevos comportamientos = nuevos modelos de negocio

La innovación es un tema que ocupa tanto de nuestro pensamiento que sería imposible hablar de la nube sin observar asimismo cómo afecta a la innovación. Sin embargo, como sucede con el resto de las formas en que la nube alterará nuestra vida, tratar de medir el efecto de la nube en la innovación recurriendo a nuestras actuales nociones de innovación no nos ayuda mucho en realidad para entender cómo ambas cosas van a trabajar en conjunto. La nube cambia la innovación de cierta manera fundamental que sólo podemos describir creando un marco para la innovación que nos permita mirar más allá de las formas actuales en las que innovamos.

Parte de la razón por la que es tan difícil predecir la trayectoria de la innovación es que un gran cambio rara vez se presenta en la forma de una sola tecnología. El cambio masivo viene acompañado de un contexto de incertidumbre, con tantísimas fuerzas interactuando de manera caótica que desafía cualquier habilidad razonable de una persona para predecir cómo es que el caos va a evolucionar. Tan sólo habría que preguntar a los gestores de fondos de Wall Street, que no tenían ningún modelo desarrollado para funcionar en el escenario de la recesión de 2008-09. Pero no importa cuántos escenarios modeles, siempre hay muchos más que simplemente no puedes anticipar. A lo desconocido se le llama desconocido por una razón.

El comportamiento es la variable incognoscible en cada innovación, y es la variable que más determina la oportunidad que tiene un nuevo modelo de negocio para evolucionar y sacar ventaja del nuevo comportamiento.

Es el comportamiento, estúpido

Estamos en la parte final de una era que se ha enfocado casi por entero a la innovación de productos y servicios, y estamos al principio de una nueva era que se enfoca en la innovación de lo que me gusta llamar "modelos de negocio conductual". Estos modelos van más allá preguntando cómo podemos hacer más rápidamente lo que hacemos. Están a punto de preguntar por qué hacemos lo que hacemos, para empezar. Y la pregunta de *por qué* casi siempre va unida a la pregunta de cómo se comportan los mercados.

Cuando Apple creó iTunes, no sólo creó un formato para música más rápido, barato y mejor, sino que alteró la naturaleza misma de la relación entre la música y la gente. eBay no sólo creó una plataforma para subastas, sino que cambió la forma en que vemos la experiencia de comprar y cómo es que la comunidad desempeña un papel en esa experiencia. Cuando GM creó OnStar, no sólo hizo que fuera más rápido llegar del punto A al punto B, sino que cambió la relación entre el fabricante y el comprador, y alteró fundamentalmente la razón por la que compramos un auto.

Google no inventó la búsqueda en internet –había casi cincuenta proveedores de software ofreciendo el servicio de búsqueda basada en internet, algunos lo venían haciendo ¡desde más de veinticinco años antes que Google!–, pero Google cambió la manera en que interactuamos con la internet y cómo se les sigue la pista y se analizan nuestros comportamientos, permitiendo a los anunciantes encontrar y pagar por compradores potenciales de una forma que antes era inconcebible.

Todos éstos son ejemplos de innovaciones en el comportamiento que llevan a modelos de negocio completamente nuevos. No obstante, seguimos obsesionados con la innovación tecnológica. Para parafrasear el ahora famoso juego de palabras de James Carville sobre política, "Que no es la tecnología, es el comportamiento, estúpido".

El mayor cambio en la manera que veamos la innovación será que la innovación que rodea al comportamiento tendrá que ser un proceso tan continuo como la innovación de productos lo ha sido en los últimos cien años. Es aquí que los mayores rendimientos y valor de innovación en la nube todavía tienen que comprenderse y explotarse a cabalidad.

Desafortunadamente, demasiados de nosotros seguimos estancados en un viejo modelo de innovación –como seguramente seguimos atorados en la fila esperando para tomar parte en el modelo nuevo.

Las corporaciones innovadoras son aquellas que pueden apartarse rápidamente de su trayectoria prevista y dar el salto a una nueva oportunidad; son corporaciones que reconocen y desempeñan un papel activo en introducir al mercado nuevos comportamientos que eran desconocidos. Finalmente es la velocidad con que las compañías hacen esto y la disposición para experimentar en áreas nuevas y no previstas lo que determina la medida en que su innovación está "abierta".

Esto cambia la idea de innovación abierta para significar más que salir fuera de la compañía en busca de nuevas ideas de los expertos; significa desarrollar un modelo de innovación colaborativa que vincule íntimamente el mercado con el proceso de innovación, férreamente. Eso no quiere decir que las empresas sean rehenes de sus clientes, quienes solamente saben pedir que se siga incrementando la innovación sobre lo que ya han experimentado antes. En cambio, significa que las compañías necesitan ampliar los límites de lo estándar en cuanto a la innovación, romper el esquema con base en las observaciones de lo que son los comportamientos del mercado y a partir de ahí trabajar de cerca con el mercado para identificar cómo es que las innovaciones pueden añadir valor de formas inesperadas.

La nube es el sistema *abierto* más extremo para este tipo de innovación, una innovación que se ve influida por factores que son tanto desconocidos como inescrutables. En otras palabras, ninguna cantidad de tiempo, información, grupos focales de discusión ni investigación tradicional de mercado incrementará la certeza con la cual podamos innovar. Lo más importante que hay que hacer en la nube es darse cuenta de que la innovación debe involucrar apertura y subversión. Luego tenemos que minimizar el riesgo y la incertidumbre de modo que podamos incrementar la oportunidad de hallar propuestas novedosas para la solución de problemas y ampliar la habilidad de escalar rápidamente, y que así podamos enfrentar estos problemas una vez que se haya puesto el dedo en la llaga.

Éste es precisamente el tipo de innovación que compañías como Apple, Google, Facebook y Netflix han permitido al desafiar constantemente a sus clientes para que se adapten a las nuevas ofertas. Para Facebook, esto genera una tensión de mercado muy constante. Cada vez que Facebook ofrece una nueva característica, como su capacidad de ver las publicaciones en una Biografía o Línea del Tiempo –de lo que se habló en el capítulo 4–, hay una reacción negativa del mercado casi de inmediato, seguida de una pausa en el retroceso del mercado y la consiguiente aceptación e integración de la nueva capacidad. Esta danza se repite de forma regular. Aunque genera cierto grado de tensión, el resultado es una constante fuerza perturbadora que proporciona tanto a Facebook como a sus usuarios más que sólo un camino hacia la innovación sostenida, pues también proporciona un salto periódico a un nuevo tipo de comportamiento que de otra manera habría sido visto por la mayoría de las compañías como increíblemente riesgoso.

El beneficio para Facebook es que tiene una nube integrada que permite que cualquier innovación se presente inmediatamente a sus clientes. Lo mismo ocurre con Netflix. Pero esto no significa que el proceso siempre vaya a ganar la aceptación definitiva por parte del mercado. En el caso de Netflix, una nueva y crucial mejora en 2011 separó el negocio de DVD de Netflix de su negocio de transmisión de video en torrente. Curiosamente, el negocio de DVD por correo físico era el pilar original de innovación que desbancó del negocio a Blockbuster y a la mayoría de los videoclubs locales de renta de DVD, y propulsó a Netflix a una posición dominante en la renta de películas. Eso fue, en su momento, una innovación radical con su propio nivel de riesgo. Sin embargo, cuando Netflix tomó la decisión de centrarse en su negocio de transmisión de video en torrente y cargar por separado los DVDs físicos mediante la creación de una nueva marca llamada Qwikster, sus clientes montaron una rebelión. La ironía aquí apunta al dilema actual con el que cada empresa innovadora tiene que lidiar: ¿enfocarse en lo preexistente que genera dinero o avanzar hacia al futuro? Los mercados rara vez acuden voluntariamente cuando un gran emporio en la cancha de juego trata de hacer esto.

Cuando Netflix era una empresa atípica que rompía el esquema, podía arreglárselas con este tipo de tácticas, pero siendo ya una gran empresa con más de veinticinco millones de leales suscriptores, el retroceso en la innovación fue enorme, y casi llegó a una sublevación. La protesta fue tan intensa que el fundador de la compañía y director ejecutivo, Reed Hastings, publicó la siguiente disculpa en el blog de la compañía:

> Metí la pata. Les debo a todos una explicación.
>
> Está claro, a partir de los comentarios de los últimos dos meses, que muchos miembros sienten que nos hizo falta respeto y humildad en la forma de anunciar la separación de la rama de DVD respecto a la transmisión de video en torrente, así como los cambios en las tarifas. Sin duda ésa no era nuestra intención, y ofrezco mis más sinceras disculpas. Trataré de explicar cómo sucedió esto.
>
> En los últimos cinco años, mi mayor miedo en Netflix ha sido que no pudiéramos dar el salto del éxito en los DVD al éxito en la transmisión de video en torrente. La mayoría de las compañías que son muy buenas en algo –como AOL en redes telefónicas o Borders en librerías– no se vuelven muy buenas en los aspectos nuevos que la gente quiere (la transmisión en torrente en nuestro caso) porque temen perjudicar su negocio inicial. Con el tiempo, estas compañías se percatan del error de no enfocarse lo suficiente en el nuevo aspecto, y entones la empresa lucha desesperadamente y sin esperanza para recuperarse. Las empresas rara vez fenecen por avanzar muy deprisa, pero con frecuencia fenecen por moverse con demasiada lentitud.
>
> Sin embargo, dado que Netflix está evolucionando con rapidez, tengo que ser extra comunicativo. Éste es el aspecto clave en el cual me equivoqué.
>
> En retrospectiva, me doy cuenta de que caí en la arrogancia sobre la base del éxito anterior. Nos ha ido muy bien durante mucho tiempo por mejorar constantemente nuestro servicio, sin tener que hacer mucha labor de comunicación por parte de la dirección ejecutiva. Al interior de Netflix, suelo decir que "las acciones hablan más que las palabras", de modo que deberíamos simplemente seguir mejorando nuestro servicio.

La publicación en el blog contribuyó a racionalizar la decisión. Fue humillante para Netflix, pero la compañía continuó su camino en la separación de los servicios en Qwikster para los DVD y Netflix para la transmisión de video en torrente. Unos cuantos meses más tarde, sin embargo, después del continuado alboroto de los suscriptores, Netflix cedió, al menos en parte, y Hastings volvió con otra publicación en el blog, y esta vez fue más directo al grano:

> Es claro que para muchos de nuestros miembros dos sitios web complicarían las cosas, de modo que mantendremos Netflix como un solo lugar al cual dirigirse tanto para la transmisión en torrente como para los DVD.

Esto significa que no habrá cambio alguno: un solo sitio web, una sola cuenta, una sola contraseña…, en otras palabras, no habrá Qwikster.

No obstante, Netflix no cambió su política de cobrar por separado los dos servicios. Aunque la solución era un compromiso, fue impulsada a todas luces por el mercado y Netflix cedió adecuadamente pero sin dejar de imponer la innovación necesaria para mantener la vitalidad de la empresa.

Este tipo de diálogo entre el mercado y sus proveedores nunca había sido tan pronunciado ni aparentemente disfuncional como lo es en la nube, donde las voces se amplifican a una magnitud sin precedentes. Pero ese aumento en el nivel de decibeles del retroceso del mercado puede ser una sentencia de muerte para la innovación. La nube no está intrínsecamente a favor o en contra de la innovación, así como tampoco la internet. Ambas son simplemente nuevas plataformas para conversaciones que tienen el poder de conducir tanto el ímpetu positivo como el negativo. Y es el punto al que las empresas necesitan poner especial atención.

La innovación siempre es una conversación tensa entre las partes afectadas. Eso no cambiará y no debería cambiar. Es el mecanismo básico por el cual alineamos ideas con el valor que pueden producir.

No necesariamente cada nueva idea o invención tiene valor. En otras palabras, el riesgo de la innovación no desaparece. Debe incluirse y tenerse en cuenta en el negocio, y se debe tratar con él en tiempo real, como Netflix lo aprendió con su presentación de Qwikster.

La otra cara de la innovación abierta es que necesitamos ser cuidadosos para no descartar o subestimar la disposición de la gente, ya se trate de nuestros clientes o de forasteros, para participar en un modelo abierto de innovación por razones que con frecuencia no tienen nada que ver con las recompensas monetarias directas. Cuando Wikipedia apareció por vez primera en internet, el escepticismo era rampante. Pocos creían que la gente que contaba con información fidedigna y seria acerca de un tema estaría dispuesta a compartir lo que sabía a cambio de nada más que la satisfacción y la pequeña dosis de celebridad que el hecho de ser una autoridad autoproclamada podría transmitir.

Sin embargo, Wikipedia se ha convertido en un recurso al vuelo para prácticamente cada tema que exista bajo el sol, con más de tres millones de entradas. Lo que es todavía más llamativo de Wikipedia es la forma en que funciona en tiempo real. Los problemas de contenido –que incluyen las palabras soeces, la parcialidad, una pobre documentación de los hechos, plagio y contradicciones– en promedio se corrigen ¡en el lapso de treinta minutos! Ningún apoyo editorial por mucho que fuera podría lograr tal hazaña sin la gran colaboración general que existe detrás de Wikipedia.

Maynard Webb, presidente de LiveOps y ex presidente de tecnologías en eBay así como director de operaciones de eBay de 2001 a 2006, hace un recuento de cuán importante es crear comunidad con la finalidad de beneficiarse de este fenómeno de contribución. De acuerdo con Webb, "Teníamos gente en eBay y en LiveOps haciendo cosas inimaginables por los demás. Competían entre sí, y sin embargo podías ver a un vendedor exitoso dispuesto a ayudar a otro vendedor exitoso durante todo el día. Gran parte de esto tenía que ver con la validación que obtenían unos de otros. La comunidad es muy importante".

Lo que es especialmente interesante acerca de esta noción de comunidad cuando se aplica a la innovación es que cuando se aprovecha correctamente, como veremos en unos cuantos ejemplos a continuación, actúa como un contrapeso decisivo para la pérdida de flexibilidad que experimentan las corporaciones conforme van creciendo. Como se muestra en la figura 6-1, el ciclo de vida de la innovación comienza con una idea, y a menudo se da en una organización nueva, que tiene una flexibilidad casi infinita. A medida que crece la idea, crea un valor que va en aumento, pero también una escala en aumento en términos de gente, recursos, socios y toda la estructura necesaria para respaldar el valor en crecimiento. En algún momento, la flexibilidad para alterar la trayectoria de

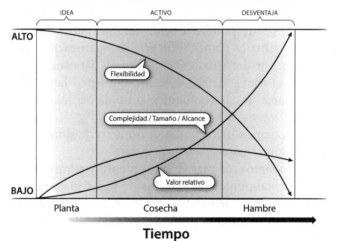

El ciclo de vida de la innovación

FIGURA 6-1   El ciclo de vida de la innovación comienza plantando una nueva idea que tiene una flexibilidad casi infinita. Conforme crece la idea, se vuelve un activo central para una organización y se cosecha por su valor en aumento. Sin embargo, esto también genera crecimiento, complejidad y alcance. Estos factores empiezan a limitar la flexibilidad hasta que la idea ya no puede seguir el ritmo ni adaptarse al mercado y a la competencia. El resultado es una disminución final en el valor puesto que la idea se convierte en una desventaja para la innovación que va surgiendo. El contrapeso para este fenómeno es un proceso de innovación abierta, lo que permite la entrada desde el exterior de nuevas ideas disruptivas, excepcionales.

la idea empieza a sufrir significativamente. En este punto puede ser que el valor también empiece a mermar puesto que la innovación no puede mantener el paso de las nuevas demandas del mercado y las amenazas competitivas. El poder de la innovación abierta accionado por las ideas que rompen el esquema, que se forman fuera de la corporación, ahora puede desempeñar un papel crucial en el mantenimiento de la flexibilidad y en la creación de nuevo valor.

¿Qué pasaría si el mismo espíritu de comunidad pudiera aplicarse a depósitos basados en la nube, más sofisticados y de mayor valor? Algunas compañías, como la firma de diseño IDEO, que diseñó el mouse original para Apple, ya están creando comunidades con el objetivo de estimular la innovación.

La nube de OpenIDEO

Si la nube es, en parte, un motor para conectar, conducir y desarrollar nuevas ideas, OpenIDEO sugiere cómo podemos tanto hacer frente a la complejidad como aprovechar la creatividad y los recursos de gente que se sitúa en una gama completa de disciplinas, experiencia y edades.

Habiendo empezado como una plataforma tecnológica para la consultoría global de diseño, OpenIDEO se ha convertido en una comunidad mundial de innovación que genera cientos de ideas para resolver problemas sociales de todo el mundo. En su primer año, la comunidad de OpenIDEO –que sumaba dieciocho mil usuarios registrados– respondió a ocho desafíos patrocinados por la gente y por organismos tan dispares como Unilever, la organización sin fines de lucro Water and Sanitation for the Urban Poor –Agua y Saneamiento para los Pobres de las Urbes– y por el chef y defensor de los alimentos Jamie Oliver. Cada uno de sus desafíos enmarca un cuestionamiento fundamental como los siguientes:

- ¿Cómo podemos incrementar el número de donadores registrados de médula espinal para salvar más vidas?
- ¿Cómo podemos mejorar el saneamiento y administrar mejor los desechos en las comunidades urbanas de bajos ingresos?
- ¿Cómo podemos sensibilizar a los niños respecto a los beneficios de consumir alimentos frescos de modo que puedan tomar mejores decisiones?

Un simple resumen expone los obstáculos que los colaboradores deben esforzarse por despejar al momento de presentar las ideas, y a partir de allí despega el proceso de innovación estructurada. En cada fase –Inspiración, Conceptualización, Evaluación, Conceptos Ganadores, Realización– las contribuciones van desde un simple comentario alentando la idea de otra persona hasta productos reales, como bocetos, codificación y prototipos.

Las contribuciones ganan puntos de los participantes para medir la influencia de OpenIDEO –el Design Quotient (Cociente de Diseño), o "DQ" para abreviar. (Segmentado de acuerdo con las fases de la innovación, el DQ reconoce que la innovación es más que la mera invención y que, en el mejor de los casos, se basa en la diversidad de talentos; diferentes personas ofrecen diferentes fortalezas a lo largo del proceso de innovación.)

Conforme progresan las ideas desde la Inspiración hasta la Realización, adquieren forma gracias a la colaboración continua, puesto que los colaboradores se vinculan y se basan en las ideas de los demás. De manera similar, es la comunidad –al promover ideas mediante el Aplauso y criticando conceptos mediante encuestas de Evaluación– la que evalúa y preselecciona los mejores conceptos. En la fase de Realización –en sí misma una mejora generada por la comunidad– OpenIDEO transmite actualizaciones e historias sobre cómo progresa el desafío original y sus conceptos ganadores. A medida que avanzaba en su segundo año, OpenIDEO fue centrando su atención en impactar, explorando cómo esta comunidad y plataforma puedan asegurarse de que sus ideas se transformen en acción.

Desde luego, esto plantea una cuestión: ¿Qué hay para los participantes y qué hay para IDEO? La gente contribuye con sus ideas sabiendo que –de acuerdo con los términos de uso– si su idea se coloca entre los conceptos preseleccionados, le ha concedido al Anfitrión del Desafío la licencia no exclusiva para su uso. A diferencia de otros desafíos o plataformas de competencia, como NineSigma, InnoCentive y Kaggle, o los sitios de trabajo electrónico como Elance, no hay premios en efectivo, no hay contratos de trabajo, no se promete ningún reconocimiento fuera de la comunidad del sitio.

Para IDEO, desde luego, acoger tal plataforma refuerza la imagen de su marca como partidaria del diseño centrado en el ser humano a través de todas las industrias y sectores, incluyendo al público global. Pero más allá de la buena voluntad, no hay una contribución evidente a las ganancias –tomando en cuenta que la cuestión fundamental de todo negocio es hacer dinero. OpenIDEO es innovación en la nube: la gente construye valor –o quizá, con mayor precisión, las personas están incitando, generando la chispa de un valor potencial– sin basarse en estructuras organizativas formales ni por afán de lucro, sino más bien por su propia ambición, energía, intelecto y deseo de hacer una diferencia.

Es fácil atribuir este tipo de comportamiento altruista a la gente que tiene mucho tiempo de sobra, quizá como resultado de la alta tasa de desempleo actual. Pero no hay que apresurarse a pensar en términos que están limitados por los patrones del pasado. Es mejor observar cómo juegan los niños ahora como un indicador de la forma en que trabajarán en el futuro. Llama verdaderamente la atención el flagrante desprecio o indiferencia que tiene la mayoría de los muchachos por la propiedad intelectual. Cuando uso el término *muchachos*, no sólo me estoy refiriendo a los adolescentes y a los niños en la pubertad. Doy una clase de posgrado acerca de innovación en la que la ley de patentes es uno de los temas sobre los que más se debate constantemente. He escuchado a estudiantes en sus veintitantos e incluso treinta y tantos proponiendo el completo abandono de los derechos de patente en muchas áreas donde la tecnología está avanzando tan velozmente que las patentes actúan como un vehículo mediante el cual se inhibe e incluso se impide la innovación. Ellos argumentan que las compañías están usando las patentes de manera defensiva para impedir que otros lleven a la práctica ideas que podrían ser vistas como competitivas para las ofertas que hay actualmente en el mercado.

Las grandes corporaciones se caracterizan por adquirir otras compañías principalmente debido a su cartera de patentes, con la finalidad de eliminar a la competencia; por ejemplo, en 2011 Google compró Motorola Mobility por 12.5 mil millones de dólares. Se trataba de una compañía filial de Motorola que tenía en su poder diecisiete mil patentes actuales y siete mil quinientas patentes pendientes para tecnología de smartphones. Eso tasaba cada patente en algún punto entre los 500,000 y los 750,000 dólares, dependiendo de cuántas de las patentes pendientes se concedieran. Google debe de ser el último consorcio del que esperarías que sofocara la innovación. Después de la adquisición, el director ejecutivo y cofundador, Larry Page, anunció que:

> La fusión de Google y Motorola no sólo impulsará el potencial de Android, sino que también aumentará la competencia y ofrecerá a los consumidores una aceleración en la innovación, más opciones y maravillosas experiencias de usuario. Estoy seguro de que estas grandiosas experiencias crearán un enorme valor para los accionistas.

No obstante, habría que preguntarse si Google realmente planea desarrollar estas patentes para convertirlas en tecnología utilizable o si, como cualquier otro gran consorcio que se tiene que proteger de la competencia, se va a sentar encima de las patentes como una manera de frenar la innovación que habría sido posible si otro comprador hubiera adquirido y desarrollado las patentes. De la forma en que lo mires, las patentes se han vuelto uno de los más odiados campos de batalla en el mercado actual, pues se pueden utilizar para formar barreras que contengan la innovación.

Aunque no espero que este tipo de guerras por las patentes desaparezca en el corto plazo, el panorama puede cambiar con el tiempo, ya que una nueva generación de líderes está surgiendo de una infancia durante la cual la noción de proteger las ideas necesariamente ha dado un paso atrás y se ha quedado en segundo plano ante la experiencia de compartir y colaborar con las ideas. Nuevamente, como sucede con la privacidad, proteger la propiedad intelectual mediante un proceso cerrado sólo tiene valor si esa protección excede al valor de la colaboración abierta y desprotegida.

OpenIDEO en acción: el desafío de los alimentos locales

En el caso de OpenIDEO, una valiosa colaboración se hizo evidente cuando la comunidad formó equipo con el gobierno de Queensland en Australia y con el Festival IDEAS de Queensland 2011 para afrontar el desafío, "¿Cómo podríamos conectar mejor la producción alimentaria con el consumo?" El desafío atrajo más de 513 inspiraciones –comentarios, imágenes y recursos para ayudar a generar ideas– y 600 conceptos. A partir de ahí, los facilitadores de OpenIDEO organizaron los conceptos por temas, como Celebrar a los Productores, o Transporte, o Trazabilidad, y la comunidad refinó las ideas en veinte conceptos finales, diez de los cuales fueron elegidos por el equipo de OpenIDEO y los anfitriones del desafío como los conceptos ganadores. Los conceptos más activos consiguieron miles de visitas en línea. Las diez ideas ganadoras abarcaban un rango que iba desde camiones de comida fresca atendiendo a los vecindarios de bajos ingresos hasta una aplicación para smartphone, denominada Eatcyclopedia, que ofrecería información sobre nutrición, fuentes alimenticias, historia del procesamiento de los alimentos e ideas para preparar la comida (la presentación de la Eatcyclopedia quedó completa con maquetas que demostraron cómo funcionaría).

Al principio de la etapa de Realización, OpenIDEO informó de cuatro acciones inspiradas por el desafío alimenticio local, desde una historia muy personal –la transformación de un hombre, que de ser un observador casual pasó a ser un participante activo en su propio mercado de agricultores locales– hasta dos distintas aplicaciones y guías en apoyo a la producción alimentaria local.

Los anfitriones del desafío usaron los veinte conceptos preseleccionados como recurso en un taller para los responsables de generar políticas y expertos tanto del gobierno, como de la industria alimentaria, el sector educativo y la comunidad en general. Con su conocimiento del contexto local, los participantes del taller fueron capaces de combinar y basarse en los conceptos originales para diseñar cuatro prototipos factibles, que fueron programados para su valoración y puesta en marcha. Retomando las ideas originales, propusieron crear un "centro urbano de alimentos" en un lote sin usar, publicar una guía en línea sobre los mejores cultivadores de la región, y diseñar una empresa social que abasteciera a las escuelas con comida local saludable.

NineSigma

Otra propuesta para la innovación abierta basada en la nube se puede ilustrar muy bien con el trabajo de intermediarios de las ideas que actúen como corredores de bolsa, pero entre quienes solucionan problemas y las compañías en busca de soluciones. Este tipo de enfoque, llamado *open innovation* –OI, innovación abierta–, hace uso del potencial que representa una reserva global de expertos latentes y cambia radicalmente la economía de la innovación. La innovación abierta, en su forma más simple, es el proceso por el cual una organización involucra a personas que no sean sus empleados, a quienes nos podríamos referir en general como la comunidad innovadora, para la resolución de problemas; por ejemplo, un proveedor de detergentes podría estar interesado en desarrollar una nueva fórmula que pudiera funcionar eficazmente en lugares del mundo donde el suministro de agua y electricidad es escaso o cuyo abastecimiento en los hogares no es confiable. Normalmente se esperaría que esta empresa recurriera a su equipo interno de investigación y desarrollo para obtener ideas que solucionaran el problema. Sin embargo, es cada vez más frecuente que, conforme aumenta la necesidad de elaborar nuevas ideas a mayor velocidad y volumen, las empresas amplíen su búsqueda de nuevas ideas para incluir a cualquier persona fuera de la compañía que tenga un interés en la resolución del problema.

Una variedad de intermediarios ha llegado al mercado para ayudar a facilitar la innovación abierta. Conocidas como mercados de la idea, estas empresas por lo general son un lugar de reunión para buscadores de soluciones y proveedores de ideas. A los proveedores (también conocidos como solucionadores) se les compensa con una cantidad acordada y publicada si la idea es aceptada por el buscador de solución.

Uno de los intermediarios más interesantes en esta área es NineSigma. Fundada en 2000 por Mehran Mehregany, un profesor en Case Western Reserve University que había trabajado en DARPA –Agencia de Proyectos de Investigación Avanzada de Defensa– en la década de los 90, NineSigma es anterior, por tres años, al primer uso del término *innovación abierta*. En la época en que Mehregany trabajaba ahí, DARPA tenía una necesidad recurrente de identificar a las mejores y más brillantes mentes que ya hubieran trabajado en un campo del conocimiento en particular. DARPA utilizó la internet como un medio para identificar a estos individuos, usando una combinación de búsquedas que examinaba las competencias y habilidades implícitas en las personas con base en lo que ellos hubieran publicado en internet. Ese proceso fue la inspiración que llevó a Mehregany a considerar la aplicación de ese mismo acercamiento a la industria. La diferencia entre NineSigma y otros mercados de la idea radica en la ingeniosa noción de tomar la iniciativa para llegar a identificar la capacidad en la nube, en lugar de simplemente esperar a que el talento aparezca.

Andy Zynga, director ejecutivo de NineSigma, distingue que el impulso hacia la innovación abierta no solamente cobra fuerza entre las grandes compañías, donde tiene sus orígenes, sino también en pequeñas y medianas empresas; por ejemplo, 63 por ciento de esas compañías con ingresos desde 250 millones de dólares hasta 1 mil millones está adoptando las estrategias de la innovación abierta. Las nuevas herramientas de redes sociales como el crowdsourcing, o subcontratación colectiva, están facilitando las cosas para que estas empresas entren en el juego. De acuerdo con la declaración de Zynga, "Solía suceder que alrededor de 70 por ciento de todo el gasto en innovación era absorbido por las compañías que tenían más de 25,000 empleados. Pues eso se ha invertido rápidamente. Hoy en día 70 por ciento del gasto es absorbido por corporaciones menores". Es imperativo para los grandes consorcios buscar buenas ideas en estas empresas menores alrededor del mundo. Ése fue el mejor nicho de mercado en torno al cual Mehregany erigió su propia compañía; buscar innovadores por todo el mundo para clientes mayores que quizá no tengan la habilidad de buscar por sí mismos.

Había dos obstáculos básicos desde el principio. El primero fue que el enfoque de NineSigma necesitaba de cierto proselitismo para despegar del todo. Gran parte de eso cambió cuando Henry Chesbrough escribió su libro *Open Innovation* en 2003, lo que convirtió el concepto de la innovación abierta en un asunto preponderante, del dominio público. Unos cuantos años más tarde, un artículo de Larry Huston y Nabil Sakkab que apareció en el *Harvard Business Review* hablaba de la noción de conectar y desarrollar en Procter & Gamble, y de cómo NineSigma los había ayudado a construir su práctica de innovación.

El segundo obstáculo fue que no estaba claro cuáles productos en el mercado se desarrollaban utilizando la innovación abierta. El problema era que los clientes de NineSigma con frecuencia no podían decirse ni a sí mismos si una innovación en particular terminaba apareciendo en el mercado o no. Eso se debe a que cuando se está creando una innovación en torno a un producto, como un empaque, un componente o un ingrediente, suele terminar como parte de una innovación general y no se realiza un seguimiento por separado.

Para ayudar en este sentido, NineSigma empezó por generar un sentido de las necesidades de la compañía utilizando una plataforma de cloudsourcing, o subcontratación colectiva en la nube. Si una empresa de bienes envasados de consumo quiere generar algunas ideas frescas por parte de los consumidores, NineSigma usará un buscador que se enfoque en gente con antecedentes en blogs y charlas en internet para identificar a los usuarios líderes que a otros les parezca que tienen una influencia significativa en un área en particular.

Pero para crear una búsqueda específica y útil en pos de los expertos, verdaderamente hay que entender cuáles son las necesidades de una compañía, y eso por lo general no es una tarea fácil. Para dar un ejemplo, Procter & Gamble tenía la intención de producir una camisa libre de arrugas. NineSigma describió esto como un problema de tensión de superficies que involucraba el uso de material orgánico. Como resultado de su investigación, dio con un profesor en Indiana que estaba trabajando con chips de circuito integrado y tenía un polímero que de hecho ya atendía el problema de la tensión de superficies en materiales orgánicos.

Para emprender este tipo de proceso de búsqueda masiva, NineSigma encuentra expertos mediante una base de datos de más de dos millones de personas, así como una lista de varios millones de expertos a la que tienen acceso a través de una red de afiliados.

Puesto que muchos de los clientes de NineSigma son grandes corporaciones con más de mil millones de dólares de ingresos, así como importantes instituciones de investigación y desarrollo, habría que preguntarse por qué estas compañías necesitan navegar en la nube para hallar talento y soluciones cuando ya han hecho grandes inversiones en emplear y financiar a las mentes más brillantes del mundo en sus respectivas disciplinas. Pero el fallo en ese tipo de razonamiento es considerar que tanto la innovación interna como la externa son mutuamente excluyentes. No lo son. Ambas fácilmente pueden alimentarse una de la otra creando una poderosa sinergia innovadora; por ejemplo, NineSigma trabajó recientemente en una serie de proyectos para un gran conglomerado industrial que cuenta con aproximadamente treinta y cinco mil ingenieros y científicos en su personal, y sin embrago más de la mitad de las propuestas de innovaciones que recibe, proviene de gente y lugares de los que nunca antes había oído hablar. Eso siempre es un momento de iluminación para la gestión de una empresa como Siemens. Pero no es algo atípico. Podrás ser el mejor en tu campo, asistir a todas las conferencias en tu ramo y convencerte a ti mismo de que no hay nadie más por ahí que sea mejor en lo que tú haces. Pero en realidad casi siempre hay alguien.

Más allá de lo abierto

Aunque OpenIDEO y NineSigma nos proporcionan un vistazo al poder de innovación en la nube, sólo cuentan parte de la historia. Uno de los cambios más significativos que experimentará la innovación conforme la nube se convierta más en un factor determinante, es el grado al que seremos capaces de rebasar los modelos anteriores y actuales de innovación. Las tareas concretas que anteriormente estaban a cargo de expertos y de unos cuantos individuos altamente capacitados se transformarán en un proceso de adaptación continua, y gran parte de ese proceso se llevará a cabo sin la intervención humana. Eso no es para decir que la innovación debería considerarse como un proceso que pueda existir prescindiendo del pensamiento humano consciente, la perspicacia y la visión. Por el contrario, la innovación está y siempre estará sujeta al compromiso de líderes inspiradores y visionarios que sean capaces de ver más allá del momento y conducirnos hacia el futuro, a pesar de nuestra tenacidad para aferrarnos al pasado.

No obstante, *hay aspectos de la innovación que se pueden hacer de manera mucho más sistémica y que se pueden integrar más fácilmente en el entramado de una organización o sociedad.* Para entender cómo se puede hacer esto, necesitamos proveer una nueva estructura para la manera en que hablamos sobre la innovación y cómo la definimos. Tenemos que reconocerla como algo más que un proceso de inventar nuevos productos o servicios.

Dediqué mi anterior libro, *The Innovation Zone*, a explorar la idea que hay detrás de esta nueva definición de la innovación y delineé un marco al que llamo innovación 2.0. La innovación 2.0 tenía la intención de ilustrar cómo toda innovación tiene valor, de incremental a radical, componente o sistémico. Ese marco funciona bien dentro o fuera de la nube, pero lo que no aborda plenamente es la forma en que la innovación se ve incentivada por las conexiones de las que hemos hablado en este libro.

Las conexiones conducen la innovación al crear oportunidades para acoplar los inventos ya existentes y las ideas, pero también para usar la comprensión por parte de la nube respecto a estas conexiones, sus tendencias y sus aplicaciones para inferir innovaciones derivadas que el mercado y los proveedores de otra manera tal vez nunca habrían considerado. He llamado a este proceso innovación derivada, y tiene cuatro distintos niveles.

Innovación derivada

Cuando pensamos en la innovación, lo que a menudo nos viene a la cabeza son los avances revolucionarios que parecen arrasar con el mercado. Históricamente al menos, ésta es la forma en que pensamos sobre la innovación, ya se trate del Modelo T de la Ford o el iPod de Apple. Sin embargo, ésta no es la realidad de cómo evoluciona la innovación. La innovación es un proceso que avanza a un paso relativamente constante. Estos logros revolucionarios no son tanto acontecimientos de una sola ocasión o momentos de inmensa realización como lo son las transiciones de una etapa de innovación a otra. Cuando volvemos la vista atrás, estas etapas están claramente delineadas por productos, servicios o acontecimientos específicos que actúan como puntos de referencia. Pero estos puntos de referencia son casi imposibles de predecir con una visión de futuro. Sin embargo, podemos entender mejor hacia qué etapa nos estamos moviendo al mirar en retrospectiva y reconocer las etapas por las que ya hemos pasado. Haciendo esto, podemos anticipar el ritmo de la innovación y comprender mejor los tipos de cosas en las que deberíamos estar invirtiendo como innovadores y consumidores de innovación. Lo más interesante de estas cuatro etapas derivativas de innovación es que la nube proporciona un catalizador único para cada una, pero también ofrece un mecanismo especialmente calificado para las últimas dos etapas derivativas de la innovación.

Dado que la innovación se basa en las invenciones existentes, nos referiremos a las cuatro etapas como *derivadas de la innovación*. Estoy usando el término *derivadas* porque en cada etapa sucesiva de innovación estamos congregando y construyendo sobre un fundamento de más y más innovaciones existentes.

Para expresarlo en términos simples, voy a usar las abreviaturas 1D, 2D, 3D y 4D para hablar de cada etapa derivada de innovación (primera, segunda, tercera y cuarta).

Etapa derivada	Música	Cable	Telecomunicaciones
Primera derivada	Reproductores MP3	TV	Teléfonos fijos
Segunda derivada	iPod	Color	Wireless (conexión inalámbrica)
Tercera derivada	iTunes	Cable	Teléfono celular
Cuarta derivada	Genius Mix	TiVo	Smartphones/Apps (aplicaciones)

Etapa derivada	Electricidad	Computadora personal	Software
Primera derivada	Generadores locales	Terminal informática de escritorio	Automatización
Segunda derivada	Generadores regionales	Escritorio local	Aplicaciones
Tercera derivada	Proveedores de servicios públicos	PC en red de área local (LAN)	Suites (paquetería)
Cuarta derivada	Red de suministro eléctrico	PC portátil/Laptop	Web

Etapa derivada	Características	Impacto de la nube
Primera derivada	Basado en dispositivo, simple, nueva tecnología, ciclo largo de adopción, amigable para los modelos de negocio existentes y para las expectativas del consumidor	Reduce el ciclo de adopción, proporciona una plataforma de bajo riesgo y bajo costo para introducir el dispositivo al mercado
Segunda derivada	Basado en dispositivo, combina una multiplicidad de primeros derivados, presenta un nuevo modelo de negocio, se percibe como amenazador para los grandes consorcios, tiene muy pocos o ningún precedente en el mercado, empiezan a surgir los estándares	Crea niveles más altos de colaboración entre los desarrolladores y el mercado, identifica las fuentes de influencia, proporciona retroalimentación del mercado en tiempo real
Tercera derivada	Basado en la información, leve o ninguna divergencia respecto al 2º dispositivo derivado (un cambio casi inadvertido en el dispositivo, por parte del mercado), explota por completo un nuevo modelo de negocio, crea innovadores de imitación, genera una amenaza de competencia para los viejos dispositivos y los viejos modelos de negocio, los estándares son seleccionados por el mercado, se da una competencia entre los participantes de la innovación 3D en su momento cumbre	Acorta el tiempo para desarrollar nuevos modelos de negocio y nuevos estándares, incrementa la diversidad de la oferta y de las opciones competitivas, les permite a los participantes menores mantener una posición en el mercado

Etapa derivada	Características	Impacto de la nube
Cuarta derivada	Basado en la experiencia, funcionalmente se da una divergencia radical respecto a todos los dispositivos previos, añade complejidad significativa, cambia la experiencia del usuario de manera rotunda, establece un nuevo dispositivo y un nuevo modelo de negocio, crea una nueva industria o segmento de industria, la competencia comienza a diluirse conforme los líderes salen de la etapa 3D de innovación	Crea una capacidad intrínsecamente basada en la experiencia, sigue la pista de los comportamientos, permite altos niveles de complejidad para existir en la nube sin necesidad de complejidad en el dispositivo

Primera etapa de innovación derivada

La primera etapa de innovación derivada se enfoca principalmente en la presentación de un nuevo dispositivo. Pero el término *dispositivo* no se limita a los objetos físicos. Una hoja de cálculo, un procesador de palabras, una metodología o incluso una forma de medio de comunicación puede ser un dispositivo. Un dispositivo es simplemente algo que se puede describir con facilidad y entender como una nueva forma de resolver un problema; por ejemplo, cuando Dan Bricklin y Bob Frankston –quienes inventaron el VisiCalc en 1979– presentaron por vez primera las hojas de cálculo, se trataba de rudimentarios programas de software con poca funcionalidad más allá de las matemáticas más básicas. Normalmente, la innovación 1D tiene un ciclo considerablemente largo de adopción porque hay muy pocos o ningún precedente para el dispositivo. Por eso la innovación 1D necesita ser lo más simple posible con el fin de que se dé la adopción. También por eso los innovadores 1D necesitan tener paciencia y una estrategia a largo plazo para evitar que los innovadores de 2D los pillen por sorpresa. De hecho, *la innovación 1D es muy peligrosa y rara vez es la posición más fructífera para situarse.* Esto se debe en gran parte a que todos los errores por cometerse ocurrirán en la primera etapa de innovación, y el mercado puede recordarte más (si acaso) por lo que hiciste mal y no por lo que a final de cuentas surgió de la etapa 1D. Durante esta etapa, los modelos de negocio utilizados por los innovadores 1D tienden a ser muy similares, si no es que idénticos, al modelo que precedió a esa innovación. Ejemplos recientes de innovación 1D son los primeros reproductores MP3 que presentó Sony.

Casi todos los participantes en esta etapa de innovación son más propensos a fallar, ya que se precipitan a un mercado que promete tempranamente pero que requiere más poder de permanencia de lo previsto. Éste fue el caso de la racha de las primeras empresas punto.com que inundaron el mercado a finales de los años 90. Aunque unas cuantas de éstas compañías, como Amazon y Google, tuvieron la habilidad de sobreponerse a la tormenta, la inmensa mayoría ahora es tan sólo un grupo de experimentos olvidados hace tiempo.

Debido a que la innovación 1D es tan riesgosa, pocas compañías quieren hacer una inversión fuerte en esta etapa. El acercamiento preferido es esperar a que alguien más cometa errores y eduque al mercado antes de meterse uno mismo al ruedo. Pero ¿qué pasaría si pudiéramos reducir sustancialmente o eliminar el riesgo inherente a la innovación 1D? Eso es exactamente lo que hace la nube al crear una plataforma en la cual los nuevos dispositivos pueden desarrollarse, puede hacerse de ellos un prototipo, probarse e introducirse al mercado rápidamente.

Un área crucial donde la innovación 1D puede ser especialmente difícil es la mercadotecnia de un nuevo dispositivo. Debido a que el mercado no cuenta con un precedente para el dispositivo, la estrategia de mercado se complica. Como resultado, los mercadólogos a menudo recurren a ubicar el nuevo dispositivo en una vieja categoría que el mercado ya entienda.

La primera innovación derivada no requiere de la nube, pero la nube permite que un nuevo dispositivo sea mucho más fácil de introducir al mercado y también posibilita al innovador obtener una rápida retroalimentación por parte del mercado, lo cual permitirá iteraciones más cortas de los cambios que se hagan al dispositivo y que aumentarán gradualmente.

Segunda etapa de innovación derivada

La segunda innovación derivada se da cuando la innovación radical normalmente se adhiere a la empresa que tiene mayor probabilidad de llevar la innovación a lo más esencial. Éste fue el caso de Amazon y Google, pero también sucedió con el iPod, que fue un participante de 2D relativamente tardío en el saturado mercado de MP3, ya que los dispositivos como Creative's Nomad y Diamond's Rio habían construido casi un monopolio en el mercado de reproductores multimedia portátiles MP3.

Durante esta etapa de innovación, se combinan múltiples innovaciones, que el mercado ha empezado a aceptar, para crear dispositivos que sean no solamente reconocibles para los consumidores, sino considerados de manera más importante por los grandes emporios como una amenaza competitiva para su posición en el mercado. El resultado es una aceleración en la alianza entre empresas, lo que propicia más opciones y variaciones del producto o servicio. Es más probable que esta aceleración sea facilitada por las cadenas de suministro basadas en la nube, como E2open, de la que hablaremos en el capítulo 7.

Para entender la segunda etapa de innovación derivada, observemos la innovación en torno a la electricidad a finales del siglo XIX y principios del XX. La primera etapa derivada de la energía eléctrica fue impulsada por la generación de energía localizada, lo que hizo de la electricidad un proceso más rentable cuando se proveía de manera interna por las fábricas que utilizaban la electricidad. Pero esto creó incontables estándares normativos para los dinamos, motores, cableado, voltajes, amperajes y maquinaria. Conforme la energía eléctrica se fue generalizando, los gastos efectuados para tratar de resolver estos problemas comenzaron a acercarse a la cifra de ahorros de las economías internas de escala y finalmente la superaron. De hecho, muchas fábricas trataron de regionalizar la energía eléctrica y comenzaron a venderla a comerciantes locales y a municipalidades, en un intento por apuntalar una propuesta financiera en erosión. Estas mismas municipalidades finalmente empezaron a generar su propia energía y a venderla de vuelta a los negocios y consumidores locales; éstos fueron las primeras instituciones de servicio público eléctrico.

Aunque solemos comprimir la historia que siguió, desde las primeras plantas de energía a gran escala en 1891 en Telluride, Colorado, y luego en 1895 en las Cataratas del Niágara, fue cuestión de décadas para que las redes de suministro eléctrico tomaran forma alrededor del mundo. De hecho, la red europea de suministro eléctrico probablemente habría quedado en estado de confusión durante la mayor parte del siglo xx, de no haber sido por la aniquilación de las plantas de energía regionales, basadas en fábricas, durante la Segunda Guerra Mundial, lo que hizo de la reconstrucción de energía interconectada y centralizada un proceso mucho menos costoso que reconstruir la mezcolanza de plantas y fuentes de energía privadas en el lugar que tenían antes de la guerra.

Tercera etapa de innovación derivada

Sin embargo, la historia más interesante no es sobre la electricidad en sí, sino acerca de lo que les sucedió a las fábricas que la utilizaban. A medida que los servicios públicos de energía entraron en funcionamiento durante la década de 1900, las fábricas, por primera vez en la historia, no tenían que preocuparse por generar y administrar la electricidad, más bien podían enfocarse en los asuntos que realmente importaban, es decir, lo que producían. En este punto la electricidad entró en la tercera etapa derivada de la innovación, y el panorama competitivo cambió drásticamente. Durante esta etapa, la innovación no se trataba tanto de los servicios públicos de electricidad que se fueron constituyendo, sino de las industrias a las que atendían, que ahora estaban en libertad de enfocarse en su actividad principal.

No es coincidencia que la manufactura experimentara un surgimiento de la innovación en la primera parte del siglo xx, cuando esta transición estaba ocurriendo. Con la habilidad cada vez mayor para enfocarse en su proceso principal y en sus productos, las fábricas desarrollaron un acercamiento mucho más sofisticado para la manufactura y la innovación. El impacto se sintió en todas las industrias, desde las líneas móviles de ensamblaje en la fabricación de automóviles hasta la labranza y la agricultura.

Lo más sorprendente de este cambio a la generación externa de energía, sin embargo, es que sucedió en un muy prolongado periodo de tiempo y apenas se percibió en términos de su valor como una innovación. En 1905 había cincuenta mil plantas individuales de energía en Estados Unidos. Hoy en día hay aproximadamente ¡dos mil trescientas! La inversión en infraestructura para reemplazar esta primera ola de innovación 1D privada fue tan grande que alcanzó enormes proporciones, si no es que era totalmente imposible de justificar para la mayoría de las corporaciones. Es la misma razón por la que los servicios de correo, las vías férreas, las autopistas y las redes de telecomunicaciones han requerido inversión o intervención masiva de parte del gobierno con la intención de aminorar la molestia que significa sustituir la infraestructura obsoleta, y también con la finalidad de ofrecer cierta protección para las nuevas inversiones.

El punto aquí es que la innovación suele permanecer suspendida en la tercera etapa derivada por algún tiempo mientras se desarrollan los estándares que forman la base para inversiones en innovación a largo plazo.

Un ejemplo más contemporáneo es el estándar de MP3, que ha dado pie a casi toda la música en formato digital. Una vez que se establece este tipo de normas o estándares, se vuelve muy difícil quitarlas. Como resultado, la innovación se da dentro de los confines del estándar. En el caso de la industria musical, la tercera etapa de innovación derivada fue el avance revolucionario e impredecible con el que la música digital se abriría paso en el negocio de la música. La noción de pagar 99 centavos de dólar por una sola canción fue originalmente un motivo de mofa en la industria entera de la música. La preocupación no era tanto el valor que se asignaba a una canción, sino el hecho de que todas las canciones tuvieran el mismo valor y que los escuchas pudieran ejercer más poder sobre las listas de reproducción del que los estudios pudiesen ejercer sobre la colección de canciones de un álbum. Los estándares en juego aquí eran la creencia inherente en el valor relativo de la música según la popularidad del artista así como el concepto de un álbum, lo que había sido esencial en el negocio de la música desde sus inicios en forma grabada. Ambas preocupaciones tenían su fundamento en la realidad del pasado en vez de en el posible comportamiento futuro. A final de cuentas, la industria de la música, tanto estudios como artistas, se beneficiaron tanto como los consumidores.

Es precisamente este aspecto de la tercera innovación derivada lo que hace que sea tan difícil alejarse de ella. Construir un nuevo modelo de negocio no es una tarea simple, y nadie quiere dejarlo atrás una vez que ha logrado establecerse y que ha sido aceptado por el mercado.

Eso no significa que la innovación se detenga en la tercera etapa derivada, tan sólo que se restringe debido a los modelos de negocio y los estándares que se forman durante esta etapa. Es aquí donde la nube puede tener un impacto significativo en la innovación durante la cuarta y última etapa derivada.

Cuarta etapa de innovación derivada

Con el tiempo, los estándares que se forman durante la tercera etapa de innovación derivada se vuelven una limitación descomunal para la inundación innovadora que se está erigiendo detrás de ellos. Como un malecón que intenta contener una oleada de huracanes, el modelo empieza a agrietarse, debilitarse y finalmente es invadido.

Entonces la cuarta etapa derivada de innovación empieza a tomar forma. En la etapa 4D, el mayor valor de innovación radica en cómo se transforma para adaptarse a la experiencia del usuario. Esta innovación distingue ofertas que por ahora se han convertido en un lugar común y que están a punto de alcanzar el estatus de productos básicos debido a su estandarización. El dispositivo, producto o servicio básico no cambia radicalmente, lo que cambia es la manera en que el usuario lo experimenta.

En el caso de la música digital, un buen ejemplo de innovación 4D es la presentación de las mezclas Genius en el iTunes de Apple; Genius elabora listas de reproducción para los usuarios de iPod basándose en las preferencias musicales de los usuarios y en su historial de compra. El dispositivo, el estándar y el contenido no cambiaron, pero sí la forma en que todo eso fue experimentado por los consumidores. Esta especie de personalización de la experiencia del usuario es clave para impulsar el tipo de innovación que ocurre en la nube, donde se pueden armar interminables combinaciones de contenido en tiempo real para satisfacer las necesidades del momento. Lo que resulta fundamental sobre la nube en esta etapa es que le permite al mercado influir directamente en la innovación mediante la expresión de sus intereses.

Es interesante advertir que, mientras gran parte de la estrategia de la mercadotecnia se ha reducido a los grupos focales y a la investigación de mercado, las innovaciones revolucionarias por lo general no tienen mucho sentido para un investigador de mercado o un grupo focal. La razón es simplemente que la gente sólo conoce aquello que ha experimentado. El finado gurú de la administración Peter Drucker era un incrédulo consumado del tipo de enfoque "pregúntale al mercado" para innovar, asimismo lo era el fallecido fundador de Apple, Steve Jobs. Ambos creían que si bien los mercados podrían expresar insatisfacción respecto al producto, ellos no podrían concebir soluciones que se alejaran lo suficiente del producto ya existente.

No obstante, esto no significa que un mercado no pueda demostrar sus necesidades de innovación en su comportamiento colectivo. El problema hasta ahora ha sido notar ese comportamiento y responder a él de una forma que mueva el mercado hacia un nuevo enfoque. Dar con esos nuevos enfoques siempre se ha considerado el sello de los grandes innovadores, quienes pueden anticipar un movimiento del mercado mientras también le van dando forma.

Esto es imposible de hacer sin la nube, por eso es que la innovación 4D solamente sucede cuando una persona o una empresa es capaz no sólo de reunir una considerable cantidad de información acerca de los requerimientos previstos del mercado, sino de mirar más allá de ellos basándose en profundos análisis que puedan proyectar una nueva necesidad. Nada de esto desplaza la necesidad de un liderazgo astuto y visionario. Sin embargo, en la nube, las experiencias colectivas de los usuarios se pueden utilizar para determinar las más probables innovaciones y proporcionar una base para un ciclo de innovación mucho más veloz.

Dejar al exterior entrar

Finalmente, lograr llegar al estado de la cuarta innovación derivada se trata menos de trazar líneas duras alrededor de la innovación interna versus la externa, y más de crear procesos que tengan una permeabilidad inherente tanto con el mercado como con las ideas exteriores. Pero como lo discutimos al principio de este capítulo, todo es cuestión de una intensa colaboración. Verlo simplemente como algo orientado por el mercado es un error que le permitirá a un mercado tenerte de rehén de un solo flujo de innovación. Si el cofundador de Sony, Akio Morita, les hubiera permitido a los clientes que diseñaran el primer walkman o si Steve Jobs hubiese dejado que el mercado dictara la forma de comprar música, ni el walkman ni iTunes habrían llegado a existir jamás.

"Abierta" también implica que haya un elemento de incertidumbre, aleatoriedad y riesgo que estamos dispuestos a diseñar en el proceso de innovación; por ejemplo, cuando los pilotos perfeccionan sus habilidades gracias al entrenamiento en los simuladores de vuelo, no se limitan a volar en situaciones predecibles, sino que se enfrentan a condiciones climáticas aleatorias y fallas mecánicas. No necesariamente van a toparse con las mismas condiciones cuando se encuentren en el aire, pero su habilidad para lidiar con la situación y para improvisar frente a lo desconocido mejora si se han expuesto con anterioridad a mayores grados de incertidumbre. Lo mismo aplica para la innovación. Si nos aferramos a un solo flujo de ideas y nunca propiciamos rotar el sentido de las cosas para interrumpir ese flujo, no seremos tan versados para detectar y aprovechar las nuevas tendencias, oportunidades y opciones cuando éstas se presenten.

Mucha gente tiene dificultades en este aspecto de la innovación abierta, especialmente cuando se abre hacia la nube, donde los participantes en un esfuerzo de innovación tal vez no tengan ninguna de las habilidades y competencias que tradicionalmente se consideran importantes para llevar a cabo la tarea en cuestión. Después de haber visto corporaciones luchando constantemente con esto:

> He llegado a la conclusión de que le damos demasiado crédito a la capacidad de ver hacia el futuro, y dependemos de esa "previsión" en lugar de organizar nuestros recursos según sea necesario cuando realmente nos encontremos con el futuro.

> Es como si desarrolláramos tal convicción en nuestra habilidad para predecir lo que está por venir que nos rehusamos a dar un rodeo a la realidad y más bien nos abalanzamos directamente hacia ella.

Esta habilidad para innovar con base en un modelo abierto en la nube va más allá del crowdsourcing, como le denominó popularmente Jeff Howe a la subcontratación colectiva en un artículo de la revista *Wired* en junio de 2006, para llegar hasta lo que llamaremos *cloudsourcing*, es decir, tercerización o subcontratación colectiva en la nube. El cloudsourcing amplía la idea de la muchedumbre para incluir a todo el talento del mundo. El punto no es simplemente incentivar a las personas para que presenten ideas, sino incentivarlas para que unos y otros se basen en las ideas de los demás. Los dos son mundos aparte en términos de qué tan difícil resulta aplicarlos y qué tanto valor ofrecen. Por cierto, el cloudsourcing no se trata sólo de personas; es igual de importante conocer el papel que desempeñan los grupos y otras empresas en un modelo de cloudsourcing.

Innovación accidental

No siempre tenemos en mente la intención de innovar. En muchos casos, nos tropezamos con algo que es completamente secundario a nuestra misión original. En un modelo de innovación abierta, hay que ofrecer incentivos. Pero luego ¿cómo se promueve el descubrimiento de conocimiento accidental que quizá no haya sido parte del problema para el que estabas tratando de hallar una solución? Uno de los grandes desafíos de la innovación abierta estriba en captar y conectar de alguna manera este conocimiento accidental con los esfuerzos intencionales. Si un científico farmacéutico que se dedica a investigar sobre medicamentos para la hipertensión en un área de la compañía descubre un compuesto que desarrolla una cola extra en los ratones mientras está tratando de curar la hipertensión, ¿el fenómeno será visto como un molesto efecto colateral o como una nueva oportunidad? Bueno, probablemente dependa de cómo haya sido incentivado el investigador. Si el incentivo se basa en el número de compuestos descubiertos para reducir la hipertensión, puedes estar seguro de que ese efecto secundario no pasará de ser un bache en el camino al éxito.

Este tipo de descubrimientos accidentales sólo aumentará conforme se incremente el depósito de conocimiento que vamos acumulando. Y, en consonancia con los sistemas abiertos, este conocimiento está disponible, con una vida útil cada vez más y más corta, para un creciente número de individuos.

Como veremos en el siguiente capítulo, el comercio en este nuevo contexto de una acelerada creación de conocimiento, descubrimiento e innovación requerirá de una nueva manera de ver el riesgo, la inversión y muchos de los marcos tradicionales que hemos utilizado para erigir las organizaciones.

7

Comercio en la nube

Cada acto de creación es primero un acto de destrucción.
–*Pablo Picasso*

El valor potencial de crecimiento de un negocio basado en la nube es mucho mayor al de un negocio tradicional, que requiere de una fuerte inversión en infraestructura, personal, mercadotecnia y distribución antes de enviar un solo producto. La razón es que un negocio basado en la nube puede redoblar todos sus recursos en tiempo real, a medida que la demanda aumenta. Esto significa que se invierte sólo si el negocio tiene éxito. Otro aspecto interesante de este modelo económico es que, dado que la nube fomenta una mayor experimentación, también se traduce en un mayor número de fracasos en comparación con un negocio tradicional, donde el riesgo desalienta la experimentación con ideas atípicas. La importancia de este cambio imperceptible en la manera en que los negocios basados en la nube invierten en la innovación es fundamental para el desarrollo del comercio en la nube por una razón: la carga de la innovación empieza a pasar de las grandes corporaciones a las pequeñas. Este cambio no podía llegar en un momento más decisivo, según la opinión de uno de los economistas más interesantes del siglo xx, Joseph Schumpeter.

Destrucción creativa

En 1942, el economista Joseph Schumpeter hizo una llamada de atención para el capitalismo, con una predicción tan inquietante que habría hecho palidecer a Nostradamus. El libro de Schumpeter *Capitalismo, socialismo y democracia* predijo la desaparición de la institución central para la innovación, la prosperidad y el crecimiento en el mundo occidental: el capitalismo. El economista creía que, en última instancia, el capitalismo daría lugar a un sistema de corporaciones y élites que habrían perdido de vista los valores fundamentales del capitalismo, es decir, la importancia del empresario. Al mismo tiempo, Schumpeter previó un enorme aumento en el número de personas educadas, pero pensaba que no habría suficiente trabajo de calidad para todas ellas. *Para simplificar el texto de este autor, cuya forma de escribir es a menudo tediosa, diré que él previó un alto desempleo, corporaciones abrumadoramente grandes y académicos de élite que ocasionarían la muerte del capitalismo.*

La realidad contemporánea está demasiado cerca de la visión de Schumpeter. Estamos encantados con las grandes corporaciones a las que se califica como "demasiado grandes para quebrar", tenemos tasas de desempleo asombrosamente altas que se resisten a ceder, muchas de nuestras instituciones académicas más prestigiosas enseñan valores que rozan la frontera del socialismo y hemos perdido de vista la importancia de las pequeñas empresas como las impulsoras fundamentales del empleo, la innovación y el crecimiento económico.

Tengamos en cuenta que hay más de veintiséis millones de pequeñas empresas sólo en Estados Unidos, y éstas emplean a la mitad de los trabajadores estadunidenses. De hecho, durante la primera década del siglo XXI los pequeños negocios crearon 70 por ciento de todos los empleos nuevos de ese país. Estas mismas empresas crean trece veces más patentes por empleado que las grandes.

A pesar de este apabullante motor de innovación, cuando Estados Unidos instauró un paquete de estímulos de 787 mil millones de dólares para ayudar a superar la recesión de 2008, sólo 730 millones de dólares fueron destinados a la pequeña empresa. Eso es menos de 1 por ciento para un segmento que produce 50 por ciento de todos los empleos.

Esta discrepancia alude directamente a la preocupación de Schumpeter sobre la erosión de la capacidad empresarial que el capitalismo habría de provocar. Sus proyecciones son sorprendentes por su exactitud. Pero él afirmó que, si bien las tendencias eran claras, no deseaba que el capitalismo tomara ese rumbo. Al igual que un médico le dice a su paciente que beber y fumar en exceso pueden llevarlo a una muerte prematura, él estaba señalando un comportamiento fatal que sólo el enfermo podría corregir.

El economista le dio un nombre a esta enfermedad, que desde entonces ha permanecido como un alias para el proceso de desmantelar un sistema mediante un procedimiento continuo de cambio disruptivo. La llamó *destrucción creativa*. A decir verdad, Schumpeter de ninguna manera estaba siendo halagador en su uso de la frase. Sin embargo, hoy en día muchos de nosotros utilizamos el término para describir una fuerza positiva para el cambio. Yo prefiero el carácter positivo de la energía creativa para mejorar algo, y ésa es la manera en que utilizaremos el término en nuestra discusión.

La visión de Schumpeter era sombría:

> En la realidad capitalista, a diferencia de la imagen que de ella se presenta en los libros de texto, no es (el precio) la competencia lo que cuenta, sino la competencia de las nuevas mercancías, la nueva tecnología, la nueva fuente de suministro, el nuevo tipo de organización (la unidad de control de mayor escala, por ejemplo) –competencia que determina un costo

decisivo o una ventaja de calidad, y que no incide en los márgenes de los beneficios y resultados de las empresas existentes, sino en sus cimientos y en sus propias vidas... Apenas es necesario señalar que la competencia, del tipo que ahora tenemos en mente, actúa no sólo en su realización, sino también cuando no es más que una amenaza siempre presente. La competencia disciplina antes de atacar.

Joseph Schumpeter, *Capitalismo, socialismo y democracia*

Sin embargo, lo que Schumpeter no pudo prever fue la llegada de la nube y el profundo impacto que tendría en el capitalismo y el libre mercado global. En un giro un tanto perverso del destino, la destrucción creativa de Schumpeter se encarna en la nube de tal manera que tiene el potencial de poner al capitalismo en marcha otra vez.

El primer paso en la creación de un nuevo sistema económico, político o social es sin duda la más radical y tumultuosa deconstrucción del sistema existente.

Algo debe perturbar así el equilibrio del poder y la credibilidad del sistema existente para que el movimiento hacia un nuevo sistema parezca indoloro, e inevitable, a pesar de que la naturaleza exacta de ese nuevo sistema pueda estar lejos de ser clara.

Llevarlo a las calles

La mayor fuerza para la destrucción creativa de Schumpeter en los mercados actuales es la insatisfacción que ha provocado el enfoque adoptado por las grandes corporaciones y Wall Street, que se benefician de la falta de una vía eficiente para la innovación y la intensa concentración de la riqueza. La forma en que muchas de estas instituciones han funcionado y la codicia que han mostrado han dado lugar a un movimiento de lucha contra el elitismo que amenaza con llegar a ser tan profundo como cualquier fuerza del libre mercado.

En 2011, este fenómeno llevó a la gente a salir a las calles de Wall Street y a las bolsas de valores de todo Estados Unidos para protestar en contra de la desenfrenada avaricia corporativa y la disparidad en la riqueza, creada por los grandes bancos y las instituciones financieras. Habilitadas con la tecnología móvil, estas multitudes "sobre pedido", o lo que se denomina popularmente como "flash mobs" –multitudes instantáneas–, ya se habían formado antes. Pero esta vez no se trataba de un ejercicio casual de la libertad de expresión, sino de una protesta coordinada contra un conjunto específico de injusticias.

Si Schumpeter viviera, habría podido interpretar estas reuniones como un respaldo a su teoría si no fuera por el hecho de que los manifestantes incluían una sección representativa de la sociedad mucho más amplia que sólo la élite académica, y sus objetivos, los grandes emporios, eran las mismas instituciones que a Schumpeter le preocupaba que socavaran el capitalismo.

El capitalismo de la nube

A pesar de que la manía constante de fusiones y adquisiciones ha creado una ilusión sobre la importancia del papel que las grandes empresas juegan como pilares de nuestra economía, ésta enmascara la aun más rápida desaceleración de la iniciativa empresarial, el acceso a capital y la pequeña empresa en el mundo entero. De hecho, 95 por ciento de todas las empresas a escala mundial es de negocios pequeños y medianos que emplean a casi 70 por ciento de la fuerza laboral mundial.[1] El resultado ha sido un cambio hacia una economía mucho más granular. Lo que ha faltado en esta ecuación, sin embargo, es un mecanismo mediante el cual las pequeñas empresas puedan ser apoyadas por las mismas economías de escala que disfrutan las grandes empresas.

La nube es ese eslabón perdido en la evolución del capitalismo y el libre mercado, y ofrece un contrapeso al sombrío diagnóstico que Schumpeter hizo del capitalismo. Yo incluso me aventuraría a proponer que la nube es una necesidad absoluta para la continuación de la prosperidad económica. A medida que los mercados, empresas y canales de distribución se desintegran a toda velocidad en piezas cada vez más pequeñas, que pueden ser reconstituidas rápidamente, la nube se convierte en un mecanismo indispensable para la coordinación de este espectacular aumento en la complejidad y diversidad de la economía.

Un ejemplo trivial es el escenario que enfrenta cada uno de nosotros al utilizar los smartphones. Con una variedad aparentemente ilimitada de aplicaciones, que hacen un seguimiento de todo, desde nuestras calorías hasta nuestros gastos cotidianos, la tarea de seleccionar, organizar y tratar de integrar las aplicaciones entre sí se ha vuelto un trabajo de tiempo completo.

Me he dado cuenta de que este tipo de debates abre la puerta a la clásica discusión del huevo y la gallina. ¿La nube nos está llevando a la complejidad o la complejidad nos está llevando a la nube? Esto puede parecer un debate pedante y sin sentido, pero creo que arroja luz sobre los factores subyacentes que se extienden más allá de la nube adolescente como la conocemos hoy, y nos permite observar cómo la nube va a transformar toda clase de instituciones comerciales y sociales, ayudándonos a manejar este espectacular aumento en la complejidad.

Si tomamos la biología como una analogía, es evidente que toda la vida tiende hacia una mayor complejidad y diversidad a medida que evoluciona y desarrolla niveles más altos de inteligencia. En el caso de la vida inteligente, la evolución ha dado como resultado organismos y colecciones de organismos cada vez más complejos. Mantener el ritmo de esta complejidad ha requerido de sofisticados sistemas nerviosos y órdenes sociales. Para la vida inteligente, esto a menudo se traduce en inteligencia integrada, o un conjunto de instintos que rigen las interacciones de la comunidad; por ejemplo, pensemos en cómo las jerarquías son estructuras típicas en algunas especies inteligentes, mientras que los enjambres rigen los comportamientos de los demás. La nube representa la evolución de la inteligencia en los sistemas que apoyan una economía y le permiten evolucionar a niveles más altos de comportamiento complejo y, en última instancia, inteligente.

Es evidente, sin embargo, que no todas las organizaciones están evolucionando en la nube a la misma velocidad. Para aquellos que tardan más en desintegrarse en partes que fácilmente pueden volver a ensamblarse, la nube termina por derribar los muros entre las secciones de una organización, su personal, sus proveedores, sus clientes y, posiblemente, todas las relaciones en su cadena de valor vital. Pero consideremos que los muros situados entre la gente, los socios y los procesos se han construido con gran sacrificio durante años de desarrollo de negocio para compartimentar y proteger posiciones competitivas relacionadas con las preferencias de compra de clientes cuidadosamente identificados. ¿Los participantes individuales en las cadenas de valor de la economía –las grandes empresas exitosas de hoy, que Schumpeter llamó corporativos– son proclives a permanecer al margen mientras ocurre la aniquilación a gran escala ante sus propios ojos?

De hecho, en el desarrollo de las empresas a lo largo del siglo pasado, tales cambios transformadores han tenido lugar una y otra vez. La única diferencia esta vez es la velocidad con la que se hará sentir el impacto.

Tomemos como ejemplo los monopolios creados al final del siglo XIX y principios del XX por las actividades de los "barones del robo" en las industrias del hierro, los ferrocarriles, las bienes raíces y los recursos naturales. Estos actores del capitalismo monopolista construyeron enormes cadenas de valor integradas para asegurar los estándares de operación, crecimiento y, no por casualidad, la rentabilidad deseable para minimizar los riesgos competitivos. Estas relaciones se basaban en el principio de bloqueo de socios como parte de una cadena de valor impenetrable, así como el bloqueo de la competencia al impedir que los proveedores se asociaran con los competidores y de este modo crear enormes barreras para entrar.

Finalmente, este tipo de barreras para la competencia está siendo abatido por la nube. A pesar de que intervenciones tales como los rescates gubernamentales de las empresas y países que son demasiado grandes para quebrar pueden acelerar su desaparición debido a su regulación artificial contra las fuerzas de un libre mercado, la dinámica subyacente ha mostrado de manera constante que un mercado libre erosiona las estructuras no competitivas en tanto que las nuevas fuerzas aprovechan el cambio en la tecnología como una forma de crear una escala de sindicatos en lugar de la escala de corporaciones individuales. De hecho, yo iría más lejos al proponer que las estructuras de escala, ya sean económicas o políticas, que se basan en la centralización de la autoridad, están destinadas al fracaso, como se ha demostrado a lo largo de la historia.

Ya se trate del imperio romano, el imperialismo británico, la Unión Soviética o incluso, más recientemente, la Unión Europea, la caída de estas estructuras de escala es la centralización, un proceso defectuoso que conduce a la incapacidad para innovar en el ámbito local.

En términos prácticos esto significa que sobrevivir a la progresión aparentemente imparable de las organizaciones de escala cada vez mayor, nos obliga a cambiar nuestros modelos de negocio actuales para integrar y adoptar la nube como un medio para distribuir más equitativamente la autoridad y la innovación. En cierto modo, esto promueve una estructura mucho más compleja para las organizaciones. Sin embargo, aunque las organizaciones basadas en la nube todavía puedan ser un complejo y auténtico desafío en sus interacciones, conexiones, velocidad y volumen, aún pueden regirse por reglas muy simples. El ADN contiene el modelo para toda la vida; no obstante, consiste meramente de cuatro aminoácidos básicos que sólo se pueden combinar de cierta manera. Sin embargo, los sistemas que resultan son todo menos simples.

La cadena de valor en la nube

Es imposible ir mucho más allá en la discusión sin primero describir más detalladamente lo que queremos decir con el término *cadena de valor* y esbozar un poco de su historia. El concepto de cadena de valor se ha convertido en una ley inmutable de negocio y, más específicamente, de competencia. Sin embargo, hasta ahora ha permanecido como un tópico que se centra en cómo las empresas pueden crear manualmente y sostener intrincadas redes de procesos internos y coaliciones de socios de negocios. En la nube, la noción de una cadena de valor adquiere una dimensión totalmente nueva, ya que la inteligencia que hemos discutido se convierte en el fundamento de estas redes y de forma inteligente comienza a crear estas asociaciones.

Originalmente acuñado por Michael Porter, el término *cadena de valor* representa las asociaciones colectivas, recursos y procesos que llevan un producto o servicio al mercado. A juicio de Porter, la entidad en el centro de la competencia no necesariamente es la organización tradicional definida en términos de recursos físicos tales como edificios, fábricas y empleados, sino también la colección de todas las actividades que se combinan para crear valor. Aunque Porter presentó este marco de trabajo mucho antes del advenimiento de la nube o, para el caso, de la internet, la cadena de valor es una manera especialmente relevante de pensar en la nube, dado que ésta no es más que un vasto recolector y coordinador de recursos y procesos.

Según la visión clásica de Porter, el valor se agrega durante el proceso de producción que toma las materias primas y las transforma en productos acabados, cuando el producto es distribuido y cuando es vendido al cliente. Cada una de estas actividades puede existir dentro de los límites de una corporación o entre un número ilimitado de entidades que funcionan por separado. La habilidad de crear valor es indiferente a la composición de la cadena de valor, en tanto el precio que los clientes estén dispuestos a pagar por un producto o servicio supere el costo de la producción.

El costo de crear valor se ve afectado por el grado en el cual las actividades específicas en la cadena de valor se coordinan e integran. Una cadena de valor mal estructurada puede dar lugar a retrasos durante la transferencia de información de una tarea a otra, provocando que el tiempo para comercializar un producto se extienda más allá de la ventana de oportunidad; por ejemplo, un retraso podría significar una importante pérdida de oportunidades para una empresa farmacéutica que introduce un nuevo fármaco al mercado. Los retrasos y la consiguiente pérdida de valor subrayan el elemento principal de la gestión eficaz de la cadena de valor, administrando tanto las actividades interdependientes de la creación de valor como los vínculos que las conectan.

Además de los vínculos internos, hay vínculos externos con otras organizaciones, desde los participantes de la cadena de valor como vendedores y proveedores hasta los constituyentes derivados como los clientes y los distribuidores. Los vínculos se producen cuando el rendimiento y ejecución de una actividad afectan a otras actividades.

El valor se crea no sólo en los procesos que generan la información, sino también en la capacidad para entregarla a las personas adecuadas en el momento adecuado. En efecto, la información tardía o mal dirigida es a menudo la mayor fuente de ineficiencia en una cadena de valor, y estos procesos deben ser los primeros en evaluarse cuando una organización está buscando oportunidades para optimizar una cadena de valor.

La premisa de Porter era simple: la maximización de la eficiencia de una cadena de valor da como resultado una baja en los costos y la diferenciación, creando así las dos fuerzas básicas de ventaja competitiva. En el punto máximo de la economía industrial, la mejor manera de lograr esto era ensamblar las diversas funciones a través de la cadena de valor en un mosaico bizantino de actividades creadoras de valor bajo un mismo techo. El verdadero padre de este modelo es Henry Ford, con su visión de ciudades construidas en torno a las fábricas, donde el acero entraba por un extremo y por el otro salía un auto. Es este modelo de integración vertical el que define la vieja economía, en la que todo encaja en el balance general, desde la oveja que produce la lana para rellenar los asientos del auto, hasta las fundidoras de acero que crearon la hoja de metal, o las máquinas de estampado que transformaron el metal en partes automotrices.

Ahora, vamos a aplicar los conceptos básicos de una cadena de valor a la nube. Si la premisa es que los vínculos que unen una cadena de valor son sus elementos más valiosos, ¿de qué manera la nube afecta la creación de vínculos? Ya que la nube se convertirá en el medio fundamental para la gestión de conexiones, es seguro asumir que el proceso de la creación de cadenas de valor será por sí mismo mucho más eficiente, conveniente y económico. A medida que la nube comienza a hacer estas conexiones de manera más rápida y va reduciendo su costo, el aspecto de la diferenciación se convierte en un fenómeno de corta duración, que es más contingente en el valor final que ofrece al mercado que los impedimentos que crea para quienes recién entran. La base de la competencia también empieza a cambiar ahora.

Durante el siglo XX, la noción de "economía de escala" dominó nuestra forma de pensar en la ventaja competitiva. El grado de competitividad se midió en términos de qué tan verticalmente integrada podía ser una organización y el grado de control de arriba hacia abajo que podía ejercer sobre las actividades individuales de creación de valor. En términos simples, la economía a escala es la capacidad de derivar un mayor valor de una gran entidad que de una colección de entidades pequeñas. Esta noción es la que impulsó el diseño de las cadenas de valor y, en muchos casos, a las organizaciones mismas. Pensemos en GM, la abanderada de la integración vertical por muchas décadas. Si vemos una copia de *Forbes* o de *Fortune* de los años 50 o 60, muy probablemente estará llena de halagos para GM y su administración. La economía de escala de GM era tan grande, ¿cómo podría perder alguna vez?

GM fue la empresa más admirada en Estados Unidos, si no es que en el mundo, por décadas. Durante los años de oro, a mitad del siglo XX, GM no podía hacer nada mal a los ojos de la prensa de negocios y los expertos en administración. Es irónico, entonces, que GM se haya convertido en el epítome del tipo de corporación que sólo se puede sostener mediante el rescate gubernamental. ¿Qué salió mal? La respuesta radica no en el tamaño, sino en la velocidad.

Una economía de la velocidad

Con el estallido de la Segunda Guerra Mundial, el gobierno de Estados Unidos convirtió al sector manufacturero del país en una máquina bélica, haciendo virar la industria automotriz hacia la producción de materiales de guerra. En ese momento, una planta de B-24 en California, el centro de producción de aviones, estaba construyendo un bombardero por día si funcionaba bajo condiciones óptimas. La planta Willow Run, de Henry Ford, en Ypsilanti, Michigan, utilizó las técnicas de producción en línea de la industria que le permitieron a Ford producir un bombardero B-24 Liberator por hora. Evidentemente, la noción de una economía de la velocidad era importante mucho antes de la llegada de la nube.

De hecho, la industria automotriz de Estados Unidos adoptó de manera temprana otras tecnologías previas a la nube que hacían énfasis en la velocidad, como el EDI –intercambio electrónico de datos–, que permitía una comunicación más eficiente entre los socios comerciales y el JIT –inventario justo a tiempo–, que ligaba estrechamente a los proveedores con la producción y los procesos de manufactura. Sin embargo, estos primeros escarceos hicieron poco para cambiar las descomunales estructuras integradas verticalmente de los fabricantes de automóviles de Estados Unidos. En su lugar, ellos –junto con otras grandes corporaciones– utilizaron estos sistemas para construir barreras aún más pronunciadas para el acceso y las economías de escala más grandes. Walmart es conocido por la construcción de todo un ecosistema en torno a los proveedores que fueron secuestrados para su sistema y sus procesos. Su mensaje era de la clásica arrogancia que Schumpeter temía: "Si no te gusta jugar con nuestras reglas, vete a jugar a otra parte". Como resultado, conforme la velocidad aumentaba y al ser medidas como un tiempo relativo al mercado, muchas pequeñas empresas sólo pudieron competir volviéndose parte de estos imperios monolíticos. El pequeño y sucio secreto, sin embargo, era que la razón principal de que estas pequeñas empresas fueran tomadas como rehenes tenía menos que ver con la eficiencia de los procesos o sistemas de las grandes corporaciones que con su naturaleza de propiedad. Si tú fueras un proveedor o socio de estas enormes cadenas de valor, tendrías que invertir y crear vínculos con los sistemas que sólo trabajan con esa cadena de valor. Aunque los estándares de la industria tales como EDI aliviaron parte de esa carga, siempre hubo matices para cada cadena de valor que partían de, o se agregaban a, las normas establecidas. Esto ató efectivamente a muchos socios y proveedores más pequeños al valor. Una manera fácil de pensar en esto es utilizar la analogía de la restricción del consumidor al elegir un proveedor de banda ancha para el cable, internet y servicio telefónico para el hogar. Cada proveedor requiere el uso de su propia caja de cable, dispositivos decodificadores de señales y, desde luego, un acuerdo anual para invertir en sus servicios, con una penalización por cancelación anticipada.

Otro ejemplo es el de las cadenas de valor que han existido en el mundo editorial. Hasta hace poco solía suceder que la única manera de publicar un libro era por medio de un editor que, a su vez, tenía acceso a los mayoristas y distribuidores de libros. Podías autopublicarte, pero las oportunidades de lograr que tu libro tuviera una distribución amplia eran comparables a las de un músico tratando de vender sus canciones sin un sello discográfico. Consideremos cuán drásticamente han cambiado estos dos escenarios en la década pasada con la llegada de los libros electrónicos y el iTunes. Hoy en día, cualquier persona puede escribir un libro en formato electrónico, publicarlo en el sitio de Amazon, y al instante ser parte de la mayor red de distribución de libros disponible. Lo mismo se aplica para los artistas independientes que quieren distribuir su música a través de iTunes.

Incluso en la gigantesca industria automotriz, las cadenas de valor han cambiado rotundamente durante las pasadas dos décadas. Los fabricantes de automóviles japoneses fueron de los primeros en adoptar modelos con bases más fuertes en cadenas de valor desintegradas. Si bien los flujos de alto nivel del proceso de la construcción de autos en Japón variaba un poco de los flujos estadunidenses, había importantes diferencias en la estructura de sus cadenas de valor que activaron una alerta temprana por la llegada de un modelo basado en la nube. En lugar de tratar de ensamblar todos los componentes de la cadena de valor bajo un solo techo o en uno mismo balance general, los fabricantes japoneses organizaron cadenas de valor en lo que llamaron una "keiretsu", o coalición de proveedores, fabricantes y distribuidores. Al dividir las actividades en operaciones paralelas aunque independientes, los fabricantes japoneses funcionaban de manera más eficiente que sus contrapartes estadunidenses, beneficiándose de las favorables estructuras de capital, que fueron posibles dado que estaban libres de la carga de financiamiento de toda la cadena de valor. La verdadera fuente de ventaja competitiva, sin embargo, se deriva de la mayor velocidad en la capacidad de respuesta a los cambios en la demanda del mercado que este modelo permite.

La mayor parte del crédito del éxito temprano de Japón en el mercado automotriz estadunidense se debe a la combinación de la recesión en Estados Unidos y la crisis energética, que se tradujo en un rápido cambio de la demanda del mercado por vehículos más baratos y de bajo consumo, a finales de los años setenta y principios de los ochenta. No obstante, si el costo y la eficiencia energética fueran los únicos factores, no habrían sido los fabricantes de automóviles japoneses, sino la Volkswagen, con un canal de distribución más establecido y un mayor reconocimiento de marca, la empresa que habría salido victoriosa en este entorno económico. Pero la realidad es que esta idea de un cambio radical en el comportamiento del comprador ha sido exagerada. Lo que realmente ha pasado es que ha habido una serie de sutiles cambios demográficos que con el tiempo permitieron a Japón reamoldarse de acuerdo con los deseos del mercado estadunidense, en lugar de tratar de amoldar el mercado a su propia imagen. Consideremos la velocidad por sobre la escala, así como en la fluidez por sobre el impulso.

En todos los casos en que Japón rebasó a los actores de la industria automotriz de Estados Unidos, los fabricantes estadunidenses tomaron la ventaja de la mayor escala y en la mayoría de los casos tenían la tecnología básica necesaria para competir con los japoneses. El verdadero secreto del éxito japonés fue su capacidad para hacer llegar los productos al mercado más rápidamente, mediante la reconstitución de las cadenas de valor a una velocidad igual a las demandas de cambio del mercado. Mediante el aprovechamiento de su capacidad de respuesta superior al comienzo del ciclo de la introducción de nuevos productos al mercado, Japón ha sido capaz de establecer una agenda a su favor y forzar a los competidores a responder en función de ésta.

Aunque la industria automotriz es un ejemplo extremo de integración de la cadena de valor, ilustra de forma contundente la importancia de crear conexiones que permitan un nuevo reensamblaje de las muchas partes que intervienen en los productos y servicios complejos. También constituye un modelo muy visible que establece las expectativas del consumidor en cuanto a qué tan rápido una empresa debería ser capaz de responder a los cambios en el mercado, como los precios de la energía y la demografía familiar.

Este cambio en la expectativa se aplica virtualmente a todas las industrias. Simplemente hemos llegado a creer que toda empresa que no sea capaz de satisfacer de manera continua nuestras necesidades de cambio no es digna de nuestro negocio.

El orden en el caos: un nuevo modelo de escala

Si unimos el modelo económico de Schumpeter de la destrucción creativa y el concepto de Porter sobre la cadena de valor, y observamos de qué manera los afecta la nube, nos encontraremos con una nueva manera de mirar tanto las perspectivas del capitalismo como el proceso de competencia. Esta nueva visión redefine las nociones tradicionales de lograr el crecimiento a escala en términos de las responsabilidades que conlleva, así como los beneficios que puede ofrecer.

Al aprovechar el poder de la nube para crear una plataforma en la que los negocios puedan construir las conexiones necesarias para formar cadenas de valor –cadenas de valor que no requieren relaciones con una estructura preexistente–, este nuevo modelo crea un medio de colaboración en tiempo real que altera la capacidad del interesado para cerrar un mercado a las innovaciones recientes desde fuera del statu quo.

Un buen ejemplo de esto es la aparición de una nueva clase de empresas basadas en la nube, incluidas CBANC, E2open y GXS, que actúan como intermediarias en la creación de cadenas de valor complejas. E2open, por ejemplo, ha presentado el concepto de una "torre de control de la cadena de suministro" que actúa de la misma forma que una torre de control de la Administración Federal de Aviación de EU en un aeropuerto al gestionar el tráfico aéreo hacia y desde los aeropuertos. E2open trabaja con las empresas para hacer que datos tales como el inventario, tiempo de envío y disponibilidad sean visibles para los socios de las empresas en la nube.

Estas torres de control ofrecen varias funciones importantes. En primer lugar, vigilan todas las reglas del negocio y los recursos necesarios para llevar a cabo un proceso, como la fabricación de un producto, y se aseguran de que todos los pasos y componentes requeridos estén en su lugar, para satisfacer una necesidad del mercado antes de que ésta surja. La torre de control brinda la capacidad de anticiparse a las cambiantes demandas y los comportamientos del mercado con base en el conocimiento reunido de todos los proveedores y compradores de un producto o servicio en particular. Si se prevé, por ejemplo, que la demanda de un producto aumente, la torre de control puede agregar un proveedor calificado a la cadena de valor con el fin de satisfacer el aumento en la demanda en tiempo real.

En segundo lugar, las torres de control proporcionan un medio para crear confianza entre los socios del negocio que pudieran no haber celebrado un acuerdo sobre cómo los socios individuales compartirán información entre sí. Esto incluso puede aplicarse a la distribución de las mejores prácticas. Por ejemplo, CBANC ha creado una torre de control para compartir e intercambiar las prácticas y procedimientos de la industria bancaria entre bancos que nunca han trabajado juntos o que incluso pueden no haber estado en contacto para solicitar asistencia.

CBANC es un ejemplo particularmente interesante de cómo los intermediarios basados en la nube pueden ayudar a las pequeñas y medianas empresas sin tener que invertir en investigación y desarrollo muy exhaustivo. En el caso de CBANC, esto adquiere la forma de compartir las mejores prácticas, políticas y procedimientos, las experiencias de compra de proveedores y los imprevistos importantes en exámenes específicos para la banca.

Myers Dupuy, presidente de CBANC, se dio cuenta del valor que esta colaboración basada en la nube tendría para los bancos comunitarios, al trabajar con un cliente que tenía un acuerdo legal que gozaba de alta demanda en otros bancos. CBANC fue fundado por Hank Seale, un visionario fundador de diversos lanzamientos en la industria bancaria. Hank quería encontrar un nuevo modelo de colaboración empresarial para la banca, que ayudara a los bancos comunitarios a obtener ventaja en un sector bancario sumamente competitivo. Mientras que Dupuy estaba pensando en la manera de abordar las necesidades de los bancos de la comunidad, una experiencia en particular se convirtió en una revelación.

> Yo trabajaba con una banquera en California, vamos a llamarla Sally, quien era gerente de administración de efectivo. Ella había creado el acuerdo perfecto de administración de efectivo. Su banco había invertido de 10,000 a 15,000 dólares en tiempo del personal, tiempo de abogados y tiempo de aprobación de la junta para este documento. Ocurrió entonces que en cada instalación bancaria que hacía después de ella, yo me planteaba la misma pregunta, ¿"Sabes de algún otro banco con un acuerdo de administración de efectivo tan bueno?"

Yo había llamado a Sally diciendo, "Oye, ¿te importaría mandar ese acuerdo de administración de efectivo una vez más a otro banquero?" Lo hizo probablemente diez veces en mi representación, además de habérselo dado unas veinte veces a gente que ella conocía.

En cierto punto, finalmente dijo: "Yo ya no puedo hacer esto. Hemos compartido este documento unas treinta veces, lo que significa un costo aproximado de 300,000 dólares que mi banco ha dado por generosidad a posibles competidores sin que haya forma de recuperar algún valor". Éste fue un momento orgánico que sucedió mientras estábamos tratando de averiguar cómo íbamos a construir mi visión a largo plazo como director ejecutivo, para un modelo de colaboración que pudiera ayudar a un grupo de bancos pequeños a ser tan fuertes como los más grandes. En ese instante la luz se apagó.

Nos dimos cuenta de que "esto no se trata de foros de discusión. Los bancos no necesitan foros de discusión para charlar y socializar. Necesitan una forma de valorar y permutar su trabajo, y bloquear a sus competidores, particularmente. Tenían que conseguir algún tipo de valor a cambio del tiempo que habían invertido en la creación de su trabajo. ¿Qué podría ser? No podía basarse en dólares reales porque eso crearía implicaciones legales y reglamentarias". Entonces comprendimos que debíamos construir una moneda virtual que sólo funcionara dentro de nuestra red. Los banqueros establecerían su propio precio y el intercambio de su propiedad intelectual en un libre mercado virtual.

Realmente fue uno de esos momentos epifánicos. Empezamos a poner en marcha el marco para un mecanismo de intercambio en la nube, que actuaría como un centro oficial para que los bancos intercambiaran información, documentos, acuerdos, mejores prácticas y virtualmente cualquier cosa de valor que quisieran compartir.

He aquí un ejemplo típico de cómo el sistema funciona actualmente sin CBANC como intermediario de confianza. Un banquero gasta 500 dólares en un producto de trabajo de un proveedor de servicio o institución asociada y éstos no tienen derechos de distribución para ese producto. Vamos a suponer que sus intenciones son correctas y no pretende ningún uso inadecuado. Sin embargo, en cierto momento deja su trabajo y una nueva persona entra en juego. Ve el producto en su red, no tiene idea de que éste proviene de un tercero y lo envía a un amigo que le pide ayuda inocentemente. Sin saberlo, estaría violando las leyes de la propiedad intelectual, arriesgándose a sí mismo y a su amigo.

Lo que hemos hecho es sustituir ese riesgo solicitándoles a nuestros usuarios que reconozcan que poseen todos los derechos de distribución de la propiedad intelectual cuando cargan un producto de contenido.

También mantenemos indemne al vendedor en caso de una demanda si un banco compra su contenido y posteriormente decide que fue perjudicial. De esa manera, todo mundo está tranquilo y los reguladores se sienten cómodos porque el intercambio es una transacción controlada, y no un regalo de contenido fuera de la norma que pueda pertenecer a alguien más.

La demanda de la moneda virtual ahora es tan alta, porque el contenido que la respalda es muy requerido, que hoy en día podemos manejar los comportamientos de nuestros usuarios de una manera antes impensable. Si le preguntáramos a cien bancos: "¿Alguna vez publicarías en línea experiencias anecdóticas acerca de tu último examen reglamentario, de manera que todo mundo pueda verlo?" La respuesta universal sería "no"; sin embargo, el incentivo de obtener mil puntos de CBANC, que se pueden intercambiar por documentos de los que no se dispone, está haciendo que nuestros miembros compartan informes anecdóticos, anónimos y sustanciales, sobre cuestiones e imprevistos importantes de sus últimos exámenes. Además, el poder ayudar a los compañeros a prepararse para sus próximos exámenes los hace sentir bien. Esos miles de puntos que obtienen les pueden ahorrar cientos de horas. Ésa es una buena inversión de tiempo, tomarse diez minutos para escribir un informe rápido y ahorrarse potencialmente cientos de horas.

Otro gran ejemplo del poder de la moneda virtual es la disposición de los usuarios para escribir críticas de sus proveedores. Los rápidos cambios tecnológicos y los factores económicos y regulatorios implican que los banqueros tengan que depender cada vez más de las funciones empresariales críticas de la misión del outsourcing para otros proveedores. No es raro que un banco haga negocios con trescientos proveedores o más. Si tomamos como muestra un pequeño banco de la comunidad, éste no tendrá los recursos humanos para llevar a cabo la debida diligencia sobre todos esos proveedores, especialmente cuando los servicios que son necesarios para permanecer en el negocio (pensemos en los teléfonos celulares y la banca móvil) cambian cada seis meses.

Lo que el personal de este banco necesita es un lugar seguro y organizado en donde se puedan leer opiniones sinceras de sus compañeros acerca del desempeño de los proveedores. Eso no existía antes de que CBANC apareciera en el espacio de la banca, pero la moneda virtual que nuestros usuarios desean los impulsa a escribir opinión tras opinión, y ahora los profesionales de la banca tienen acceso a historias francas e imparciales sobre el desempeño del proveedor, que pueden leer y evaluar antes de tomar un teléfono para ponerse en contacto con él.

En última instancia, cuando nos fijamos en todos los datos que estamos recopilando acerca de cómo se comportan nuestros miembros y qué tipo de información intercambian, hay muchas formas de sacar provecho comercial del valor de esta información, que beneficia tanto a nuestros miembros como al crecimiento del negocio de CBANC, especialmente conforme este modelo se extiende a través de otras industrias.

El enfoque de CBANC abre la puerta a un concepto totalmente nuevo de moneda virtual como mecanismo para el intercambio de valor a través de la nube. Ésta puede ser una de las ventajas más interesantes y, básicamente, más poderosas para utilizar la nube. Imaginemos por un momento que los puntos que son utilizados en el modelo de CBANC se vuelven universalmente aceptados a través de un mínimo necesario de aplicaciones de la nube, desde áreas especializadas como la banca hasta las nubes de consumo. ¿Qué podría parecer esto? ¿Por qué la moneda virtual tendría más beneficios que la moneda real?

En primer lugar, considera que mucho de lo que tus hijos están haciendo actualmente en los juegos en línea ya implica este tipo de moneda virtual. Se han creado inmensos mercados negros como equivalente a las fábricas clandestinas digitales donde los jóvenes jugadores trabajan duro para reunir dinero virtual en juegos tales como *RuneScape*, en mundos virtuales como *Second Life* y en docenas de otros contextos en línea. Estos niños están siendo condicionados para usar la moneda virtual y confiar en ella, aunque en su estado actual esté lejos de ser confiable. No obstante, el asunto de la confianza es un punto que se puede tratar al igual que cualquier otro aspecto de la integridad de la nube.

Un primer ejemplo es la bitcoin, una moneda virtual que ha sido ampliamente utilizada e intercambiada por monedas reales, bienes y servicios. La idea detrás de bitcoin realmente no es diferente a ninguna otra moneda virtual; sin embargo, bitcoin hace todo lo posible tanto para preservar el anonimato de sus usuarios como para asegurar su dinero virtual. En un artículo de AlterNet sobre bitcoin, Scott Thill describe a detalle el mecanismo para hacer esto:

> Un libro contable, público, de transacciones de igual a igual, llamado cadena de bloque, se almacena en cada equipo que ejecuta el programa de bitcoin y registra cada transacción hecha. El libro pesa cientos de megabytes y es validado cada diez minutos por una computadora que trabaja para asegurar la red, llamada minero bitcoin, que envuelve bloques de transacciones de mensajes emitidos en funciones hash, o de resumen criptográfico. Las transacciones son totalmente públicas, mientras que quienes las realizan son casi anónimos. ¿El resultado? Una economía digital emergente para la iGeneration.[2]

Si bien la descripción de Thill puede sonar casi tan enigmática como las transacciones mismas de bitcoin, nos ilustra sobre los extremos a los que ha llegado bitcoin para asegurar su moneda. Lo que está claro es que las monedas virtuales formarán una parte cada vez mayor de las transacciones que se llevan a cabo en la nube, y harán que el uso de los intercambios en línea, como los de CBANC, sean incluso más sencillos.

Aunque este tipo de intermediarios ya existía antes de la nube, no ofrecía los enormes ahorros, la escala y la velocidad que CBANC o E2open pueden proporcionar; por ejemplo, pensemos en cómo las agencias de viajes fueron alguna vez la norma cuando necesitábamos reservar un boleto de avión y un hotel. Hoy, a muy pocos de nosotros se nos ocurriría acudir a un agente de viajes, teniendo a la mano tantas opciones en línea. Esto se debe sólo en parte a la conveniencia de arreglar las reservaciones desde casa, pues el valor más grande está en poder ahorrar dinero al tiempo que tenemos también un mayor número de opciones, así como una mayor flexibilidad y control. Los intermediarios en línea como Priceline.com y Kayak.com son capaces de proporcionar al viajero el mismo tipo de economías de escala que alguna vez sólo fueron posibles para las agencias de viajes más grandes. Lo mismo puede decirse de los intermediarios basados en la nube, tales como Groupon, que ofrece a las personas el poder de compra de una gran organización mediante la negociación de precios bajos con los vendedores, con base en la propuesta de llegar a ser capaces de lograr una comunidad más grande de compradores.

Sin embargo, los beneficios no se limitan a la reducción de costos. El otro aspecto de este nuevo modelo es que interrumpe las tradicionales cadenas de valor cerradas y crea un mayor grado de competencia, mediante la apertura de la cadena de valor a las empresas fuera de los grandes emporios. Cuando las agencias de viajes alguna vez dependieron de compañías de transporte aéreo, líneas de cruceros y hoteles seleccionados para negociar las mejores ofertas a cuenta de los compradores, los intermediarios en línea cambiaron el juego y en vez de confiar en su capacidad para atraer un volumen más grande de compradores, identificaron la demanda real y aumentaron las opciones en tiempo real. Estos nuevos intermediarios comerciales justifican su valor a través de la escala que pueden construir en representación de sus miembros. Esto jamás habría sido posible fuera de la nube.

En este punto, me imagino que te preguntarás por qué una gran empresa necesitaría aprovechar la economía de escala de un intermediario. Como veremos en el caso de intermediarios como E2open, el tamaño de la empresa puede cambiar el beneficio de trabajar con un intermediario, pero es fundamental para los negocios de cualquier dimensión. Si bien una gran empresa puede no necesitar de las economías de escala que he descrito, de cualquier forma necesitará de la agilidad que un intermediario basado en la nube puede ofrecer.

¿Pero por qué limitar la conversación a las grandes empresas? Los principales destinatarios iniciales del valor que estos intermediarios ofrecen son las pequeñas y medianas empresas, que nunca habían podido aprovechar la escala. En el caso de CBANC, los beneficiarios iniciales son los bancos de la comunidad.

Estas empresas ahora pueden comprar a escala bajo demanda, en la medida que lo necesiten. Para las grandes empresas, el atractivo es que muchas áreas secundarias, en las que pueden haber gastado valiosos recursos, ahora pueden ser tratadas a través de intermediarios de la nube.

Este nuevo medio para alcanzar la escala sin haberla construido internamente, depende de tres aspectos fundamentales:

1. La eliminación de las barreras para permitir la entrada de las pequeñas empresas y el crecimiento del espíritu emprendedor revitalizan un mercado libre.
2. Los mercados libres deben moverse a velocidades que sean inalcanzables para las organizaciones que intentan bloquear a socios y proveedores.
3. Tal vez lo más importante, sólo por satisfacer las expectativas de los consumidores en cuanto a los cambios, casi en tiempo real, de los productos o servicios, las empresas pueden esperar ganarse la confianza del mercado.

Este nuevo modelo de mercado no puede apoyarse en los mismos métodos que hemos utilizado hasta la fecha para la construcción de las organizaciones. Se basa en la capacidad de crear un conjunto de medios estandarizados con los cuales podamos colaborar, compartir y realizar transacciones a través de las cadenas de valor más complejas, inclusive.

Un principio básico de la nube es que el tamaño no determina la velocidad. La velocidad se determina por factores tales como la influencia, el tiempo para la comunidad, niveles más altos de experimentación, menor riesgo de experimentación y la capacidad de reconstituir un producto o servicio en tiempo real. A diferencia de las gigantescas cadenas de valor integradas que dominaron la mayor parte del siglo xx, las cadenas de valor formadas en la nube no se atienen a cadenas de suministro controladas y rígidas. Más bien, la nube consiste en relaciones que cambian constantemente entre los miembros de la comunidad. Debido a esto, el tamaño no define por sí solo la propiedad comunitaria, es decir, ya no es justificable para los grandes actores apropiarse de la cadena de suministro más grande. En vez de esto, las comunidades son propiedad de sus miembros.

Lo que esto significa es que entre más rápido puedas crear una comunidad de proveedores, socios y distribuidores para responder a una demanda, más probable será que tengas éxito, como comunidad y como parte de ella.

Suena fácil, ¿verdad? Claro, hasta que te veas sumergido en las miles de tareas que implica la formación de una cadena de suministro, desde identificar a los socios hasta negociar los términos y contratos para justificar los costos de construir cada nueva red. He aquí por qué las grandes empresas siguen dominando frente a la enorme ineficiencia del mercado. Alguna vez te has preguntado, "¿Cómo es posible que (llenar el espacio en blanco) permanezca en el negocio si parece funcionar tan mal?" En pocas palabras, las cadenas de valor tradicionales han creado barreras insuperables para la innovación y la evolución. (Si quieres aprender esta lección, trata de competir contra un gigante de la industria.)

Aquí es donde las reglas cambian en la nube, a lo grande. La nube representa un nuevo mecanismo para establecer mercados en este mayor nivel de complejidad a través del uso de las plataformas basadas en la nube. Estas plataformas actúan como catalizadores para un nuevo mercado, que es tan complejo y tan sofisticado que ninguna de nuestras instituciones comerciales tradicionales están preparadas para él. Estas plataformas de negociación, o lo que también se ha llamado *intercambios,* son probablemente la mayor propuesta de valor para una nueva empresa y la metáfora central de la manera en que todos los negocios se ejecutarán en los próximos cien años. Lo más importante, van a erosionar el fundamento de las cadenas de valor tradicionales y a abrir la puerta a una nueva era de iniciativa empresarial.

¿Por qué son tan importantes estos intercambios? Tengamos en cuenta que en los mercados complejos, tales como la fabricación de automóviles, hay una multitud de mecanismos para formar y gestionar cadenas de valor que son tan complejas y están tan bien afianzadas como el sistema tributario del Nilo. Una cascada infinita de decenas de miles de proveedores contribuye a la producción de un automóvil. Y el camino de la innovación para la construcción de cualquier nuevo modelo requiere una enorme cantidad de tiempo y esfuerzo para establecer una nueva cadena de valor de socios, proveedores y distribuidores.

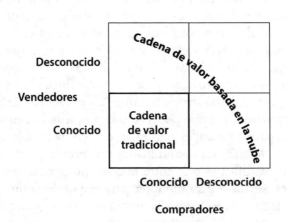

FIGURA 7-1 Las cadenas de valor tradicionales están construidas para responder a un conjunto conocido de necesidades del mercado con un conjunto conocido de socios de la cadena de valor. La cadenas de valor basadas en la nube proporcionan un nivel mucho más alto de intercambio entre socios, mayor espontaneidad para abordar necesidades nuevas por parte del mercado y un aumento de la innovación al conjuntar a compradores y vendedores para conformar nuevas cadenas de valor y nuevas comunidades de compradores.

Esto también supone que todos los compradores y vendedores en cualquier mercado se conocen entre sí. Evidentemente, éste no es el caso, ya que gran parte del esfuerzo de cada empresa implica promoción, comercialización y venta de sus servicios o productos a organizaciones que necesitan sus bienes pero que no están familiarizados con ellos.

Ahora, supongamos que fuera posible eliminar gran parte, si no es que toda, la tediosa ineficiencia del mercado y la fijación de precios, así como la latencia del proceso involucrada en la identificación, calificación y establecimiento de relaciones con los socios. ¿Qué pasaría si tuviéramos que eliminar las transacciones del proceso y de inmediato coordinar a la comunidad de vendedores y proveedores (actuales y posibles) con base en la demanda y no en la oferta de la industria? El resultado sería un extraordinario aumento en la velocidad de la innovación y la eficiencia del mercado, por no hablar de una inundación de nuevas empresas.

La historia de E2open

Uno de los mejores ejemplos de este tipo de plataformas comerciales basadas en la nube es E2open. E2open fue fundada por un grupo de empresas de alta tecnología –incluidas LG Electronics, Acer, Toshiba, Nortel, IBM, Hitachi, Seagate y Solectron– que vieron la necesidad de un intercambio entre todas las empresas en una industria que estaba compartiendo proveedores y partes comunes.

El principio es sencillo: crear un ecosistema establecido de organizaciones intercambiables que puedan construir cadenas de valor en tiempo real con base en los matices del mercado. Sin embargo, la infraestructura requerida es sumamente difícil de crear y poner en práctica. Cuando se intentó poner en práctica este enfoque por primera vez, a finales de los años 90, había cerca de 1,000 de estos intercambios construidos. Casi todos se derrumbaron bajo el enorme peso de la inversión y el tiempo requeridos para poner las piezas del intercambio en su lugar.

En muchos sentidos, estos intercambios crean un sistema de operación para un negocio que presenta confianza, condiciones financieras y legales, y la visibilidad en los procesos, la demanda y el inventario de los miembros. La diferencia es que un intercambio como E2open tiene que ver con miles de miembros. La inversión es de grandes proporciones, pero la recompensa es enorme, especialmente para proyectos grandes y complejos que involucran a cientos o incluso miles de proveedores. Por ejemplo, en el caso de la Boeing 787 Dreamliner, que se valió de E2open, en asociación con Exostar, la cadena de suministro tenía que ser lo suficientemente ágil no sólo para acomodar a miles de proveedores, sino también para permitir que éstos se cambiaran de inmediato con base en las necesidades de Boeing y las fluctuaciones en sus calendarios de producción.

Con proveedores de todo el mundo, una gran variedad de problemas, desde desastres naturales hasta la escasez de materias primas o las reconfiguraciones básicas de un producto, puede dar lugar a una necesidad inmediata de cambiar la forma en que una cadena de suministro está configurada. Por ejemplo, LG, proveedora de baterías de la empresa informática Dell, tuvo un gran incendio en la segunda planta más grande de baterías químicas en Corea del Sur, lo que impidió que Dell tuviera baterías para sus equipos portátiles. Sin la capacidad de cambiar rápidamente la cadena de suministro a otros proveedores, Dell se habría visto forzada a detener la producción y envío de computadoras. Se puede uno imaginar la clase de caos que resultaría de estos incidentes. Las cadenas de suministro actuales dependen firmemente de estas frágiles redes globales a las que incluso pequeñas alteraciones pueden ocasionar grandes dolores de cabeza.

Al mismo tiempo, las cadenas de demanda –los compradores de productos y servicios– son también sumamente volátiles. Para los fabricantes de teléfonos celulares, la introducción de un nuevo dispositivo en el mercado puede alcanzar su punto máximo en cuestión de meses, lo que exige repetidas y frecuentes reconfiguraciones de la cadena de suministro. El costo de hacer esto puede erosionar rápidamente los márgenes de innovación y además frenarla.

E2open ofrece una alternativa que reduce eficazmente el riesgo, proporcionando visibilidad y gestión basada en excepciones entre los propietarios de marcas y los proveedores, sin importar cuáles puedan ser las alteraciones subyacentes. Esto lleva al concepto de servicio público basado en la nube a un nivel completamente nuevo de sofisticación. El servicio es tan confiable que IBM ha aumentado sus niveles de reposición a 85 por ciento a través de la red global de comercio de E2open; además, la empresa sirve a grandes actores, como Vodafone, IBM y Motorola Solutions.

La red subyacente es una parte fundamental de la forma en que la nube permite este nivel de servicio. Hay 29,000 empresas establecidas en la red de E2open; cuando el proveedor A se queda corto, una empresa puede cambiar instantáneamente al proveedor B o C. La empresa no sólo puede conectarse con el proveedor, también puede tener visibilidad en tiempo real en el inventario del proveedor, enviar a toda prisa un mensaje a un proveedor alternativo diciendo: "Necesito otros 100,000 componentes, ¿cuántos me puedes dar?", y lograr el contrato de inmediato. No es sólo hablar con alguien por teléfono, es un contrato electrónico prácticamente tan rápido como la lectura de un correo electrónico.

Además, todos los proveedores y clientes de la red de E2open siempre están buscando en el mismo tablero, con la misma información acerca de los niveles de oferta y demanda, lo que permite a las empresas responder a las variaciones de una manera que antes era imposible. Esto es lo que E2open llama "una única visión de la verdad". Ese concepto tiene profundas implicaciones en la práctica, ya que elimina las conjeturas y el potencial de error inherentes a las negociaciones de la cadena de suministro fuera de la ecuación, lo que aumenta la fiabilidad y la confianza en los cambios del mercado.

Tratar de construir esta escala de redundancia y confiabilidad en una cadena de suministro privada es inconcebible sin la nube, de la misma forma en que sería prácticamente imposible esperar que cada empresa se pudiera asegurar a sí misma contra los desastres naturales y los riesgos. La inversión en dinero y tecnología para poner en práctica un intercambio sería sumamente prohibitiva para cualquier empresa pequeña e incluso para la mayoría de las grandes. De hecho, en promedio, se necesitan cuatro meses para que una empresa incorpore a un solo proveedor. Con E2open, un cliente tiene acceso total a la red entera de proveedores en menos de la mitad de ese tiempo.

Pero hay otro beneficio al hacer esto en la nube, que va mucho más allá de la confiabilidad a corto plazo que hemos descrito. La próxima generación de la cadena de suministro que está tomando forma en la nube se centra en estar verdaderamente impulsada por la demanda, por lo que el pronóstico se basa en señales de demanda, o en lo que tradicionalmente se conoce como *sondeos,* en lugar del rendimiento y la demanda del pasado.

La idea detrás del sondeo es entender el comportamiento en tiempo real del mercado, de forma tal que se pueda predecir parte de su futuro comportamiento. Esto significa ser capaz de detectar cada pedido, a medida que se produzca, permitiendo anticiparse a la demanda y por lo tanto gestionar una cadena de suministro mucho más eficiente.

Esto puede no sonar radical. Desde que Dell fue pionera de este modelo de cadena de suministro impulsada por la demanda, en la década de los 90, se ha convertido en una necesidad competitiva. No obstante, estos modelos reflejan los comportamientos de compra de los productos de una empresa. ¿Y si tuvieras la capacidad de monitorear todos los comportamientos de compra para toda una categoría en una industria? ¿Qué tipos de comportamientos podrían surgir y cómo podrías aprovechar aquellos que no sólo responden sino además predicen las tendencias de compra?

Esto es lo que E2open llama *ejecución colaborativa,* que es la capacidad de tomar datos en tiempo real, a través del análisis, anonimizarlos y agregarlos, y tomar decisiones en tiempo real respecto a una cadena de suministro. Por ejemplo, los datos pueden aportar la información para tomar decisiones sobre cómo cambiar asignaciones, cómo hacer frente a la escasez o cómo gestionar los picos de demanda; se puede incluso ir más allá y preguntar, "¿Soy el mejor de la clase en lo que hago si me comparo con el desempeño de mis iguales?"

Ésta es la idea detrás de la creación de lo que yo llamo un *sistema operativo empresarial* que permite a las organizaciones gestionar no sólo sus propios recursos, sino también los recursos a lo largo de toda una cadena de valor. Sin esta capacidad, no se puede reformar una cadena de suministro lo suficientemente rápida como para responder a los cambios en el mercado. De igual forma, el mercado no tiene una voz para decir lo que quiere o por qué su demanda de un producto o servicio en particular podría cambiar, así que el riesgo de la experimentación es muy alto.

Por ejemplo, si un mercado de pronto empieza a demandar un producto de cierto color o un producto con un conjunto específico de características, normalmente no lo sabrías sino hasta que ocurra la demanda. *Actuar en consecuencia con este tipo de información sobre el pasado, es como conducir viendo el espejo retrovisor.* No es que no lo puedas hacer si vas en una carretera recta y ancha, pero cada vez que te encuentres con una curva o una vuelta y te salgas del camino, terminarás reduciendo la velocidad y cometiendo errores de juicio. Como resultado, al final habrás agotado tus deseos de innovar.

Recuerdo haber tenido una discusión con John Croker, un general de la fuerza aérea retirado que fue responsable de la enseñanza de la doctrina militar a los líderes militares. Él me dio un ejemplo de la importancia de contrarrestar la respuesta instintiva para evitar el riesgo y la incertidumbre que implica la conducción de un Humvee: Estás conduciendo un Humvee en una zona de guerra, a lo largo de una sinuosa carretera de alto riesgo, en la que sabes que otros

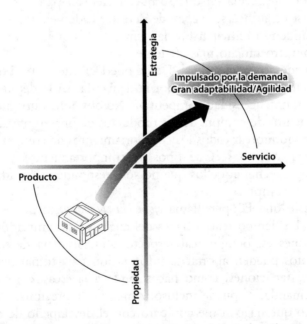

FIGURA 7-2 Tal vez el mayor cambio en los negocios durante los últimos cien años sea el movimiento de las empresas alineadas en torno al producto y la propiedad hacia aquellas alineadas alrededor del servicio y la estrategia. Las primeras eran una organización mucho más simple de gestionar, en comparación con la complejidad, las numerosas asociaciones y la rápida adaptación requerida de las organizaciones alineadas en torno a la estrategia y el servicio.

soldados han sido emboscados. Tu instinto es conducir tan rápido como puedas para evitar ser el blanco de un ataque. Sin embargo, si una repentina tormenta de arena disminuyera tu visibilidad, tu instinto de velocidad se atemperaría un poco, dada la posibilidad de salirte del camino. Así que desacelerarías. Si la tormenta de arena reduce aún más tu visibilidad, bajarías tu velocidad todavía más. Si seguimos esa lógica hasta su conclusión inevitable, en algún punto te detendrías por completo, convirtiéndote en un blanco principal de ataque. El punto del oficial era que los soldados, en el escenario incierto y no convencional de la guerra hoy en día, deben luchar contra el instinto de frenar, confiando en la inteligencia que reciben a través de las tecnologías de asistencia, que los pueden guiar por sitios en los que se carece de visibilidad. Esto no es diferente de la forma en que las organizaciones deben responder de maneras contrarias a la intuición, confiando en los datos en tiempo real sobre los mercados, y no en corazonadas ni análisis históricos.

Intercambios como E2open proporcionan la capacidad de crear cadenas de suministro a través de los muchos socios que se pueden alinear al instante con las necesidades de un mercado, sin dejar de ser capaces de innovar. En una conversación que tuve en 1999 con el ya fallecido Peter Drucker, él describía precisamente este tipo de marco para las organizaciones del futuro. Yo le había preguntado a Peter cuál creía que era el cambio más profundo en la estructura de la organización durante el siglo xx. Respondió que era el cambio de las empresas integradas verticalmente, construidas en torno al concepto de propiedad y estandarización del producto para las empresas que estaban alineadas a una estrategia de asociación y productos que se personalizaban para ser vendidos como servicios. En este modelo de *la organización,* la supervivencia sin la capacidad de utilizar a los intermediarios basados en la nube como piedras angulares para la alineación y personalización se vuelve casi imposible.

Menos es mayor que más

Aunque la nube es un gran negocio para los principales proveedores de tecnología basada en ella, como Amazon, Google, HP y Microsoft, los mayores beneficiarios de la nube serán las pequeñas empresas, que emplean a cerca de 90 por ciento de la población activa del mundo y producen 65 por ciento del PIB global. Estas empresas son sumamente productivas y eficientes en comparación con las más grandes; por ejemplo, tomemos en cuenta que la pequeña empresa en Estados Unidos:

- Representa 99.7 por ciento de todas las firmas empleadoras
- Emplea a más de la mitad de todos los empleados del sector privado
- Paga 44 por ciento de la nómina privada total de Estados Unidos

- Ha generado 64 por ciento de los nuevos empleos netos en los últimos quince años
- Crea más de la mitad del producto interno bruto (PIB) privado no agrícola
- Contrata a 40 por ciento de los empleados de alta tecnología (como científicos, ingenieros y programadores informáticos)
- Representa más de 95 por ciento de todos los exportadores identificados
- Produjo trece veces más patentes por empleado que las grandes firmas; estas patentes tienen dos veces más probabilidades de ubicarse en el porcentaje –1 por ciento– más citado que las patentes de las grandes firmas

Sin embargo, los primeros retos que cualquier pequeña empresa enfrenta son la financiación, la selección de personal y la escala. Cada uno de estos desafíos puede ser monumental, no sólo para la empresa, sino también para el potencial de innovación que las pequeñas empresas ofrecen a la economía global. Si observamos las cifras anteriores, no será difícil entender por qué las pequeñas empresas son parte fundamental del crecimiento económico sostenido. Desestimar la función que estos motores de la economía pueden ejercer es como sacar el plancton de un ecosistema; puede llevarse algún tiempo, pero finalmente va a repercutir en todos los organismos, incluidos los que están en la parte superior de la cadena alimenticia. Si, por otra parte, estos negocios pueden florecer y crecer, el impacto positivo en la economía será considerable. De hecho, mientras la Administración Federal de Pequeñas Empresas afirma que 64 por ciento de nuevos empleos netos durante el periodo de 1995 a 2010 provino de la pequeña empresa, casi todos los nuevos empleos netos de la primera década del siglo XXI provienen de la pequeña empresa. Esto se debe a diversas dinámicas de intersección.

En primer lugar, cuando las grandes empresas se ven especialmente afectadas por una caída económica, una de las primeras áreas de respuesta es la reducción de costos mediante la reducción de empleos y la disminución del gasto en la innovación. Ambos factores aceleran el crecimiento de las pequeñas empresas, que terminan siendo creadas y atendidas por quienes se desprenden de las grandes corporaciones. No es de sorprenderse que muchos de estos individuos se vayan con las ideas innovadoras, en las que su antiguo empleador se negó a invertir por el aumento del costo y el riesgo. Cuando las grandes empresas se asustan, los anticuerpos de la innovación salen en tropel. Pero a falta de competencia por parte de los poderosos actores corporativos, estas pequeñas empresas recién plantadas florecen como helechos después de un incendio forestal, cuando el dosel de la selva ya no bloquea la luz solar.

En segundo lugar, las recesiones son tiempos especialmente buenos para presentar una nueva idea, no sólo porque la atención de los grandes actores se desvía a las operaciones y reducción de costos, sino también porque el mercado está listo para un poco de luz que ilumine su camino en la oscuridad. Algunas de las innovaciones más icónicas tuvieron sus inicios en las peores economías. El iPod, que dio a luz a una serie de innovaciones en la informática a lo largo de una década, fue introducido al mercado en 2001, un momento oscuro económicamente a escala nacional, como no se había experimentado en Estados Unidos desde la Gran Depresión y la Segunda Guerra Mundial.

En tercer lugar, todo es menos caro en una mala economía. El ciclo de vida de la mayoría de las pequeñas empresas es de cinco a diez años, y el momento para exprimirles el máximo rendimiento es desde el principio.

Todo parece un poco contradictorio, pero después de haber pasado yo mismo por muchos ciclos, y habiendo trabajado en mi propia pequeña empresa y en otras:

Para mí, es tan claro como el agua, que las dificultades económicas a gran escala crean el suelo más fértil para la siembra de nuevas ideas.

Pero lo que estos periodos no han tenido hasta ahora es un vehículo eficaz para la financiación de las pequeñas empresas. Los prestamistas tradicionales, tales como los bancos, los capitalistas de riesgo e incluso los inversionistas ángel, tienden a ser mucho más conservadores durante una recesión, cayendo así en la clásica broma de sólo querer prestar el paraguas cuando no llueve. La nube ha comenzado a cambiar eso.

Los nuevos actores, como Kickstarter, de New York, han llevado la idea del crowdsourcing –la subcontratación colectiva– a la nube, mediante una forma que haga coincidir exitosamente a inversores y donantes con los receptores que utilizan el dinero para financiar proyectos creativos; llamémosle *cloudfunding* –financiamiento en la nube.

Más de 700,000 personas han contribuido con más de 75 millones de dólares para financiar los proyectos de Kickstarter, más o menos un centenar de los que se presentan diariamente. La configuración es bastante simple: los receptores establecen sus propias metas financieras, uno o más inversionistas de Kickstarter se interesan por el proyecto y hacen un compromiso; si se llega a la meta dentro del tiempo establecido, el dinero cambia de manos y el creador sigue adelante con su plan. Los donantes reciben productos o experiencias definidas por el creador del proyecto, dependiendo del grado de compromiso.

Suena increíblemente simple, aunque poco novedoso, básicamente como un servicio de citas en línea para nuevas empresas e inversores. Hasta cierto punto lo es, pero lo que sí es novedoso de Kickstarter es que llena un vacío que las fuentes de financiamiento "tradicionales" a menudo dejan al azar, y requiere mucho menos trámites que el microcrédito, como la Fundación Grameen, que se especializa en pequeños préstamos a personas en los países pobres y en desarrollo.

Kickstarter también sirve como un banco de pruebas fundamental para las nuevas ideas, validando rápidamente su capacidad para atraer la atención y generar valor.

En cierto modo, Kickstarter ofrece una vía para las ideas que de otra forma probablemente morirían de súbito, en una servilleta de papel, o en una muerte lenta, en lo que sus inventores tratan de hacer promoción entre amigos y familiares. Entre los proyectos que recientemente han buscado financiación en Kickstarter se encuentra el boletín electrónico de código abierto de Teagueduino, de Seattle, que había atraído 3,387 dólares en promesas de financiación, y contaba con treinta y cinco días más para recolectar el 85 por ciento restante del dinero que su creador necesitaba. Durante el mismo periodo, una reunión social, de corte intelectual y al estilo de salón conocida como Tertulia, había anotado 12,370 dólares (123 por ciento de lo que se esperaba, con nueve días más para que otros clientes donaran). El escritor de *Speakeasy Dollhouse*, una envolvente historia biográfica de un asesinato, había logrado 3,980 dólares y contaba con veintinueve días más para conseguir el 60 por ciento restante de la cantidad objetivo.

Los mayores éxitos de Kickstarter incluyen *Designing Obama*, de 2009, un libro que explora el arte visual y el diseño de la campaña presidencial de Barack Obama. El proyecto recaudó 85,000 dólares, pero fue eclipsado en 2010 por varios otros, incluido el proyecto de red social de código abierto Diaspora (que superó los 200,000 dólares); la película *Blue Like Jazz* (350,000 dólares), y los kits de reloj multitáctil TikTok (apenas por abajo del millón de dólares).[3]

El nicho interactivo y colaborativo que Kickstarter ha establecido en la nube destaca a la organización de entre otras fuentes de financiamiento. La gente "común y corriente", cuyos sueños se ven obstaculizados por la falta de financiamiento, puede hacer "lo que le gusta, algo divertido, o al menos algo que se note",[4] y luego utilizar herramientas de la Web 2.0, como los blogs y los videos en línea para mantener al mundo informado de su progreso. Esto está muy lejos del mundo del capital de riesgo, donde los financiadores quieren asientos en las juntas directivas de sus beneficiarios, con el fin de llevar un control sobre cómo se utiliza su dinero.

La nube Kickstarter permite otro tipo de interacción personal entre los financiadores y los beneficiarios. En su blog, Phil Simon, autor de *The New Small: How a New Breed of Small Businesses Is Harnessing the Power of Emerging Technologies –Cómo una nueva generación de pequeñas empresas está aprovechando el poder de las nuevas tecnologías–*, abre el tema sobre cómo exactamente se utilizará la financiación para su libro autopublicado de 240 páginas. El creador del juego en línea *The Demolished Ones* llegó tan lejos como para dar a los contribuyentes por 75 dólares o más la oportunidad de dar su opinión sobre el juego.

Sin la nube, ninguna de estas colaboraciones e interacciones habría sido posible. La comunicación y entrega de información unidireccionales simplemente no permiten tales relaciones, especialmente no en el formato de tiempo real que permite la red.

Casi todos los proyectos de Kickstarter recaudaron 5,000 dólares o menos,[5] pero eso no significa que el modelo esté limitado a empresas sin nombre. Cuando la NASA decidió desarrollar su propio juego masivo de múltiples jugadores en línea –MMO– en 2011, por ejemplo, recurrió a Kickstarter para recabar fondos para la versión beta del proyecto. *Astronaut: Moon, Mars, and Beyond* es el intento de la NASA de crear un juego educativo, emocionante, dirigido a los niños y jóvenes de hoy, que son amantes de la tecnología. Capaz de ejecutarse en computadoras, tabletas y "consolas selectas", el proyecto alcanzó su meta de 5,000 dólares en Kickstarter y estaba en desarrollo con miras a su lanzamiento en 2011.[6]

Como sucede con cualquier innovación, existen desventajas al utilizar Kickstarter. En este artículo en línea "The Pros and Cons of Using Kickstarter to Fundraise" –Los pros y contras de utilizar Kickstarter–,[7] el ingeniero de software Philip Neustrom habla de su experiencia en el uso del sitio para recaudar parte de los fondos para el software LocalWiki. Él destacó la comisión de 5 por ciento que se lleva Kickstarter y de 2 a 3 por ciento adicional que se lleva Amazon como procesador de tarjetas de crédito de Kickstarter. Esto puede no parecer mucho, pero dada la naturaleza de bajo margen de muchos de los negocios que financia Kickstarter, 7 u 8 por ciento puede ser significativo. Además, el modelo de Kickstarter utiliza un mecanismo de todo o nada, que exige que a cualquier persona que se comprometa a financiar un proyecto a través de Kickstarter se le realice el cargo sólo si se alcanza la cantidad total de la financiación solicitada. El razonamiento es que cualquiera que sea la cantidad inferior a la meta comprometerá las posibilidades de lograr el éxito. La desventaja es que, o se recibe toda la financiación solicitada o no se recibe nada.

Caber en el molde de Kickstarter tiene algunos requisitos poco ortodoxos, como producir un video en el que se explique por qué se desea el dinero. No es un simple juego de dados. Si quieres convencer a los inversores, debes escribir –y proporcionar actualizaciones– sobre la financiación deseada y tienes que publicitar ampliamente tu proyecto.

Haciendo los retos a un lado, Neustrom y muchos otros participantes han dado opiniones muy positivas de Kickstarter. La empresa no está sola en el espacio de la "financiación en la nube". Otros, como IndieGoGo de San Francisco, utilizan un formato similar para financiar campañas de caridad creativas y rentables, por un cargo de 4 por ciento.

Hace casi 150 años, Adam Smith describió la fuerza de una mano invisible que da forma a los mercados libres. El *cloudfunding* o financiamiento en la nube es una forma de esa mano invisible, que merodea entre las ideas y el capital para juntarlos; si no hubiera cloudfunding, sería horriblemente ineficiente o simplemente imposible empatar dichas ideas con quienes puedan financiarlas.

La moneda de la nube

Si hay un solo concepto que defina la evolución del comercio en la nube, es el de liquidez. La liquidez, en términos sencillos, es la capacidad de traducir los recursos en valor. Cuanto más rápida sea esa traducción, más líquido es un recurso determinado; por ejemplo, el dinero en efectivo es mucho más líquido que un bien raíz, ya que el primero se puede transformar de inmediato en otro artículo de valor, mientras que el segundo debe someterse a una serie de traducciones intermedias antes de poder intercambiarse por otro artículo de valor.

Esta transformación del valor, dado que toma diversas formas, es fundamental para el concepto de liquidez. Para que la discusión sea más concreta, consideremos la analogía de un líquido que toma la forma de su recipiente. No importa la forma, el líquido se adaptará fácilmente a los más intrincados detalles de éste, de la misma manera en que el efectivo se puede traducir de inmediato a cualquier otro artículo de valor. Pero la inmediatez de esta traducción de valor depende de otros dos factores, la amplitud del mercado y el descuento.

El punto es que el grado de liquidez requiere de un contexto para ser medido de manera significativa. En otras palabras, si sólo hay un comprador y un vendedor, la liquidez no tiene grados. Aumenta el número de compradores, y el recurso utilizado (moneda) se descuenta conforme los compradores pujan el precio, gastando más de los recursos por la misma cantidad de un bien en particular. Aumenta el número de vendedores y el mercado se amplía, disminuyendo el precio de los bienes. Ésta es la ley básica de la oferta y la demanda con la que todos hemos crecido, y que Alfred Marshall popularizó al publicar su libro *Principios de economía* en 1890.

Sin embargo, la ley de la oferta y la demanda no es tan pura y eficiente como la creemos en los mercados de la actualidad, ya que depende de algunas deficiencias y desequilibrios fundamentales. Algunos de los mejores ejemplos son mercados tales como los de diamantes y petróleo, que son controlados por consorcios de proveedores. Mis disculpas a los lectores que se aferran a la creencia de que la mayoría de los diamantes vendidos a los consumidores para joyería vale, en realidad, una fracción del valor que De Beers cobra por ellos a través de controles de suministro artificiales. Esto no significa que no exista un valor inherente en estos productos, simplemente, el valor es a menudo manipulado por controles artificiales de precios de mercados ineficientes. Cuando hay una escasez significativa de compradores o vendedores, se considera que el mercado es delgado o estrecho. Los mercados estrechos pueden dar lugar a grandes descuentos o precios excesivos, requerir de una regulación o simplemente morir. En el otro extremo de este fenómeno están los mercados de materias primas, que consisten en bienes inmediatamente disponibles con una amplia reserva de compradores. Los mercados de materias primas tienden a ser relativamente eficientes porque son bastante amplios.

Esto nos lleva a un fenómeno interesante. La eficiencia parece proporcionar una mayor ventaja para el comprador, mientras que la ineficiencia tiende a favorecer al vendedor. Ésta es la esencia del miedo que la nube genera en las empresas más tradicionales. Es decir, si los mercados se vuelven más eficientes, los precios se desploman y los márgenes desaparecen. Podemos mencionar una vez más el caso del mercado de diamantes, que casi se desploma cuando se corrió la voz, después de la disolución de la Unión Soviética, de que Rusia estaba sentada en una reserva de diamantes en bruto. Poner estos diamantes en circulación habría tenido el mismo efecto sobre los precios del diamante que la liberación de las reservas petroquímicas del mundo habría tenido en los precios de la gasolina.

Y ¿qué con eso? Si esto es cierto, y los mercados son en realidad un juego en el que unos ganan a expensas de otros, entonces ¿no será que las redes comerciales basadas en la nube, como E2open, vayan a sacar a los proveedores del negocio, posiblemente dando lugar a un mercado estrecho, a medida que dichos proveedores disminuyen? En el caso de los mercados artificialmente controlados, donde las redes de comercio basadas en la nube pueden ofrecer canales alternativos de abastecimiento, el efecto no es menor al de quitar un monopolio protegido. No obstante, como ha sido el caso de la ruptura de algunos de los monopolios más célebres de la historia, desde la Standard Oil hasta AT&T, las empresas integrantes que resultan han tenido mucho más éxito a pesar de la crisis de la ruptura.

La razón es que el valor de sus productos y servicios ha sido mayor cuando se presentan al mercado en piezas más pequeñas que se recombinan más fácilmente con otras piezas de la economía, un tema constante que hemos estado repitiendo en el contexto de cómo la nube crea mayor valor.

Ahí es donde radica el poder y la belleza de la liquidez, lo que agrega una nueva dimensión a la nube. Para entender mejor esta idea, echemos un vistazo a los mercados tradicionales, que constan de dos ejes, como se muestra en la figura 7-3. El eje horizontal representa el mercado, o la cadena de demanda, y el eje vertical representa a los proveedores, o la cadena de suministro. Para hacernos una idea, vamos a añadir a cada eje las etiquetas de conocido y desconocido; cada una refleja el grado en que conocemos las necesidades de un mercado o a los posibles socios de una cadena de suministro.

Cada eje está etiquetado del 0 al 1, con el valor de 1 en el centro del sistema de coordenadas X/Y. Si el eje de la cadena de demanda es igual a 0, no hay variabilidad en el producto y el mercado tiene necesidades bien definidas que se aplican a todos los compradores. Sin embargo, si el eje de la cadena de demanda es igual a 1, hay una alta variabilidad del producto y las necesidades de *cada* comprador se deben abordar de forma individual. Lo mismo se aplica al eje de la cadena de suministro. Si es igual a 0, entonces la cadena de suministro está bien establecida y no cambia fácilmente. Para entender el cuadrante 0:0 de la parte inferior izquierda, pensemos en los primeros esfuerzos de Henry Ford para definir la industria automotriz: la empresa quería controlar y poseer todos los aspectos de las materias primas y la producción, y el mercado no esperaba tener elección alguna en las opciones tales como el color, interior o configuración. Por otra parte, un 1:1 tanto en la cadena de suministro como en el eje de la cadena de demanda indica que el proveedor está cambiando a menudo la cadena de suministro para ofrecer un mayor número de opciones, lo cual el comprador está esperando para poder elegir con base en sus preferencias. Ésta es la forma en que actualmente compramos automóviles. Dependiendo de nuestras preferencias, podemos elegir opciones al comprar un auto, lo cual requiere que el proveedor elija a diferentes socios en su cadena de suministro existente para ofrecer estas opciones.

Ante este escenario, es posible suponer que una calificación de 1:1 sería el estado final de cualquier mercado. Y sería cierto en términos de la forma en que los proveedores y los compradores han interactuado hasta ahora, sin que existiera la nube. Pero al llegar a esta conclusión, habríamos ignorado completamente el impacto de la nube tanto en los proveedores como en los compradores.

Un asombroso fenómeno tiene lugar cuando nos movemos hacia el cuadrante superior derecho de la figura 7-3, el dominio de la nube. A medida que las redes de comercio basadas en la nube comienzan a tomar forma, aceleran la velocidad de las transacciones dentro de un mercado, haciendo posible que los

De la producción en masa a la innovación en masa

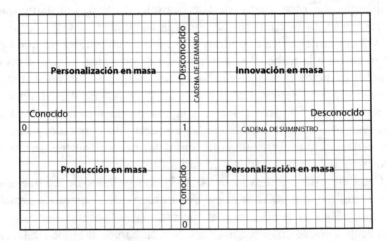

FIGURA 7-3 Si comprendemos plenamente las necesidades y comportamientos de cada comprador, y somos capaces de colaborar con todos los proveedores necesarios para entregar un producto o servicio en particular, esperaríamos haber construido un modelo de negocio perfecto, o lo que se conoce como *personalización masiva o uno a uno*. Pero en esta figura, eso sólo colocaría nuestro negocio en el centro de los cuatro cuadrantes. Esto es, en realidad, sólo el fundamento para los modelos de negocio basados en la nube.

compradores soliciten variaciones de los productos que no reflejan la capacidad anterior de la cadena de suministro. Por ejemplo, iTunes no sólo ha cambiado la industria de la música, sino que la ha hecho crecer con un nuevo modelo de negocio, en el que los compradores impulsan la demanda de música creando sus propias listas de reproducción. Entonces la cadena de suministro ofrece sugerencias de productos que el comprador puede no haber considerado, como las mezclas de iTunes Genius. Este tipo de innovación reconoce al instante los cambios en el comportamiento del mercado y reconfigura la cadena de suministro de manera acorde.

Esta innovación en masa se produce en la nube a medida que las redes comerciales asumen la función de hacer coincidir la cadena de suministro con la demanda, mediante el seguimiento de las competencias de la cadena de suministro a un bajo nivel de definición (recurriendo nuevamente a nuestro ejemplo de iTunes, esto sería la capacidad de comprar canciones individuales y combinarlas en listas de reproducción personalizadas), y al mismo tiempo dar seguimiento a las preferencias y comportamientos de la cadena de demanda, a través de distintos compradores y comunidades.

El resultado es la formación de nuevos productos y servicios para satisfacer de inmediato los requerimientos combinados de los múltiples compradores; esto es lo que llamamos *cuarta innovación derivada* en el capítulo 6. Siguiendo con nuestro ejemplo de iTunes, tú, como consumidor, te beneficias de las preferencias y los patrones de compra de otros que han adquirido música similar. En términos prácticos, la nube ya conoce íntimamente las capacidades de una gran amplitud de la cadena de suministro y puede asignarlas a los requerimientos en constante cambio del mercado, para así aumentar la velocidad de innovación, crear constantes novedades en productos y servicios (manteniendo de esa forma los márgenes), y reformar continuamente la cadena de suministro para satisfacer la cadena de demanda.

Ahora, yendo un paso más adelante, se puede visualizar la liquidez que resulta de la recombinación como una tercera dimensión que salta del gráfico bidimensional que estamos utilizando para ilustrar la cadena de suministro y demanda. El efecto es crear un tercer multiplicador (demanda/suministro/liquidez) en el mercado en una forma novedosa.

Esta novedad no se puede predecir a partir de las formas tradicionales en que las cadenas de suministro han reaccionado a los mercados. Los grupos focales, las encuestas y análisis de mercado tradicionales ya no funcionan. Como dijo una vez el fallecido Steve Jobs, "No se puede simplemente preguntar a los clientes qué quieren y entonces tratar de dárselo. Para cuando se haya logrado elaborar eso, ya habrán cambiado de opinión y querrán algo nuevo".

Sólo mediante la construcción de cadenas de suministro que mantengan el ritmo con la imprevisibilidad de la cadena de demanda, las empresas podrán tener éxito en la nube.

No obstante, lograr la confianza necesaria para hacer de este modelo de comercio recombinante parte de un modelo económico sostenible puede parecer casi imposible. Después de todo, si fuera posible, ¿por qué la cadena de suministro no lo ha hecho aún? Ahí está la respuesta. La cadena de demanda no ha tenido la influencia para hacer que suceda, salvo en algunos mercados de materias primas, debido a la ventaja del proveedor que se presenta en el cuadrante inferior izquierdo de la gráfica.

Ahora se han volteado los papeles. Las cadenas de demanda están impulsando a los mercados, se están dirigiendo a aliados inusuales entre los proveedores y crean lazos de confianza donde no se hubieran imaginado antes. Para ser franco

Cómo la nube aumenta la liquidez del mercado para la innovación en masa

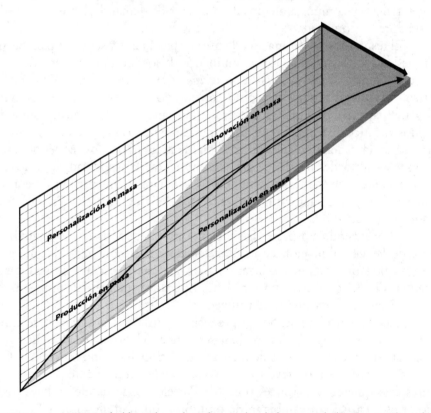

FIGURA 7-4 La oportunidad basada en la nube resulta de la capacidad para crear liquidez en un mercado, rebasando el modelo de negocios uno a uno que se muestra en la figura 7-3, e identificando los comportamientos del mercado y las asociaciones de la cadena de suministro que no son evidentes ni para el mercado ni para los proveedores.

al respecto, los proveedores tienen que encontrar formas de tender estos lazos para sobrevivir.

Consideremos cómo la nube acelera la capacidad de hacer frente a la oportunidad latente, proporcionando mucho mayor liquidez en la formación de las cadenas de suministro. La promesa principal de la nube es volver típica la clase de innovación que antes era atípica.

El reto es que desde la infancia se nos enseña a no repetir los errores del pasado. La historia es una interminable serie de lecciones aprendidas y nosotros las ignoramos bajo propio riesgo, o eso se nos dijo. Pero ¿qué pasa si cuestionamos esa creencia? ¿Podría ser que, como sucede con tantas generalizaciones, tales como la destrucción creativa de Schumpeter, hemos perdido la esencia de la verdad debido al uso de un pincel demasiado ancho para delinear la parábola? Sé que aquí estoy pisando terreno sagrado, pero dudo que yo sea el único.

Si una característica básica de la nube es el aumento de su velocidad y turbulencia, entonces el pasado puede ser un ancla que impida que una organización avance a un éxito nuevo, un lastre que estanque la liquidez de un mercado. La clave para sobrevivir en estas condiciones es ser capaces de reconstruir continuamente la cadena de valor con el fin de impulsar la liquidez mediante ambas cadenas, tanto de suministro como de demanda.

Las organizaciones que tienen éxito en la nube han llegado a la etapa en que su conocimiento del pasado juega un papel menos importante en la orientación de su futuro que su comprensión de las circunstancias actuales y una habilidad innata para crear liquidez al procesar y responder a dichas circunstancias. El conocimiento del pasado sólo es valioso en cuanto a que ofrece una perspectiva del futuro. La nube, por otro lado, equipa a una organización para responder a las fuerzas todavía desconocidas para el cambio.

Confianza en la nube

El tema de la confianza surge más a menudo en el contexto de las relaciones entre las personas. La confianza, después de todo, es una emoción humana básica que depende en gran medida de cómo evaluamos a una persona (es decir, evaluamos si alguien tiene un carácter o actitud dignos de confianza). No obstante, la confianza también es una piedra angular del comercio. Cuando hablar de confianza tiene que ver con relaciones en línea, lo que a menudo nos falta reconocer es que la confianza es estructural, no sólo intelectual. En otras palabras, la confianza se puede legislar, documentar, procedimentar e incorporar a la base del comercio de manera intangible.

Considera, por ejemplo, la última vez que compraste una casa o un auto y requeriste de una hipoteca o un préstamo. Lo más seguro es que no tenías una relación personal con el banquero, el corredor de bienes raíces, los aseguradores, los depositarios, los tasadores o incluso el vendedor. Aun así, todos ustedes establecieron confianza entre sí al adherirse a las reglas obligatorias de un contrato para llevar a cabo ese tipo de transacción. No eran reglas que alguien haya propuesto sólo para esa negociación en particular. Son reglas que adquieren forma concreta en los muchos documentos, leyes, contratos, procedimientos y regulaciones que ya existen para la transacción.

Sin estos aspectos estructurales de una confianza firme, se venderían y comprarían mucho menos casas. La confianza estructural es, de hecho, un método para facilitar el comercio, pues reduce el nivel de incertidumbre inherente al trato con otras partes que de otra forma serían desconocidas.

Pero lo que a menudo frena las transacciones complejas que dependen de este tipo de confianza son las modificaciones puntuales que deben hacerse a las muchas piezas de la transacción. Esto es particularmente cierto cuando un nuevo participante entra a la comunidad de comercio. De manera perversa, el mismo mecanismo que crea más liquidez es precisamente el culpable de sofocar una mayor liquidez. En la nube, esto representa un obstáculo porque los socios potenciales son en su mayoría desconocidos.

Entonces, ¿qué tal si fuera posible incorporar no sólo los elementos estructurales de confianza en la nube, sino ir aun más lejos y permitir su modificación inmediata para satisfacer las necesidades de los nuevos participantes? Efectivamente, esto proporcionaría confianza mediante la validación de la identidad, las competencias y el desempeño previo de los participantes.

En su best seller *The Quest for Cosmic Justice*, Thomas Sowell presenta un principio que ofrece un gran contexto para el lado más flexible de la nube. Sowell cree que la complejidad de la vida moderna nos ha llevado tras una ideología equivocada de enderezar todo lo que está mal en nuestro mundo, mediante la imposición de un conjunto de valores cósmicos.

Según Sowell, de acuerdo con los valores sociales, todo es justo y equitativo, y el cambio se basa en el mérito; en efecto, ésta es la premisa para un mercado libre, donde la competencia debe traer los mejores productos y servicios al mercado. Conforme a los valores cósmicos de Sowell, *no* todas las cosas son justas y equitativas; por lo tanto, asumimos la intervención humana como un medio necesario para hacer el mundo más justo. Lo que Sowell discierne de esto es que, aunque el intento detrás de la intervención es comprensible, sus consecuencias suelen ser desastrosas.

La aplicación del argumento de Sowell a los asuntos sociales, tales como la igualdad y la justicia, es fácil de apreciar. Pero también se aplica a la economía de la nube.

En muchos sentidos, la intervención se ha convertido en la propuesta de valor esencial de la política económica, ya sea que hablemos de la nueva o la vieja economía. Ya se trate del Banco de la Reserva Federal de Estados Unidos haciendo ajustes a las tasas de préstamo, o ya sean los bancos centrales rescatando corporaciones fallidas o respaldando economías en crisis, o quizá las tarifas globales promoviendo o desalentando el comercio internacional, la intervención se ha convertido en una herramienta con la cual se intenta controlar la incertidumbre de los complejos sistemas económicos. Pero ¿qué pasaría si pudiéramos construir organizaciones en la nube que fueran capaces de ajustarse por sí solas a las condiciones del mercado de manera que no requiriesen intervención continua? ¿Qué aspecto tendría esa economía? Para responder a esa cuestión, tenemos que observar cómo es que la nube cambia muchos de los fundamentos de la forma en que trabajamos para que las organizaciones se vuelvan adaptables en tiempo real conforme a este espectacular aumento de la complejidad.

8

Trabajo en la nube

La globalización nos ha convertido en una empresa que busca
no sólo vender o conseguir, sino encontrar capital intelectual, los
mejores talentos y las mejores ideas del mundo.
–Jack Welch

Hoy en día, el complejo movimiento de las materias primas, bienes, maquinaria, ideas y personas es una tarea común que damos completamente por sentada. Mientras que la nube puede estar ayudándonos a convertirnos en dueños de la cadena de suministro, apenas estamos empezando a comprender cómo dominar la cadena del conocimiento, la colección de actividades involucradas en el embalaje, el transporte, la coordinación del trabajo del conocimiento, todo lo cual tiene un sitio cada vez mayor en la nube.

Facilitar la cadena del conocimiento es una tarea de enormes proporciones, ya que el trabajo del conocimiento representa el grueso del trabajo realizado en cada industria. Si lo dudas, basta con ver la cantidad de tiempo y esfuerzo que dedicas personalmente, día a día, para localizar la información, la gente y las herramientas adecuadas para realizar el trabajo. Todos nos hemos convertido en directores de una inmensa orquesta, cuyos intérpretes e instrumentos están esparcidos por el mundo. Añádase a esta complejidad la inminente promesa de vivir completamente en la nube, y entonces queda claro que los trabajadores del conocimiento simplemente no tienen las herramientas adecuadas para terminar el trabajo.

Si bien la nube eliminará muchas de las barreras económicas y aumentará la conveniencia y confiabilidad de la informática para las empresas, también cambiará radicalmente la forma en que los trabajadores del conocimiento hacen su trabajo. En otras palabras, si crees que hoy en día es difícil manejar la cadena del conocimiento, ¡sólo espera! Estamos en la cúspide de una revolución mucho más rotunda en su impacto sobre el trabajo del conocimiento de lo que fue la producción en masa para la manufactura.

Llevar el trabajo del conocimiento a la nube

Como ya hemos visto, la nube es mucho más que una empresa que simplemente traslada la carga de la potencia informática y el almacén de datos de los usuarios a terceras partes. A diferencia de las empresas eléctricas, que sólo mueven la energía, en la nube también se está moviendo el trabajo y todas las herramientas necesarias para realizarlo. Éste es el sutil pero profundo cambio que crea la más grande oportunidad para la empresa del futuro, puesto que ya no está limitada por el talento vinculado a la geografía.

Sin embargo, el movimiento del trabajo a la nube nos exige empacar una gran cantidad de información dispersa, enlaces, aplicaciones, reglas, regulaciones, habilidades, funciones e incluso los trabajadores necesarios para realizar el trabajo, y éste no es un asunto trivial. Pensemos en el problema de esta forma: las herramientas para el trabajo del conocimiento se han centrado hasta la fecha ya sea en *el contenido,* es decir, documentos y archivos, o *el proceso,* es decir, la secuencia, tiempos y flujo del contenido. Las herramientas para el trabajo del conocimiento en el futuro deben centrarse principalmente en *el trabajo,* es decir, las herramientas, métodos, conexiones y el juicio necesario para *actuar* sobre la información.

De la misma manera en que la cadena de suministro consiste en la alineación en torno a la estrategia de asociación, el futuro del trabajo consiste menos en la línea de montaje que en la orquestación y manejo de lo inesperado. Para abordar esto, una nueva categoría de tecnología basada en la nube está desarrollando lo que se ocupa específicamente de la manera en que empacamos y transportamos el trabajo a la nube. Se llama *gestión de caso,* y la idea básica detrás de esto es que el trabajo está naturalmente organizado como un caso. La diferencia fundamental entre el concepto de caso y el ambiente de trabajo de hoy en día es que un "caso" se convierte en la metáfora de la definición para el trabajo, en lugar de una carpeta de archivos, la imagen dominante utilizada en las computadoras de escritorio como una metáfora para el contenido.

Igual que una carpeta en el escritorio, un caso permite almacenar documentos y archivos similares en una ubicación. Sin embargo, también permite almacenar o enlazar todas las conexiones, normas, regulaciones, personas y las aplicaciones necesarias para hacer el trabajo en la nube como un objetivo único. Una vez creado, un caso puede pasar de una persona a otra o de una máquina a otra, con todo lo que requiere trabajarse. No es necesario encontrar las aplicaciones adecuadas en el equipo local, descargar el software, ni siquiera localizar a la gente adecuada; todo ello está conectado al caso.

Sería como tener un carro que viene totalmente equipado, con conexiones a la mecánica adecuada, las partes, el programa de mantenimiento, el comportamiento del conductor e incluso el historial de desempeño y mantenimiento de vehículos similares. Más aún, imaginemos que este auto pudiera encontrar el camino al taller de reparación y decirle al mecánico lo que le falla, no muy diferente de la idea básica de servicios tales como OnStar, que hacen del auto una máquina de autoservicio inteligente.

Otra analogía para la gestión de caso es el transporte. Para considerar el impacto de la nube en el trabajo del conocimiento, podemos compararlo con el impacto que los buques de vapor y los ferrocarriles tuvieron en la economía a principios del siglo xx. Los ferrocarriles y barcos de vapor transportaban a trabajadores, materiales y, en muchos casos, combustible, como carbón y petróleo, necesarios para hacer crecer la economía global y redistribuir radicalmente su población. La gestión de caso hace lo mismo por el trabajo del conocimiento; es el mecanismo que puede *conectar y contener* todos los componentes que intervienen en el trabajo del conocimiento de hoy en día, y que proporcionan una forma de colaborar mientras el trabajo viaja a través del globo.

Para entender mejor lo que es la gestión de caso, consideremos un proceso hipotecario, un ejemplo de una cadena de conocimiento compleja, clásica. Al igual que con la mayoría de las cadenas de conocimiento, un proceso hipotecario implica un conjunto complejo de colaboraciones entre un amplio grupo de gente que forma una red de participantes libremente conectados entre sí, incluyendo banqueros, corredores de hipotecas, aseguradores, inversores, agencias de informes de crédito, inspectores, tasadores, abogados, corredores de bienes raíces, agencias gubernamentales, administradores, oficiales de crédito, procesadores, asistentes, oficiales del fideicomiso, notarios, encargados de cerrar el trato, patrocinadores, ejecutivos de cuenta y, por supuesto, el comprador.

La cantidad de información que fluye a través de este proceso es descomunal, pero también lo es el intrincado conjunto de actividades y regulaciones involucradas, así como las complejas conexiones que cada una tiene con las personas que realizan el trabajo. Si fuéramos a intentar trazar el proceso, bien podríamos terminar con un diagrama de flujo limpio y ordenado, pero en la práctica, este diagrama sería casi inútil debido a todas las excepciones, matices de cada situación y atrasos inesperados que tienen lugar. Hoy en día, todo este trabajo del conocimiento se coordina en múltiples documentos y sistemas informáticos tales como archivos, carpetas, faxes, almacenes locales y remotos, y directorios, que se manejan mediante una combinación de procesos manuales y automatizados. Los elementos se pierden y tienen que volverse a enviar y verificar. Con toda la tecnología que tenemos para anteponer al proceso, nos preguntamos por qué todavía la mayoría de los bancos se toma de tres a cuatro semanas para redactar una *simple* hipoteca, un marco de tiempo que no ha cambiado mucho ¡en más de tres décadas!

Sin embargo, algunos bancos están viendo una enorme ventaja competitiva en la aceleración de este proceso y la reducción de errores mediante el uso de la gestión de caso para reunir, empacar y orquestar el sinnúmero de componentes de la cadena de conocimiento en un "caso" que avanza a través del proceso con todos los elementos y enlaces necesarios para redactar el documento de la hipoteca. Esto significa que todos los trabajadores del conocimiento en el proceso tienen acceso a toda la información, enlaces, personas y recursos que necesitan para hacer su trabajo. Aquí es donde prácticamente todas las soluciones para el trabajo del conocimiento que hemos puesto en marcha hasta la fecha se quedan cortas.

A diferencia del trabajo en la era industrial, el trabajo del conocimiento no tiene un flujo de proceso, un director de trabajo o una manera de hacer el trabajo.

En el trabajo del conocimiento, cada trabajador tiene el potencial de ser un conductor y redireccionar el trabajo según sea necesario, con base en el juicio y la experiencia.

Si bien un alto nivel de complejidad siempre ha sido parte de la necesidad de intentar abordar esos sistemas de información, la realidad se ha quedado corta; por ejemplo, si miramos más de cerca nuestro proceso hipotecario, encontraremos que muchos de los pasos implicados utilizan diferentes herramientas, aplicaciones de software, redes, contenido, formatos y métodos. A menudo, el trabajo se redirige, se devuelve o desvía. Gran parte del tiempo para procesar la hipoteca termina siendo utilizado no en las tareas, sino en sacar el trabajo manualmente de un sistema para introducirlo a otro. (Basta pensar en la frecuencia con que tenemos que llenar la misma información en múltiples formularios.) Y sólo porque grandes partes de esta información se almacenen electrónicamente, no significa que todas funcionen en conjunto fácilmente. Según algunas estimaciones, 90 por ciento del tiempo y esfuerzo de un proceso hipotecario se destina a la coordinación de estas actividades accesorias. Ese 90 por ciento es el espacio en blanco en la cadena de conocimiento que simplemente no se aborda sino hasta la llegada de la gestión de caso.

Si el problema se limitara a la situación actual, probablemente podríamos continuar lidiando con estos asuntos. Pero la complejidad no va a desaparecer. De hecho, las cosas se van a poner mucho peor, hasta el punto en que la complejidad que acabo de describir destruirá muchos procesos. He aquí algunas razones:

- La creciente prevalencia del riesgo y la incertidumbre
- La presión continua para reducir costos
- El aumento de transparencia y gobernanza
- El aumento cuántico en el tamaño de la fuerza laboral educada del mundo

La creciente prevalencia del riesgo y la incertidumbre

La interconexión global de los mercados está creando niveles sin precedente de incertidumbre y riesgo. Los incidentes que antes se podían contener en una pequeña área geográfica o población, ahora parecen propagarse por todo el mundo a la velocidad de la luz. Desde la crisis financiera de las economías mundiales en 2009 hasta los efectos del tsunami japonés de 2011, hemos visto a los mercados reaccionar al instante y de forma sincrónica. Este efecto es lo que he llamado el *principio de incertidumbre* en el capítulo 3. El moverse en las ventanas de oportunidad más pequeñas que demanda la incertidumbre significa que necesitamos una coordinación más rápida dentro de toda nuestra cadena de valor de socios y clientes, así como mucho mejores niveles de agilidad y resistencia. La naturaleza directamente conectada y a menudo aleatoria de muchos procesos no permite ninguno de estos dos puntos. La gestión de caso promete la entrega de ambos, mediante la coordinación y entrega del trabajo a donde tenga que estar, con todos sus recursos pertinentes y conexiones intactas, listas para la acción.

Presión continua para reducir costos

Si bien la recesión de 2008 a 2010 pudo haber sido cíclica, la ola asociada a la reducción de costos no es un fenómeno episódico. Aunque es posible que hayamos puesto nuevamente nuestra atención en el tema a través del ciclo de dificultades económicas de la última década, la presión para ejecutar operaciones austeras y eficientes seguirá aumentando a medida que la presión global y la competencia aumenten también. La reducción de costos es como una carrera armamentista en la que siempre hay un mejor sistema de armas en el horizonte próximo.

Este ciclo global incansable de reducción de costos no acabará rápido, incluso si avanzamos a través de la innovación y la parte de la inversión del ciclo económico. Esto significa que las organizaciones pondrán todos los aspectos de sus procesos bajo un intenso escrutinio con el fin de optimizar los recursos y crear nuevas eficiencias. Si consideramos que nuestro ejemplo hipotecario es sólo uno más de los incontables ejemplos en los que 90 por ciento del tiempo de proceso se pierde en actividades accesorias y que no agregan valor, queda claro que reducir al máximo posible este desperdicio debe ser un área de intensa concentración. La gestión de caso aborda este punto mediante la creación de un producto de trabajo que siempre está listo para que se actúe sobre él, exigiendo poco tiempo para buscar la información, herramientas y métodos adecuados para realizar el trabajo.

Aumento de la transparencia y la gobernanza

La encomienda de crear transparencia también desempeña un papel fundamental para obligar a las organizaciones a definir mejor y eliminar sus actividades no esenciales. En un estudio que llevamos a cabo recientemente, quedamos sorprendidos al encontrar que la inmensa mayoría de las organizaciones no subcontrata ni se asocia con organizaciones externas ni contratistas, debido principalmente al hecho de que no creen que éstas vayan a comprender sus propios procesos lo suficientemente bien para describirlos. Es todavía más perverso que algunas de estas organizaciones ven esta falta de "descriptibilidad" como una ventaja competitiva, una especie de salsa secreta, aunque sea secreta también para ellas.

La transparencia es un medio para compartir procesos con socios, contratistas y clientes, con el fin de involucrar a cada uno, cuando y donde sea adecuado para que el trabajo pueda ser expedito. Implícita en la transparencia, hay una sólida comprensión de los procesos.

Gestionar el trabajo como un *caso* es una manera ideal de aumentar la transparencia, al tiempo que se mantiene el nivel adecuado de seguridad y privacidad; por ejemplo, en el Reino Unido, las autoridades fiscales han creado casos para cada contribuyente. Éstos se encuentran disponibles para contribuyentes, empleados, instituciones financieras y autoridades fiscales. Los casos se quedan con el contribuyente de por vida y ofrecen una colección sencilla y sin errores de todos los documentos, reglas, declaraciones, individuos y enlaces a la información relevante (por ejemplo, secciones del código de impuestos, que se hacen efectivas al hacerse la declaración). De esta forma, la carga de mantenimiento de registros se ve muy reducida, la precisión aumenta, el acceso a la información se simplifica, la regulaciones siempre se enlazan adecuadamente, los marcos de tiempo se registran, los métodos para el cálculo de impuestos se documentan, la documentación de apoyo se archiva, y todas las personas o las funciones involucradas están conectadas al caso.

Aumento cuántico en el tamaño de la fuerza laboral educada del mundo

Uno de los más importantes beneficios de la gestión de caso es su capacidad para proporcionar una plataforma confiable para el trabajo colaborativo. Si bien esto es importante en cualquier situación que involucre a muchas personas y tareas, es especialmente trascendente cuando la fuerza laboral se extiende por las zonas horarias y culturas. Cuando la gente que trabaja en un proceso no se encuentra en un mismo lugar o zona horaria, el producto de trabajo debe poder valerse por sí mismo y ofrecerle a la siguiente persona en la línea los componentes necesarios para realizar el trabajo. En muchos sentidos, el trabajo tiene que volverse su propio administrador, con la inteligencia para enfrentar los cambios a medida que fluyen a través del proceso.

Alimentar esta migración masiva de trabajo del conocimiento será un esfuerzo concentrado para educar a una mayor parte de la población mundial.

El número de universidades de los países en desarrollo en todo el mundo está aumentando a una velocidad asombrosa; por ejemplo, la India cuenta con casi trescientas universidades y más de diez mil escuelas profesionales, un aumento de diez veces desde 1950. Tengamos en cuenta que, tan sólo en la India, hay más de quinientos millones de personas menores de veinticinco años, a quienes ese país ha bautizado como su generación de zippies –o alegres. Aunque pocos de estos jóvenes ya están compitiendo actualmente en el mercado global, la reserva de talento es enorme y la competencia es feroz. Infosys, una de las mayores empresas subcontratistas de la India, contrata anualmente a nueve mil empleados, de entre más de un millón de solicitantes.

En el mundo entero, la tendencia a educar más a los ciudadanos de un país se refleja en el crecimiento de la reserva de talento y capacidad de los trabajadores. Esto creará un considerable aumento en el número y la calidad de trabajadores del conocimiento que necesitarán herramientas para compartir y colaborar mejor en el trabajo a través de un amplio espectro global. Para esta fuerza de trabajo basada en el conocimiento, la gestión de casos será tan fundamental para el éxito como lo fueron los arados en la era agrícola.

Sobrevivir y prosperar en la complejidad

Cuando consideramos el impacto que la nube tendrá en el trabajo del conocimiento, es difícil concebir que los trabajadores del conocimiento mantengan la cordura y, mucho menos, que realicen el trabajo de forma correcta y efectiva, a no ser que se les proporcionen las herramientas para manejar la creciente complejidad de la información. Sin un caso que haga las veces de adhesivo y un sistema inteligente para manejar la complejidad y la coordinación del trabajo del conocimiento, las empresas simplemente serán incapaces de mantener el ritmo. En un mercado libre, esto no es una opción. Las empresas competidoras tendrán que mirar hacia la gestión de casos que les permita continuar con la aceleración y el crecimiento de sus negocios, al tiempo que equipan a sus trabajadores con las herramientas que necesitan para poder innovar de manera continua.

Imaginemos que todas estas fuerzas subyacentes son como las fallas geológicas en las que muchas de las más grandes ciudades del mundo han sido creadas. No podemos ignorar sus posibles consecuencias, pero mover la ciudad no es una opción. En vez de ello, tenemos que construir ciudades y economías que puedan resistir los terremotos y sobrevivir en el futuro. En ese mismo sentido, tenemos que crear empresas que puedan aplicar la gestión de casos, de forma que puedan crecer y prosperar a pesar de su complejidad y de la complejidad de sus mercados.

Una lección de desplazamiento del trabajo

Henry Ford comprendió el poder del desplazamiento del trabajo hace casi cien años. No creó nuevas tecnologías, ni siquiera cambió radicalmente las ya existentes. Más bien, su genialidad radica en un simple cambio de desplazamiento del trabajo.

A diferencia de lo que a la mayoría de nosotros se nos enseña en la escuela primaria, la innovación de Ford no fue la producción en masa o el principio de las partes intercambiables. Ambos habían sido utilizados al menos cien años antes de la invención del Tin Lizzie.

De hecho, Ford ni siquiera creó la línea de ensamble. Ransom Eli Olds y la Cadillac Motor Company ya estaban utilizando complejas partes intercambiables y líneas de ensamble en sus procesos de manufactura.

La innovación de Ford fue tan simple que se pasa por alto en la mayoría de los libros de historia. Sus líneas de ensamble se desplazaron: el trabajo fue transportado hasta los trabajadores y no al revés. Mientras que las líneas tenían, hasta ese momento, a los trabajadores yendo de los contenedores de las piezas al objeto que se estaba construyendo y de regreso, Ford se inspiró observando a los transportadores aéreos en una planta empacadora de carne, donde los carniceros, parados en un lugar fijo, realizaban cortes sumamente específicos en cada estación. Al utilizar el mismo concepto básico, revolucionó la línea de ensamble automotriz. El principio fundamental de la organización del siglo XXI será que el trabajo, y todas las herramientas necesarias para realizar el trabajo, se puedan llevar hasta los trabajadores, donde quiera que estén.

Éste no es un concepto revolucionario cuando se aplica a pequeña escala, pero cuando se considera en el contexto de la economía global basada en la información de hoy en día, desafía directamente lo que es quizá la característica más sobresaliente del capitalismo moderno y la piedra angular de la industrialización: la empresa centralizada, a la que los trabajadores llegan a trabajar.

Trabajo 2.0

Hay una vieja adivinanza que dice más o menos esto: Salgo de casa, doy tres giros a la izquierda y vuelvo a casa, ¿dónde trabajo?[1]

He aquí una versión más actual. Jason Ander se levantó a trabajar hoy. Puso una taza de café y se acurrucó en el sofá con su computadora portátil. Inició su sesión y comenzó en donde se quedó ayer, en la mesa de la cocina, resolviendo el problema de utilizar algas como una fuente de energía alternativa. Sin embargo, Jason no es empleado, al menos no en el sentido moderno de la palabra. Sí, recibe un pago por su trabajo, pero sólo cuando sus ideas son aceptadas. El resto del tiempo corre por su cuenta. No hay beneficios adicionales, no hay vacaciones pagadas ni seguro médico pagado por el patrón. Y ésa es justo la forma en que a Jason le gusta, porque también significa menos incertidumbre, menos políticas de la empresa, menos tiempo de trabajo estructurado, sin desplazamientos y un alto grado de éxito completamente suyo.

Su trabajo existe en todas partes y en ninguna en particular. Encuentra tareas al asumir los retos de intermediarios tales como InnoCentive y NineSigma, que lanzaron una red global para soluciones de problemas que los departamentos tradicionales de investigación y desarrollo no pueden resolver. O encuentra proyectos en Elance, oDesk y Live/Work, mercados para talento que operan como eBay; en estos sitios, empresas e individuos encuentran talento, en algunos casos, sin tener que pagar por adelantado. ¿Buenas calificaciones y buen cobro? ¡Estás contratado!

Jason nunca sale de casa, evita las políticas de oficina y nadie lo despide. Entonces ¿dónde trabaja? En la nube. Más y más personas en todo el mundo están trabajando en la nube y muchas más lo harán. De hecho, el cambio más grande que sucederá en el curso del siglo XXI estará en el desplazamiento de los trabajos a la nube. De la misma manera en que los siglos XIX y XX se caracterizaron por el transporte y el movimiento de las personas y los bienes, todo este siglo tratará sobre el movimiento del trabajo y las ideas.

Sin embargo, el cambio a la nube no sólo se trata de tecnología y globalización. También se trata de la incertidumbre. Tanto más conectado se vuelva el mundo, más inciertos serán los resultados de nuestras interacciones, y menos probable será que las empresas mantengan a tanta gente en sus nóminas. Todas las empresas quieren operar a su máximo punto efectivo, pero con una dotación de personal de tiempo completo más baja. Nuestras estructuras tradicionales para las organizaciones, el empleo y la solución de problemas son incapaces de seguir este nuevo ritmo de complejidad y conectividad. Necesitamos algo radicalmente diferente, y eso es exactamente de lo que Jason se está volviendo parte, una nube de recursos siempre disponible y siempre lista para resolver problemas.

El empleo basado en la nube también se acelerará por la enorme afluencia de trabajadores educados, que se están superando profesionalmente debido a un número cada vez más grande de instituciones de educación superior en todo el mundo. Tan sólo en Estados Unidos, las escuelas superiores gradúan a cerca de 1.75 millones de estudiantes anualmente.[2] El resultado es una reciente *nube humana* que conecta al talento y a los solucionadores de problemas bajo un mismo techo virtual global.

Hay una serie de empresas en esta área, tales como LiveOps, Guru, oDesk y Freelancer, que juegan el papel de "casamenteras" de la nube, y tienen una industria de mil millones de dólares que se duplica año con año. Sin embargo, el servicio de enlace con clientes idóneos va mucho más allá de la visión popular de simplemente subcontratar el trabajo con los contratistas. Si bien esto puede hacerse con relativa facilidad, incluso sin la nube, hay maneras de hacer esto en la nube que van más allá del simple modelo de subcontratación. Por ejemplo, antes mencionamos a Mechanical Turk de Amazon, que ha creado una forma de publicar fácilmente tareas simples, tales como corrección de textos o entrada de datos, en un sistema de subastas en línea que hace coincidir la tarea con una reserva de talento global. De la misma manera que tú ofrecerías un artículo en eBay y esperarías por las ofertas de la gente, publicas una propuesta de trabajo y esperas a que los trabajadores presenten sus ofertas; Mechanical Turk actúa como un mercado de trabajo en línea.

Es importante entender un poco cómo funciona Mechanical Turk, un método cuyo nombre habla por sí solo. A finales de la década de 1700, una máquina de ajedrez increíblemente compleja, llamada The Turk –La Turca–, fue construida por el inventor húngaro Wolfgang von Kempelen. La Turca se construyó a semejanza de una cabina de ajedrez de mesa con un intrincado mecanismo de engranajes expuestos y palancas, y cuyo remate era el torso de un maniquí con turbante mecánico que jugaba contra el oponente. Por un periodo de casi cien años, La Turca recorrió Europa y América, jugando con miles de contrincantes, entre ellos Benjamin Franklin y Napoleón. Si bien la presentaban como una máquina para jugar ajedrez totalmente automatizada, La Turca no era más que un elaborado engaño. En su interior había un humano utilizando imanes y palancas para moverla y derrotar a sus oponentes.

La ilusión de La Turca habla de nuestro deseo de automatizar incluso las tareas más complejas, un deseo que sin duda continúa hasta nuestros días, como lo demostró la máquina de ajedrez por computadora Deep Blue, de IBM, que le ganó a Garry Kasparov una partida en 1997. Este deseo también se reflejó en el legado de la informática moderna y el más reciente esfuerzo de IBM en la búsqueda de una inteligencia artificial más astuta que la humana, su súper computadora Watson, que ganó en una emisión televisada de *Jeopardy* en 2011.

A pesar de estos éxitos, todos estamos de acuerdo en que, obviamente, aún hay muchas tareas que sólo puede llevar a cabo un humano. En eterna competencia con este hecho, y con la disponibilidad en línea de una reserva de talento global a través de internet, Amazon presentó su Mechanical Turk en 2005, como parte de su oferta de servicios en la red. Un servicio en la red es un precursor de las aplicaciones basadas en la nube. Éstas son pequeñas aplicaciones con propósitos muy específicos, que se pueden enviar fácilmente a través de internet e integrarse a otras aplicaciones. A menudo llamados *widgets*, ejemplos de estos adminículos incluyen la autenticación de tarjetas de crédito, verificación de domicilio, índices bursátiles y otras funciones que pueden conectarse de forma fácil a un sitio web sin tener que reconstruirse cada vez.

Sin embargo, a diferencia de sus otros servicios web, que eran piezas totalmente automatizadas de software, Mechanical Turk recurrió a seres humanos como el motor que procesara la información requerida para completar la tarea. Estas tareas se denominan tareas de inteligencia humana, o HIT. Amazon originalmente construyó cientos de estas HIT para su propio uso, por ejemplo para buscar en internet las páginas web duplicadas. Con el tiempo, la lista de HIT creció para incluir toda clase de tareas rudimentarias como la transcripción de podcasts, publicación en blogs, incluso la generación de amigos en Facebook o visitas a la página de un video de YouTube.

El problema de Mechanical Turk y otros enfoques de este tipo es que rara vez, o nunca, se utilizan para proyectos más grandes, que requieran un alto grado de control de calidad y consistencia. La razón es que estos mercados no se gestionan de forma activa; los trabajadores no son aprobados en cuanto a su capacidad, sólo pasan por una revisión de sus iguales. Así, terminamos con una forma económicamente atractiva para mandar a hacer las tareas pequeñas, pero no hay manera de contratar a un equipo calificado de trabajadores para un proyecto decisivo. Si queremos unos cuantos cientos de nombres introducidos en una hoja de cálculo, o un poco de investigación básica para identificar los contactos en diversas empresas, Mechanical Turk es ideal. Pero, ¿y si queremos decenas de miles de imágenes biológicas escaneadas por trabajadores calificados que puedan identificar la estructura celular única de un virus específico en cada una de estas imágenes? Lograr un nivel de calidad adecuado y confiable probablemente requerirá un conjunto muy específico de habilidades y un punto de referencia rígido.

Aquí es donde el cloudsourcing entra en juego. En el modelo de cloudsourcing, los trabajadores pueden ser movilizados a través de plataformas como CrowdFlower. CrowdFlower tiene una reserva de 1.5 millones de trabajadores en todo el mundo, a la que puede recurrir como parte de una red sistémica de solución de problemas para hacer frente a los proyectos de gran envergadura que demandan un grado de integridad que, de otra manera, sólo estaría disponible a través del empleo formal o gestionado mediante relaciones de subcontratación. *El poder de estas plataformas de cloudsourcing radica en que pueden diseccionar el trabajo en partes pequeñas que luego pueden transmitirse a una amplia red de trabajadores precalificados.* Esto significa que los proyectos complicados pueden requerir sólo unas cuantas horas de trabajo, en vez de los varios meses que se necesitarían con los enfoques tradicionales.

Observemos el ejemplo anterior de las imágenes que requieren escanearse en busca de un virus. CrowdFlower desglosaría el proyecto en un sinnúmero de piezas pequeñas de trabajo, cada una de las cuales podría llevarse unos cuantos minutos del tiempo de una sola persona. Al crear el flujo de trabajo para el proyecto, dar seguimiento a los niveles de calidad y filtrar el trabajo inaceptable, CrowdFlower puede garantizar un cierto nivel de calidad incluso para las tareas más grandes. Curiosamente, CrowdFlower depende de Mechanical Turk de Amazon en 10 por ciento, aproximadamente, para su fuerza laboral. Este tipo de asociación crea una red intrincada de proveedores a través de los recursos humanos basados en la nube que de otra manera no se gestionarían.

    ¿Se puede utilizar este enfoque en cada pieza de trabajo? Por supuesto que no. Incluso el cofundador de CrowdFlower, Lukas Biewald, admite que se trata de una solución básica para tareas que pueden ser fácilmente desglosadas en componentes de trabajo. Sin embargo, si tenemos en cuenta qué cantidad de tu trabajo o de tu empresa cae en la categoría de gran volumen, trabajo de baja capacidad intelectual, que aún requiera de un trabajador competente y capaz, es fácil imaginar cientos de escenarios en donde este sofisticado modelo de cloudsourcing puede aumentar significativamente la velocidad de la tarea y dejar libres los recursos para el trabajo más significativo de la empresa. Según Biewald, CrowdFlower saca provecho del "excedente cognitivo" humano que es capaz de obtener en línea y trabajar en pequeños incrementos de tiempo para resolver grandes problemas de manera colectiva.

    Pero el cloudsourcing no se detiene en las tareas básicas, como el ingreso de datos. Ya que la reserva de talento global disponible no sólo aumenta, sino que también se vuelve mucho más educada y menos cara debido a todos los factores que ya hemos discutido, la idea de recurrir a la nube para realizar el trabajo más complejo se vuelve muy factible. Cierto número de empresas están empezando a distribuir a este tipo de trabajadores sumamente calificados a través de la nube. Una de ellas, Elance, se ha erigido como una popular opción tanto para empleadores como para contratistas. La misión principal de la empresa es doble: utilizar la nube para ayudar a los empleadores a reducir gradualmente sus opciones y mantenerse dentro de sus presupuestos, así como para conectar a los proveedores con proyectos de pago que de otra forma desconocerían.

    Lanzada en 1999, en Mountainview, California, Elance es la creación de un corredor de bolsa de Merrill Lynch, Beerud Sheth, y de un gerente de cartera de New York Life, Srinivas Anumolu. Los dos estaban trabajando en Wall Street cuando decidieron llevar su conocimiento sobre los mercados de comercio electrónico a la nube humana, para permitir a los empleadores y contratistas independientes interactuar en una modalidad similar a eBay, con poca o ninguna intervención externa.

    Sheth y Anumolu se inspiraron en un artículo escrito por los profesores del Instituto de Tecnología de Massachusetts Thomas W. Malone y Robert J. Laubacher, "The Dawn of the E-Lance Economy" –El amanecer de la economía de trabajadores independientes que trabajan desde la nube–, que analizaba cómo el empleo, de ser un modelo centrado en la empresa, estaba pasando a ser lo que ellos llamaban un "negocio de uno", donde el trabajo se centraba en el empleado.

Se lanzaron a la aventura con 1.2 millones de dólares provenientes de una financiación ángel, una miseria en comparación con el tipo de financiamiento que la mayoría de las empresas de reciente creación necesita. Sin una marca fuerte para atraer a los clientes –ni al talento ni a las empresas de contratación–, inicialmente poblaron el sitio con amigos, familiares y participantes del foro de discusión en línea, a quienes se les convenció de firmar como proveedores.[3]

¿Por qué razón alguien se inscribiría como proveedor si no fuera para ayudar a Sheth y a Anumolu? Parte de la propuesta de valor inicial de Elance consistía en que el riesgo por firmar era nulo. Compartes un poco de tu experiencia y tu área de enfoque, tal vez publicas un portafolio de tu trabajo y después simplemente esperas a ver si surge una oportunidad de licitar en un proyecto. La experiencia no fue diferente a lo que está pasando en muchos sitios de fotografía basados en la nube, donde fotógrafos aficionados, aspirantes e incluso profesionales cuelgan sus fotos y esperan a que alguien decida pagar para utilizarlas. Sitios como 123RF.com han tenido un éxito extraordinario utilizando esta estrategia.

El sitio Elance creció a partir de ahí, ya que tanto el suministro de talento como las empresas contratantes se dieron cuenta de su existencia. Hoy, la nube humana Elance es un lugar de encuentro líder para las empresas que necesitan subcontratar talento y para los trabajadores independientes, contratistas y empleados de medio tiempo y tiempo completo que ya tienen empleo, pero están buscando trabajo adicional. Más de 500,000 programadores informáticos, expertos en ventas y comercialización, traductores de idiomas y desarrolladores de aplicaciones echan un vistazo a la nube humana Elance con regularidad para ver si hay trabajos nuevos, luego hacen sus ofertas y se conectan con posibles clientes. Desde la primera comunicación (normalmente la oferta misma) y hasta el momento del pago final, el proceso entero se lleva a cabo en la nube humana Elance.

Desde sus humildes inicios, Elance ha crecido a más de 50,000 trabajos publicados en su nube cada mes y a más de 400 millones de dólares pagados por los proyectos desde el comienzo de la empresa.

Con todo ese dinero canalizado a través de su nube, podríamos pensar que Elance ha acaparado el mercado. Sin embargo, esto no es sino una gota en el inmenso mar de trabajadores talentosos que están disponibles en el mundo, en gran parte debido al vacío creado por las altas tasas de desempleo y subempleo. Emparejar a los trabajadores despedidos con las empresas que no necesariamente desembolsarán su dinero por un programador informático o un especialista en mercadotecnia de tiempo completo, pero que *están* dispuestas a pagar un poco de dinero para que sus proyectos individuales sean realizados por profesionales experimentados, tiene un perfecto sentido cuando hay recesión económica.

En 2010 –con la economía mundial y de la nación en una de las peores crisis de empleo en la historia– Elance reportó 40 por ciento de aumento, año tras año, en los ingresos por trabajo independiente a través de su sitio.[4] En un interesante giro del destino económico, los fondos que se utilizaban para cubrir los beneficios de los empleados se están desviando a la nube de Elance, directamente a los contratistas independientes. En cierto modo, hablamos de un modelo mucho más eficiente: el trabajo sigue ahí, pero no se aborda de manera eficaz mediante los modelos tradicionales de empleo.

Sin embargo, no hay que confundir las circunstancias iniciales que están impulsando a Elance con las tendencias a largo plazo que harán de este tipo de trabajo la norma. El enfoque de Elance tiene otro giro que lo vuelve una partida a largo plazo: crea un rango inusualmente amplio de tarifas para cada proyecto en particular.

Si tú publicas un trabajo para desarrollar un sitio web en Elance, probablemente recibirás propuestas que vayan de unos cuantos cientos de dólares a varios miles. La diferencia depende de la ubicación geográfica del trabajador, su cartera, gastos generales de organización y muchos otros factores.

Curiosamente, podría ser que inicialmente consideres a los oferentes más bajos como débiles en términos de habilidades o experiencia. En realidad, pueden ser muy hábiles, pero tener una gran necesidad del trabajo y poco costo de oportunidad para ponderarlo contra el trabajo. En otras palabras, son muy buenos pero están desesperados. Aquí es donde la eficiencia de un mercado libre comienza a cambiar las cosas de manera contundente. Si obtienes algunas ofertas de 200 dólares y otras cuantas de 2,000 dólares, todas en igualdad de condiciones, ¿por qué no tomar el riesgo con un postor de 200 dólares? ¿Qué es lo peor que puede pasar? Te deshaces de 200 dólares pero siempre puedes volver por un postor más alto. Si bien esto no se puede aplicar a las decisiones cuyos tiempos apremian, hay muchos casos en los que una apuesta de 200 dólares es un acierto de poco riesgo. Como consultor, a menudo he contratado a trabajadores en Elance para proyectos tales como diseño, desarrollo de sitios web o investigaciones, cuando puedo permitirme esperar unos cuantos días más para ver si la licitación más baja funciona. Si no es así, el riesgo es mínimo. Pero si funciona, entonces sé que tengo un recurso que puedo aprovechar con gran efectividad.

Ambos lados de la ecuación de Elance se benefician de esta peculiaridad: los trabajadores independientes publican perfiles y seleccionan empleos que se adecuen a sus estilos de trabajo, experiencia y necesidad (o amplían sus carteras mediante la adopción de proyectos más grandes y complejos); los empleadores echan una ojeada al sitio en busca de buenos candidatos, los invitan a hacer una oferta y luego ven a quién más pueden atraer, fuera de los candidatos obvios, a través de un proceso de licitación más general.

Además, la nube de Elance incluye una variedad de dispositivos para gestionar el proyecto, como herramientas de conteo, pago, seguimiento, comunicación y entrega que los usuarios necesitan para colaborar con el otro. Y si el proyecto no sale como estaba previsto, siempre hay una sección de "retroalimentación" como la de eBay, donde los empleadores contribuyen con su granito de arena, dando tantas o tan pocas estrellas como deseen, con base en el desempeño y la satisfacción.

Kevin Rose es uno de los participantes de alto perfil más exitosos en Elance. En 2003, Rose inició el sitio web de noticias sociales Digg, después de poner su proyecto en licitación, contratar al desarrollador Owen Byrne por 10 dólares la hora, un costo increíble para comenzar, y luego trabajar con ese proveedor (para después contratarlo de tiempo completo) con el fin de crear su concepto. En dieciocho meses, la nueva empresa de Rose había generado 60 millones de dólares en ganancias. Digg se ha transformado en uno de los sitios en línea más visitados, y es otro ejemplo de cómo la nube se está volviendo parte de nuestra vida.

Proyectos más pequeños, que no tienen tanto peso, abundan en la nube de Elance. En el video de un minuto "What My Elance Cloud Commute Looks Like" –"A qué se parece mi trayecto al trabajo en la nube Elance"–, el escritor Ted Bendixson muestra al mundo cómo trabaja desde su computadora portátil, viaja por el mundo y se las arregla para manejar un próspero negocio de redacción de textos publicitarios, periodismo, blogueo y videografía de aficionado, cortesía de Elance.[5]

Los trabajadores de la nube como Bendixson disfrutan del lujo de poder elegir sus proyectos, y quizá no trabajar en absoluto (por aquellos largos viajes a Birmania, por ejemplo) si no lo desean. Elance permite este estilo de vida, mientras que, al mismo tiempo, garantiza que las empresas puedan escoger entre lo mejor, cuando se trata de contratistas independientes.

Por supuesto, como con cualquier cambio económico significativo, hay un claro inconveniente a corto plazo para la nube humana. A saber, los trabajadores independientes que habían manejado tasas de cobro mucho más altas, ahora están luchando para competir con alternativas de menor precio. En muchos sentidos, esto no es diferente al fenómeno que impulsó la manufactura en el extranjero. Pero la realidad es que, nos guste o no, estamos trayendo nuevos trabajadores calificados a la fuerza laboral mundial a un ritmo elevado, gracias a una mejor educación, conectividad y acceso informático de bajo costo. En 1980, la fuerza laboral mundial consistía en unos 960 millones de trabajadores. Hacia el año 2000, había aumentado a 1,460 millones, y las estimaciones de Delphi ubican el tamaño actual de la fuerza de trabajo en poco más de 2 mil millones, y no se vislumbra un final de esta racha de crecimiento.[6]

Las nubes se están acercando y no hay vuelta de hoja para este frente climático. Sólo nos queda atravesarlo, como el viaje tumultuoso que será. La buena noticia es que la eficiencia en todo libre mercado o sistema económico con el tiempo encuentra un punto de equilibrio, lo que beneficia a todos los involucrados.

Aunque actualmente vivimos en una era en que las notificaciones de despido son el accesorio más crítico para los profesionales experimentados mejor pagados, la nube humana sobrevivirá a este hecho y cambiará de forma permanente los medios mediante los cuales reformamos la manera en que se diseñan las carreras y las empresas, pero lo más importante –especialmente en el caso de la economía estadunidense– es que la inversión que hacemos en la calidad del aprendizaje desde kínder hasta bachillerato será la clave para desarrollar este tipo de fuerza laboral.

Aprendizaje en la nube

De lo que se trata la educación es de construir puentes.
—*Ralph Ellison*

E n 1998, un amigo cercano en común me presentó al difunto Peter Drucker. Drucker fue uno de los grandes pensadores del siglo XX y muchos lo consideran el padre de la moderna administración de empresas. Recuerdo vívidamente mi primer encuentro con Drucker en persona. Estábamos en un reservado de un pequeño restaurante italiano de su pueblo natal, Claremont, California. Yo iba preparado con muchas preguntas y me deslumbraba la idea de sentarme a la mesa con una persona cuya mente era tan brillante.

Pero lo que más recuerdo es la respuesta firme de Drucker a una de mis primeras preguntas. Lo había interrogado sobre si pensaba que, durante el curso de su vida, la tecnología había sido la principal fuerza impulsora del progreso. Se quedó mirándome a los ojos y dijo: "A todos ustedes, los partidarios de la tecnología, les gusta creer que los logros más grandes se basan en la tecnología nueva". Eso debió haberme puesto en mi lugar, pero insistí: "¿Y a qué le atribuiría usted los grandes logros de los últimos cien años?" Debido a su profunda sencillez, su respuesta permaneció conmigo desde entonces:

> Los más grandes avances en el último siglo han sido el resultado del acceso a la educación superior. La ley para la educación de los veteranos de la Segunda Guerra Mundial (G. I. Bill), por ejemplo, hizo más para preparar la economía de Estados Unidos para la segunda mitad del siglo XX que cualquier otra política o tecnología.

Concedido eso, pudimos hablar acerca de la forma en la que el progreso se está midiendo. Cuando vemos la forma en que las naciones han desarrollado su capacidad para competir a escala global, es claro que ésta se relaciona directamente con su inversión en educación y con la eficacia lograda en ese ámbito. Yo diría que ésa no sólo es una función de la educación superior, sino una educación básica (desde el jardín de niños hasta el bachillerato) muy eficaz. Pero todavía nos falta mucho. Hasta la alfabetización básica sigue siendo un esfuerzo inacabado para una buena parte del mundo. Según la UNESCO, 20 por ciento de la población mundial es todavía analfabeta.[1] En un mundo impulsado por la información, éste es ciertamente un triste testimonio de cómo utilizamos la tecnología para facilitar la más elemental de las necesidades, la educación.

En ningún lado es más necesaria la educación que en los países en desarrollo, donde es absolutamente indispensable capacitar a las poblaciones para trabajar en la economía del futuro inmediato, que estará basada en el conocimiento. Sin embargo, el acceso a la educación en aulas es virtualmente inexistente en muchas partes de África y la India. En buena medida, ello se debe al alto costo de la educación tradicional. Pero la economía está por cambiar en forma drástica.

Para cuando este libro se publique, la India habrá lanzado al mercado una tableta de pantalla táctil operada por Android (Android es el sistema operativo que se utiliza para los móviles de Google) de 35 dólares. La tableta Aakash tiene el objetivo de llevar el poder de la nube al mayor número posible de usuarios.[2] Treinta y cinco dólares pueden equivaler a un par de semanas de salario para 75 por ciento de la población de la India, que gana menos de 2 dólares estadunidenses al día, pero la relativa asequibilidad que implica ese precio cambiará la economía del acceso a la nube en formas que hasta hoy eran impensables.

Al mismo tiempo, una organización sin fines de lucro en el Reino Unido ha desarrollado una minicomputadora del tamaño de una tarjeta de crédito aún más económica, llamada Raspberry Pi. Su precio es de 25 dólares y requiere conectarse a una pantalla y a un teclado.

La Aakash y la Raspberry Pi son ejemplos de lo que acaso sea la innovación más importante en educación para el siglo XXI: la asequibilidad. Estos dispositivos proporcionarán un portal hacia la nube que alterará la educación global en formas que hoy apenas podemos comenzar a imaginar. Resolverán un problema llamado "la última persona", sobre el que el columnista Thomas Friedman ha escrito, y que consiste en llevar la informática hasta la última persona de la India,[3] o, para el caso, del mundo.

La asequibilidad del acceso a la nube tendrá impacto sobre el esfuerzo global para fomentar las habilidades básicas que los trabajadores del conocimiento requieren, y el grado en que este tipo de educación tenga éxito está íntimamente relacionado con la forma en que prosperemos como economía global.

La fábrica académica

Históricamente, el "poder" educativo en el aula se ha concentrado en el nivel del instructor individual, y la colaboración entre aulas –por no mencionar la interinstitucional o la que se da con recursos de aprendizaje externos– ha sido, en el mejor de los casos, esporádica.

Desde los tiempos del Liceo de Aristóteles, hace casi 2,300 años, los estudiantes han acudido en grupos a las escuelas, las universidades y toda suerte de edificios de aprendizaje revestidos de ladrillos, argamasa y hiedra. *La idea de la universidad se cierne sobre la conciencia colectiva de una cultura industrial.* Ello conformó en gran medida el carácter industrial que llevó al tipo de trabajo y de trabajador tan bien expresados en la película *Tiempos modernos*, de 1936. ¿Quién puede olvidar la imagen del desventurado Charlie Chaplin apretando tuercas sobre un gran volante de inercia? Chaplin y sus compañeros de trabajo habían sido producidos por lote por las fábricas educativas para que funcionaran como un engranaje más en la máquina.

A mediados del siglo XX, los trabajadores ocupaban los primeros veinte años de sus vidas adquiriendo la educación suficiente para poder trabajar durante los siguientes cuarenta. Conforme la tecnología penetraba en las oficinas y en las fábricas, las personas tuvieron que dedicar más tiempo de sus vidas laborales a aprender cosas tales como usar las computadoras, las nuevas aplicaciones de software, los nuevos procesos mercantiles, etc., en lugar de contribuir directamente a los objetivos empresariales centrales. Y el ritmo de cambio e innovación en todas las industrias iba en aumento, mientras que el volumen de información crecía. Hemos llegado a un estado de congestión, en el que la mayoría de nosotros pasa demasiado tiempo saltando de un tema a otro, luchando por mantener el paso. Lo gracioso es que mientras la necesidad de reaprender durante toda nuestra vida se ha incrementado en forma espectacular, no ha ocurrido lo mismo con las herramientas para reemplazar al aula.

El aula abierta

No obstante, la forma en que educamos a nuestra fuerza de trabajo está cambiando con rapidez. Algunas instituciones de enseñanza superior, como el MIT, ya han abierto el código de todos sus programas de estudio, volviendo gratuitos y de acceso público los contenidos de sus cursos. Las escuelas, desde el kínder hasta el bachillerato, de Estados Unidos están invirtiendo mucho en el concepto de Zonas de Innovación, las cuales experimentan con cursos personalizados, aprendizaje virtual e intensa colaboración interescolar, orientados a las fortalezas y debilidades de los estudiantes. Nuevas instituciones, como la Universidad de Phoenix y Kaplan Learning, han comenzado a alterar la educación tradicional en aula ofreciendo cursos en línea. Aunque suele criticarse a estas empresas con fines de lucro por no contar plenamente con profesores académicos tradicionales con nivel de doctorado, tienen muchas más probabilidades de poder aumentar la dimensión de su modelo comercial y de aprovechar a los instructores talentosos que más se acerquen, desde una perspectiva industrial, a los materiales que se enseñan en las aulas.

De acuerdo con Robert W. Wrubel, director de Innovación de Apollo Group, la empresa madre de la Universidad de Phoenix:

En las siguientes dos décadas vamos a transformar toda la noción del Estado-Nación. En una economía basada en el conocimiento, la transformación se da cuando los trabajadores sin formación pasan a ser trabajadores semicalificados y finalmente trabajadores calificados; eso impulsa y transforma vidas y países. En el contexto global, la demanda de esa característica excede por mucho la capacidad y la habilidad para satisfacer tal necesidad. Debido a los desafíos de financiación en todo el mundo, nos es imposible construir suficientes aulas, así como contratar y capacitar a suficientes maestros. Es un problema de magnitud, originado en el hecho de que construimos un modelo educativo costosísimo, que fue revolucionario en el siglo XIX y sirvió al pequeño porcentaje de la población que se requería entonces para realizar el trabajo de los trabajadores con formación, mientras que la inmensa mayoría laboraba en trabajos que requerían poca o ninguna educación formal. En la actualidad tenemos que convertir a 80 por ciento de la población en edad productiva en trabajadores con formación, y sencillamente no podemos ampliar el modelo comercial actual de educación para satisfacer esa necesidad.

Lo que Wrubel quiere decir no es que la educación tradicional esté agonizando, sino que se necesita un modelo mixto que, en sus propias palabras, "redefina la educación como un viaje que no es episódico –que no es un tiempo aislado en el que uno es parte de una experiencia intensiva de aprendizaje, y después ya no, y luego se incorpora a la fuerza de trabajo–, sino un proceso perenne". Yo mismo he visto esto, tanto en la Universidad de Bentley, donde imparto cursos de posgrado y soy asesor del programa MBA, como en la Universidad Kaplan, en la que soy asesor del programa en línea. Los estudiantes que, como parte de este viaje, regresan al aula después de haber trabajado por algún tiempo, no sólo están más motivados para aprender, sino que usan mejor y aprecian más las herramientas que les permiten controlar el ritmo y la calendarización de su aprendizaje.

Sorprendentemente, la misma noción de aprendizaje mediante la integración del aula a la vida del estudiante, y no al revés, se está aplicando a la educación básica y media básica. En la ciudad de Nueva York, las zonas de innovación han estado experimentando con el aprendizaje en línea personalizado para los estudiantes que padecen de ausentismo o tardanza crónica. A estos alumnos se les suele clasificar como no interesados o incapaces de mantener el paso. Sin embargo, después de instaurar un aula en línea a la que podían asistir sin problema, los educadores descubrieron que muchos de ellos obtenían resultados extraordinariamente buenos en los exámenes. El hecho es que el modelo educativo basado en los métodos de producción de las fábricas deja fuera a demasiadas personas; equivale a intentar conducir un automóvil moderno por un sendero para ganado. Sin importar los caballos de fuerza, se terminará atascado en el lodo.

No pretendo invalidar todo el sistema tradicional. En los lugares en que hay disponibilidad de aulas físicas y éstas son costeables, las primeras etapas del proceso de aprendizaje pueden llevarse a cabo de mejor manera en un salón de clases tradicional. No hay nada como un maestro inspirado y apasionado para motivar a los alumnos. Yo he sido alumno y maestro, de modo que valoro inmensamente esa interacción. Pero también he experimentado el poder y el alcance del aprendizaje virtual. No pretendo elegir uno y descartar otro, sino considerar las ventajas de ambos y utilizar cada uno ellos cuando sea necesario, así como utilizar al uno para potenciar al otro.

Hay otra ventaja en el modelo usado por instituciones como la Universidad de Phoenix, que suele pasar inadvertida.

> Debido al volumen de estudiantes y al acceso en línea que tienen, en tiempo real, a la universidad, la innovación de los métodos de aprendizaje se puede dar a una escala y con una velocidad inauditas en las instituciones académicas tradicionales.

Esto significa que la Universidad de Phoenix puede utilizar grandes cantidades de datos sobre la experiencia que los estudiantes tienen de los cursos para adquirir percepciones sobre la forma en que las personas aprenden, y utilizarlas para personalizar la enseñanza. La personalización es una faceta de la enseñanza que se potenciará con el uso de la nube. El aula del mañana será tan personalizada como hoy lo son las clases particulares.

De acuerdo con Wrubel, "La Universidad de Phoenix utiliza los mismos principios que vemos en las nuevas plataformas basadas en la nube, como Amazon, Google, Facebook, inclusive eBay, donde hay una combinación de mercados, datos y percepciones que impulsa experiencias cada vez mejores, las cuales, a su vez, impulsan resultados cada vez mejores a costos de distribución muchísimo menores".

Esta personalización tiene otra ventaja. En un modelo educativo basado en la nube, la identidad de quien aprende es algo permanente, que se lleva a lo largo de todos los trabajos sucesivos. Los historiales académicos y laborales cambian, reflejando todas las actividades, incluyendo el aprendizaje en libros, el de certificación, el aprendizaje en video y el experiencial. En la nube, nos convertimos no sólo en alumnos en tiempo real, sino también en talentos en tiempo real, capaces de movernos al mismo ritmo que el mercado y las necesidades de los patrones actuales o potenciales.

Todo esto es sólo el principio de la alteración de las aulas tradicionales debido a la educación en la nube. Wrubel tiene otra visión de la forma en que la educación superior va a cambiar, que puede ser el elemento más perturbador conforme nos movemos hacia la nube. Su visión se relaciona directamente con mucho de lo que hemos estado diciendo sobre la forma en que la nube es impulsada por la influencia, si se recuerda nuestro planteamiento, en el capítulo 1, de que no se puede empujar una nube con una pala mecánica.

Para ilustrarlo, Wrubel se hace una pregunta sencilla: "¿Qué constituye a las grandes instituciones educativas del presente?" Es una pregunta interesante, especialmente para quienes antes pagamos muchísimo para obtener una educación universitaria o para los que estamos solventando esa educación para nuestros hijos. La respuesta de Wrubel es digna de meditación:

> La gente diría: "Bueno, las constituye su importante herencia y legado, o su enorme investigación, o el hecho de que sólo dejen entrar a las personas más listas del planeta". Así que, aún si vaciáramos a Stanford de profesores, mediante un proceso de admisión realmente exigente, obtendríamos una educación simplemente poniendo a los alumnos en sus dormitorios. Pero lo que hace grandes a esos chicos son los célebres profesores e investigadores que viven ahí, y cuando sinceramente preguntamos: "¿Son trabajadores obligados?" "No, sólo son agentes. Son agentes libres igual que el basquetbolista LeBron James."
>
> ¿Se les ha dado acceso a los grandes mercados, igual que a las estrellas de los deportes de la NBA en las décadas de los 70 y los 80? Qué ocurrió una vez que nos dimos cuenta de que el poder no estaba realmente en la franquicia; el poder era la estrella, y una vez que a la estrella se le dio la posibilidad de firmar mejores contratos, ello cambió no sólo el juego y al público, sino a las estrellas, que podían ser compradas, sólo había que darles acceso a grandes plataformas y audiencias. De igual forma, cuando las películas obtienen una distribución amplia, las estrellas controlan una porción mucho mayor de las ganancias.
>
> Creo que estamos ante un gran cambio. Al comenzar a construir audiencias más amplias para la educación, cambiamos la economía de las estrellas que impulsan las marcas y el valor de las instituciones de élite y semi élite; por ejemplo, Clayton Christensen es uno de los profesores de negocios mejor clasificados de Harvard. Bueno, dijimos, "No vamos a comprar a Clayton, lo que haremos es ofrecer un pago por evento para su mejor cátedra. Después le aplicaremos valores de producción que nadie en Harvard podría pagar, porque podemos contar con una audiencia de cientos de miles de estudiantes. De pronto, si comenzamos a hacer eso a gran escala, cambiamos toda la premisa subyacente y la base de lo que conforma las marcas de todas las universidades, y damos acceso a talentos que estaban totalmente protegidos para uso exclusivo de los doscientos futuros administradores de fondos especulativos; éstos van con Clayton Christensen y leen acerca de la innovación que rompe el esquema.

Recordemos, sin embargo, que el elemento clave en esta transformación es que todo en la educación se está desplazando, incluyendo las instituciones de educación superior tradicionales; por ejemplo, en Stanford, tres profesores han abierto sus clases, sin costo, a cualquiera que quiera tener acceso a ellas en línea. Una de estas clases, Introducción a la Inteligencia Artificial, tuvo 160,000 participantes registrados, 35,000 de los cuales terminaron el curso. La clase, impartida por dos profesores, Peter Norvig y Sebastian Thrun, quienes también trabajan en Google, es ahora la clase universitaria con mayor asistencia del mundo.[4] Aunque los estudiantes que no pagan no obtienen créditos universitarios por el curso, los profesores les dan un certificado. Para muchos, eso es más que suficiente para demostrar su capacidad ante ellos mismos y ante patrones potenciales.

Aun así, para la mayoría, el sueño de una universidad virtual abierta es sólo eso, un sueño. Como la promesa de los autos voladores, es una visión del futuro que siempre parece estar a unas cuantas décadas de distancia.

En gran parte, ello se debe al papel social y cultural fundamental que tienen los campus y las aulas. Pocos de nosotros podemos imaginar el reemplazo total de la interacción presencial que significa nuestra experiencia universitaria con cualquier tecnología que pueda existir. Hay una magia en la comunicación, el diálogo y el debate entre las personas en vivo que sencillamente no se puede tener en los ambientes virtuales. En las aulas se dan miles de señales y matices que no entendemos por completo, pero que nos informan e influyen, y que acaso sean irrepetibles.

¿Y si les dijera que estamos al borde de un cambio radical en la forma de aprender, debido a la capacidad que proporciona la nube? Al principio sería difícil de aceptar. Después de todo, la mayoría de la gente ha tenido alguna experiencia de aprendizaje virtual y, a lo sumo, la hemos aguantado. Pero lo que hemos experimentado es una enseñanza tradicional proporcionada en una modalidad que yo llamaría *por si acaso*. Lo que quiero decir es que mucho de lo que se hace pasar por aprendizaje virtual hoy en día consiste en una mezcla de videos grabados, sucesiones de diapositivas con grabaciones de voz, conexiones de video de baja calidad que no transmiten los matices de la comunicación en persona y clases basadas en el programa académico. Aunque esto puede aportar algún conocimiento, la mayoría de las veces no lo hace. Lo que necesitamos hoy es el *aprendizaje oportuno, en el momento preciso.*

El aprendizaje en el momento preciso, o JIT, que es proporcionar el conocimiento cuando, como y donde se necesita, revoluciona la forma en que proporcionamos y en que consumimos el conocimiento. Utilicemos una sencilla analogía para ejemplificar. Supongamos que somos un médico clínico que realiza un procedimiento médico en un lugar remoto y necesitamos consultar de inmediato a un especialista. No es viable que busquemos en una clase pregrabada. No tenemos tiempo para eso. Necesitamos la información inmediatamente y en contexto; en otras palabras, tiene que ser conocimiento que se pueda aplicar a nuestra situación actual. Este tipo de contenido contextual en tiempo real requiere que podamos tener acceso a un especialista que entienda la naturaleza crítica de nuestra situación y nuestra tarea.

En este caso, el papel de la nube es realizar tres tareas clave: entender nuestro contexto, conectarnos con las personas y el contenido correctos, y proporcionar un nivel de comunicación aún mejor que el que tendría un encuentro frente a frente. Recuerda que dije que el aprendizaje en el momento preciso necesita ocurrir cuando, donde y como se necesita. La clave para crear una experiencia aún mejor que un encuentro cara a cara está, específicamente, en el "cuando, donde y como". Esto significa que el conocimiento tiene que estar disponible sin importar la hora o el lugar y que la interacción con el sistema de aprendizaje debe proporcionar acceso en tiempo real a todo el contenido necesario, así como una calidad de comunicación visual que transmita los matices de una interacción en persona.

Es difícil visualizar este nivel de conectividad en tiempo real y de calidad de video, ya que gran parte de lo que hoy se hace pasar por aprendizaje en el momento preciso se tipifica por la experiencia de YouTube, en la que el contenido está grabado y el video, incluso en calidad de alta definición, es inadecuado para reemplazar una interacción en persona.

Llevar el aula a la nube

La educación es un campo donde la diferencia entre la internet y la nube es particularmente pronunciada. YouTube es una metáfora del aprendizaje basado en internet. Si un muchacho de 12 años quiere averiguar cómo hacer algo por su cuenta, el primer lugar al que irá será probablemente YouTube. Aunque es un paso en la dirección correcta, que se aparta del aprendizaje "por si acaso" y se acerca al aprendizaje "en el momento preciso", sólo funciona si se tiene el tiempo para encontrar lo que se necesita; se necesita tiempo y paciencia para deshacerse de lo irrelevante y lo inadecuado, y en ningún momento se tiene la inmediatez de la comunicación en tiempo real.

Un modelo educativo basado en la nube difiere de este modelo de internet al recurrir a la comprensión del problema del contexto y al utilizar tu casillero digital, conectándote con los recursos disponibles para manejar el problema. También proporciona estos recursos, trátese de una persona o de un grupo de datos, en una forma que se integra fácilmente a las necesidades y expectativas de tu experiencia. Sé que es impresionante, pero regresemos al ejemplo de nuestro médico clínico en el campo. Para hacerlo más interesante, digamos que nos encontramos en un lugar remoto de Latinoamérica en donde sólo hay energía eléctrica e internet.

Hace tres años, Cisco aceptó el desafío de llevar el aprendizaje en tiempo real a áreas remotas de Latinoamérica y estableció un Centro de Innovación en México, el cual desarrolló una serie de soluciones basadas en la nube para el cuidado de la salud y la educación. Estas iniciativas integran la conectividad móvil y la telepresencia de alta definición en vehículos autosuficientes que pueden llevar la clínica o la clase a donde sea necesario. Las unidades móviles se conectan a una nube que cuenta con un conjunto de recursos especializados para cada una de las aplicaciones.

Utilizando uno de estos recursos conectados a una nube de cuidado de la salud, la clínica móvil le permite a un doctor un acceso instantáneo a especialistas y a toda la gama de capacidades de diagnóstico de un hospital, así como a la realización de procedimientos médicos en tiempo real mientras consulta con sus colegas. Lo que impresiona más del enfoque de Cisco es que todo esto se hace de tal forma que no sólo rivaliza con la interacción en persona, sino que la mejora, permitiendo una colaboración que es mejor que la presencial sin la necesidad de que haya proximidad física.

En este punto probablemente estés pensando: "Espera, nada puede reemplazar la interacción personal frente a frente. Muchas cosas que se comunican en presencia son imposibles de comunicar por telepresencia". Ése es el argumento que hemos estado oyendo durante años respecto a cualquier tipo de aprendizaje virtual. Tienes razón, si lo que tienes en mente son las tecnologías de video del pasado, las cuales no sólo pierden mucha de la sutileza transmitida en video HD en tiempo real, sino que no cuentan con una solución integrada de educación que tome en cuenta el contexto de la situación. Cisco está resolviendo estos problemas de dos maneras.

En primer lugar, la calidad de video que se puede suministrar en la nube mediante una conexión normal a internet está años luz más adelantada que la que acostumbramos ver en la web. En una solución de video basada en la nube, la corriente informática requerida para realizar la codificación y la compresión necesarias se determina de manera inteligente y se realiza mediante hardware diseñado específicamente para las necesidades del video de alta definición. Aunque en internet proliferan los videos, la mayoría de ellos se procesan y transmiten mediante hardware de uso general, con una calidad que sencillamente no expresa los matices. Pensemos en lo que hace de la comunicación personal directa un medio de comunicación tan especial. Cuando dos personas conversan frente a frente, están constantemente escrutando los movimientos de los ojos, los gestos sutiles y las expresiones que son parte integral de la comunicación humana. Captar estas sutilezas de la comunicación requiere de una imagen de alta definición que pueda ser aumentada a tamaño real. Esto puede sonar insignificante, pero es importantísimo para la calidad de la comunicación y para el grado de interés de los participantes, y es algo que requiere de software especial.

Hay otros avances que saldrán a la luz en los próximos años y que lograrán captar aun más los matices de la comunicación presencial; por ejemplo, si alguna vez has participado en una teleconferencia de video, sabes que una de las cosas más desconcertantes es la falta de contacto visual. Debido a que todos están viendo la pantalla, se pierde la inmediatez del contacto visual. ¿No lo crees? Sólo pon atención a una transmisión de las noticias de la noche. La mirada del conductor está entrenada para ver directamente a la cámara, causando que sientas una conexión directa con la persona. Pero ésa es una comunicación que sólo va en un sentido. Cuando la comunicación va en dos sentidos o implica a varias personas, la falta de contacto visual da por resultado un desapego instantáneo de la persona en el otro extremo. Incrementando la calidad del video y utilizando cámaras integradas que también puedan ver a través de la pantalla, de manera muy parecida al funcionamiento de un espejo de dos caras, tu mirada se posaría directamente en la persona remota. Además, el punto focal de tus ojos se puede rastrear para que el sistema sepa a quién te estás dirigiendo en una colaboración de puntos múltiples, por ejemplo en una conexión de video con cuatro personas.

En segundo lugar, Cisco ha integrado la capacidad de obtener contenido de la nube, en el momento preciso, de fuentes que sean relevantes para la discusión. En nuestro ejemplo clínico, se puede tratar de rayos X, ultrasonidos y expedientes clínicos. Ya que todo esto existe en y está conectado a la nube, el contenido está disponible en tiempo real sin importar el lugar.

Puedes estar pensando: "Pero esto no es educación, es colaboración". Ése es precisamente mi punto.

> Nos hemos acostumbrado a considerar la educación como algo que se hace por anticipado, la preparación para el mundo real, y no algo que debe continuar siempre que sea necesario.

Esto no pasa por alto la necesidad de la educación preparatoria tradicional. En todas las disciplinas hay una base de conocimientos que se requieren para realizar las tareas esenciales de un profesional en tal campo. Veremos cómo la nube también está ayudando en la educación tradicional "por si acaso". Pero conforme la complejidad de los campos aumenta, se va volviendo probable que una sola persona sea incapaz de solucionar adecuadamente todas las situaciones posibles. La nube es el antídoto perfecto para esta complejidad, ya que cuenta con un conjunto de recursos disponibles que puede poner a colaborar conforme sea necesario.

Resulta interesante notar que Cisco inició sus esfuerzos por desarrollar este tipo de tecnología basada en la nube en México, un país en desarrollo. Si nos detenemos a pensar en dónde ha estado más limitada la educación por restricciones económicas y geográficas, es claro que los países en desarrollo han estado en notable desventaja. Estudios realizados por el Instituto Internacional para el Análisis de Sistemas Aplicados, en Austria, arrojaron que el incremento de la educación primaria de un país, de 40 por ciento de su población, que es lo usual en muchos países de África y Latinoamérica, a 100 por ciento, y de la educación secundaria de 0 a 50 por ciento, puede duplicar el PIB. En este sentido, la nube puede ser una de las grandes fuerzas que lleven a los países en desarrollo a un terreno de juego global menos desigual. Yo calculo que el impacto económico global de la nube colocará a los países en desarrollo entre las economías con más rápido crecimiento y con mayor fuerza laboral durante el siglo XXI.

El aprovechamiento del talento que hay en los países en desarrollo requiere la capacidad de proporcionar educación a audiencias mucho más amplias que las que se pueden atender en aulas físicas. Para lograrlo, se están desarrollando nuevos enfoques en los niveles educativos de primaria y secundaria.

Aprendizaje viral: El modelo educativo MOODLE

La nube que está transformando nuestra forma de hacer negocios también está penetrando el campo de la educación tradicional. Un ejemplo de las muchas opciones que están apareciendo es Moodle, que cuenta con un sistema de gestión de cursos de código abierto (CMS) o sistema de administración de aprendizaje (LMS). El sistema, ya famoso entre los educadores de todo el mundo, posee un enfoque dinámico basado en la nube que los maestros usan para administrar y promover el aprendizaje.[5]

Sorprendentemente, el sitio es totalmente gratuito, lo cual lo hace especialmente atractivo para el frugal sector de las escuelas públicas y de fácil obtención en las economías en desarrollo. Eso es exactamente lo que Martin Dougiamas se propuso al lanzar el proyecto Moodle en 1999. Antes de eso, Dougiamas había sido administrador de sitios de la Universidad de Curtin, en Australia; se había sentido "frustrado con el software comercial existente en esa época" y creyó que Moodle podía mejorar las cosas. Pasaron nueve años más antes de que Moodle entrara formalmente en la nube en 2008, gracias a la tecnología de Amazon.

En la actualidad, más de 10,000 sitios utilizan Moodle, que cuenta con una comunidad de desarrolladores que constantemente mejora sus características.[6] El enfoque es parecido al de Wikipedia, que depende completamente de las contribuciones, la investigación y el conocimiento de individuos automotivados.

Aunque en un principio Moodle fue diseñado para el ambiente universitario, hoy se aplica, en todo el mundo, en una amplia gama de organizaciones, muchas de las cuales lo utilizan para cursos totalmente en línea o como apoyo para la enseñanza y el aprendizaje presenciales.[7] De hecho, las palabras "Vayan a casa y revisen sus tareas en Moodle" se oyen todos los días en los pasillos de instituciones educativas de todo el mundo.

La tecnología que impulsa a Moodle es sencilla. Con un nombre de usuario y una contraseña, los estudiantes, los maestros y los administradores pueden entrar al sistema y usarlo para la gestión de cursos y aprendizaje, para el aprendizaje a distancia, para participar en foros y wikis, para construir comunidades colaborativas de aprendizaje en torno a temas específicos, y para complementar los cursos presenciales (proceso llamado "aprendizaje semipresencial").[8] El concepto clave del enfoque del aprendizaje semipresencial es el de usar la modalidad de educación que más se adapte a los alumnos y a sus necesidades; incluye permitir la entrada a estudiantes que no tienen acceso físico a las aulas y la complementación de las aulas existentes.

Utilizando Moodle, un maestro de inglés puede usar el sistema basado en la nube para subir tareas de lectura, pegar en el muro preguntas basadas en lecciones, reunir y calificar exámenes y conducir a los alumnos hacia otras fuentes de información e investigación. Basta con ver el número de usuarios que el sitio ha atraído desde su inserción para evidenciar su utilidad. En septiembre de 2011 Moodle registraba cifras impresionantes:[9]

Número de sitios Moodle registrados:	56,198
Países:	214
Cursos:	4,768,448
Usuarios:	45,088,793
Maestros:	1,104,594
Inscripciones:	19,249,750
Comentarios en foro:	79,365,836
Recursos:	42,463,907
Preguntas de cuestionario:	80,033,351
Total de usos registrados:	1,091,075
Nuevos usuarios cada 24 horas:	790
Accesos de usuarios registrados cada 24 horas:	1,482

La idea de una nube educativa implica mucho más que un aula virtual. Se distingue por su capacidad de abarcar tanto grandes implementaciones con cientos de usuarios, como una sola aula con un maestro y quince alumnos. Esta amplitud en su ámbito de aplicación hace de Moodle un buen ejemplo de cómo la nube puede ampliar el alcance de la educación. Debido a que existe en la nube y es atendido por un ejército de voluntarios, su enfoque es, además de autosustentable, de desarrollo autónomo. Conforme cambian las necesidades del mercado, Moodle se transforma, casi en tiempo real, para suministrar el contenido más adecuado.

Como parte de la nube de Amazon, el ámbito de aplicación de Moodle es mucho más extenso que el área que abarca la educación media y media básica. Algunas de las principales universidades, por ejemplo la de California, en Berkeley, ofrecen al público webcasts y podcasts gratuitos mediante la plataforma Moodle.[10]

Y en la Preparatoria Maidu, de Auburn, California, los maestros utilizan la plataforma Moodle para dar a los alumnos la opción de *no* asistir a clases.[11] Éste es un ejemplo de cómo el modelo de Zona de Innovación genera ambientes de aprendizaje personalizados. En 2011, la escuela utilizó el sistema de contenidos abiertos para ofrecer cursos en línea a través del programa de educación en línea de una escuela cercana, la cual ofrece todos los cursos que los estudiantes necesitan para graduarse y continuar sus estudios.

Basta un poco de imaginación para visualizar a Moodle como un factor de cambio drástico respecto al aprendizaje tipo industrial al que casi todos estamos acostumbrados. El material de aprendizaje en línea, ubicado en un depósito central, proporcionará el mismo nivel de educación que las clases presenciales; incluirá capítulos de libros escaneados, lecciones en línea, videos, tareas y conversaciones con asesores, todo sin costo, sin necesidad de apoyo en sistemas.

La escuela Preparatoria Springville, de Alabama, también utiliza Moodle para originar ambientes de aprendizaje colaborativo en la nube.[12] En ellos, los maestros pueden ampliar sus aulas mediante ambientes seguros en línea en los que los estudiantes tienen acceso a tareas, pruebas y otros materiales. A los alumnos de octavo grado se les familiarizó con la nueva organización pidiéndoles que se inscribieran, recibieran material e hicieran exámenes en línea antes de llegar a conocer a sus maestros de inglés de noveno grado.

El nuevo método se extendió con rapidez y los profesores no tardaron en añadir clases a Moodle, la cual se convirtió en "ventanilla única" para que los estudiantes tuvieran acceso a trabajos pendientes, material de apoyo, presentaciones y cualquier trabajo que necesitaran revisar, desde cualquier computadora, fuera en casa o en la escuela. Actualmente, el programa Moodle de la Preparatoria Springville contiene clases de todas las áreas y sigue creciendo.

En la Escuela Great Corby del Reino Unido, Moodle es un ambiente en línea para los estudiantes, los profesores y los padres de familia.[13] De hecho, el sistema basado en la nube es una parte crucial de la comunidad escolar, porque permite a los alumnos aumentar su aprendizaje dentro y fuera de la escuela, facilita la difusión de la información a los padres y ayuda a los administradores a llevar un registro de las actas, la agenda, las fechas de las reuniones y las fotos de los eventos escolares. Como dice Kirsty Williamson, maestra de KS1 de la escuela:

Nuestra plataforma Moodle es una forma amable y rentable de mantener a los padres informados de los eventos escolares y de cualquier otra información necesaria. Y toda la información está protegida por contraseña para garantizar la seguridad de nuestros niños. Lo que los maestros aprecian y disfrutan más al utilizar nuestra Moodle es que promueve el aprendizaje personalizado, ya que en un ambiente de escuela pequeña con grupos de edades mixtas la capacidad de diferenciar es muy importante.[14]

Moodle no es el único programa que está haciendo esto. Otras organizaciones semejantes, como la Academia Khan sin fines de lucro, se enorgullecen de haber impartido más de 95 millones de lecciones mediante su aula abierta, que cuenta con 2,700 lecciones grabadas en video. Absolutamente todo el material del sitio khanacademy.org es gratuito y está disponible para cualquiera, sea o no alumno. Aunque Moodle y la academia Khan sean meras gotas en el océano del esfuerzo necesario para verdaderamente crear una fuerza de trabajo global de trabajadores calificados, indican claramente hacia dónde nos llevará la nube. La noción de aula abierta ya no está limitada por fronteras sociales, económicas, nacionales o políticas. Claro que puede ser una propuesta que atemorice a muchas escuelas que se aferran al concepto tradicional de aulas físicas dentro de edificios. Éstas probablemente continuarán siendo los lugares de aprendizaje más apreciados. Pero la historia del avance de la civilización no consiste en un aprendizaje cada vez mejor para unos cuantos miembros de la sociedad. Eso ya se hacía hace 2,000 años en la gran ciudad de Éfeso y se sigue haciendo en los sagrados pasillos de Harvard. Consiste, en cambio, en extender el acceso a la educación a poblaciones cada vez mayores y más diversas, y en quitar los obstáculos que existen tanto para los educadores como para los estudiantes.

Democracia educativa

La forma de educación abierta que Moodle representa en la nube no es un mero sustituto del aula escolar; altera de manera fundamental la propuesta de valor del aula tradicional. Aunque no siempre sustituye totalmente a un salón de clases, en muchos sentidos logra que el aprendizaje en la nube sea mejor que el aprendizaje en aulas tradicionales.

David DeHaven, decano de la Escuela de Ciencias de la Información de la Universidad Kaplan, la cual tiene una presencia en línea muy sólida, cree que, en muchos casos, el aprendizaje en línea puede ser mejor que el presencial: "Creo que de hecho va a ser mejor, y te diré por qué. La razón es que vamos a poder agregar recursos de gran riqueza en tiempo real y, por tratarse de un sistema basado en la nube, podremos hacer que tales recursos sean crecientes y móviles. Vamos a poder suministrar conocimientos a cualquier dispositivo, proporcionando al mismo tiempo colaboración y conectividad, las cuales constituyen una interacción enriquecedora entre los estudiantes. No creo que la experiencia en aulas vaya a ser sustituida completamente, pero sí que se establecerá una alternativa sólida y autosuficiente".

Sé que para quienes fuimos educados en aulas tradicionales la idea de un aula que esté completamente en la nube es difícil de aceptar, pero el aprendizaje basado en la nube se está convirtiendo en algo natural para la generación actual, que pasa más tiempo aprendiendo fuera de los salones de clase, en las redes sociales, mediante los juegos en línea y a través de medios masivos de gran riqueza. Si tienes hijos, fíjate cómo juegan. Los juegos como el muy popular *Minecraft*, donde se construyen complejas estructuras y ciudades, en un ambiente de cooperación global, a través de servidores esparcidos por la nube, son un ejemplo de cuán diferente puede ser este tipo de aprendizaje.

No hay que cometer el error de hacer estos juegos a un lado como mero entretenimiento. Si pudiésemos interesar a los niños en un salón de clase aunque fuera una décima parte de lo que se interesan en los juegos en línea, lograríamos ser supermaestros.

Esta relación entre el interés y el juego, omnipresente en la generación actual de jugadores, resulta muy difícil de comprender para la generación anterior.

Mi hijo Adam juega muchos juegos en línea que yo considero, a primera vista, de escaso valor didáctico. Consideremos, por ejemplo, los juegos de guerra en línea. Su realismo y el hecho de que el escenario de juego sea un campo de batalla me parecen cosas muy preocupantes. Y aun así es reflejo de cómo se combate en las guerras modernas, en las instalaciones militares de todo el mundo, donde soldados con conocimientos de alta tecnología manejan aviones no tripulados, a control remoto, y utilizan la fuerza letal a miles de millas de distancia del campo de batalla. ¿Me gusta esto? Desde luego que no. ¿Me preocupa que se haga parecer la guerra como algo inofensivo o limpio? Por supuesto. Pero si algún día Adam se convirtiera en un soldado, ¿preferiría que luchara mediante una palanca de control a que lo hiciera en una trinchera? ¿Dudas de que cualquier padre lo preferiría?

Esta discusión sobre los juegos puede parecer una digresión respecto a nuestro tema educativo. No lo es. A lo que quiero llegar es sencillamente a que estamos reconstruyendo la educación con formas y experiencias que apenas comenzamos a comprender. Hay una generación de niños que está siendo criada para esperar de toda educación un nivel de realismo que no sólo vaya más allá de la imitación del mundo real, sino que no se distinga de ese mundo. Si no llevamos esa experiencia al salón de clase, perderemos la atención de esta generación más rápido de lo que tardamos en cambiar un canal de televisión.

El poder principal de la nube es ampliar el alcance y el atractivo de la educación para lograr abarcar tantas mentes como sea posible, suscitando su interés en cualquier parte y en cualquier momento. Pero hay algo que, para la educación en la nube, representa una propuesta de valor más interesante aún que el hecho de suscitar interés, algo que no solemos considerar. La educación confiere poder: amplía la apreciación que como individuos y como sociedad tenemos de nuestro potencial. La tendencia fundamental de este poder es la creación de una sociedad en la que podamos colaborar con más libertad y otorgar un valor mucho mayor al proceso de colaboración. Y eso finalmente lleva a la apreciación del papel de la democratización como institución política en la cual el individuo percibe mayores posibilidades de prosperidad. La protección de esa prosperidad se convierte en tema de primera importancia tanto para los individuos como para las instituciones. ¿El resultado? *Se ha dicho que en la historia del mundo nunca ha ocurrido que dos democracias hayan peleado entre ellas.* Aunque ésta es una aseveración muy discutida, que depende de cómo definamos democracia y guerra, sugiere la idea de que el interés personal democrático se traduce en alianzas mutuas y en la necesidad de mantener la estabilidad siempre que sea posible. Más allá de los títulos y honores académicos, es posible que esta democratización sea uno de los grandes beneficios que la educación universal conlleva.

Los impresionantes cambios en la educación que hemos señalado en este capítulo terminarán siendo la fuerza más grande para cambiar la forma en que experimentamos no sólo la nube, sino la vida misma. Fijarán las expectativas sobre nuestro papel y nuestro trabajo, y sobre nuestras interacciones personales y profesionales. A estas alturas, imaginar ese futuro puede requerir bastante especulación y conjetura, pero los síntomas ya están ahí y, a diferencia de lo que ocurrió con los cambios de esta magnitud en el pasado, no tendremos que esperar durante generaciones para experimentar este cambio y los comportamientos que traerá consigo. Así que antes de dejar la nube viajemos una vez más a ese futuro e intentemos imaginar una vida en la nube.

Conclusión

Trabajar, vivir y jugar en la nube del año 2020

> Que vivan los locos. Los inadaptados. Los rebeldes. Los
> problemáticos. Los que no encajan. Los que ven las cosas de forma
> diferente. No les gustan las reglas... Se les puede citar, se puede no
> estar de acuerdo con ellos, glorificarlos o vilipendiarlos. Lo único que
> no se puede hacer es ignorarlos. Porque cambian las cosas. Impulsan
> a la humanidad hacia delante. Mientras que a algunos pueden
> parecerles locos, nosotros vemos su genio. Porque quienes están
> suficientemente locos como para creer que pueden cambiar al mundo
> son quienes lo hacen.
> *–Apple Inc.*

¿Qué es lo que más valoras? Piénsalo un momento.

Cada quien tiene su medida del éxito, pero me atrevería a decir que sin importar en qué consistan nuestras ambiciones, nuestros deseos y nuestras esperanzas personales, nadie puede lograrlo solo.

Al comienzo de este libro dije que la nube hacía referencia a la formación de un nuevo tipo de comunidad que alteraría las reglas del riesgo, la innovación, el equilibrio y el éxito. Al hablar de todas las maneras en que la nube cambia o está por cambiar cada una de estas cosas, he dejado a un lado la visión a largo plazo de la nube; y por "largo plazo" quiero decir muchas décadas, acaso toda una vida. Dado ese marco de tiempo:

> Lo que la nube cambiará más es la forma en que construimos y aprovechamos la comunidad en pro de la humanidad.

Una cosa es evaluar la revolución de la nube basándonos en qué tan bien aprovecha la forma en que construimos la comunidad, en comparación con la forma en que construimos comunidad utilizando la tecnología existente como los teléfonos, las computadoras y la internet; y considerar cómo la nube puede cambiar la naturaleza fundamental de la comunidad humana es algo completamente distinto.

Quisiera hacer un pequeño vuelo imaginario por la nube a largo plazo para considerar cómo será el mundo dentro de cincuenta años, cuando nos enfrentemos con cantidades ilimitadas de información y poder informático al tiempo que diez mil millones de personas estarán interconectadas íntimamente mediante casi un millón de millones de dispositivos.

Algunas cosas no cambiarán, por lo que será mejor comenzar por ahí. Somos seres humanos y nos impulsan los anhelos, los valores y los conflictos. Ni el deseo de acumular riqueza ni la seducción de la posesión desaparecerán, ni lo hará el atractivo del liderazgo o el logro, ni la pasión por experimentar y explorar. Si bien las formas que adquieran tales cosas dentro de cien años podrían parecernos muy diferentes, lo que las sustenta será tan familiar como el anhelo de alcanzar la luna lo era para Colón: ambas cosas implican la búsqueda de nuevos mundos. Sólo que la escala y la complejidad de los fines aumentarán al acelerar los órdenes de magnitud y las herramientas necesarias para impulsar y sostener los cambios.

Hace cerca de 150 años, Carlos Marx observó que la economía es la fuerza fundamental que impulsa todo desarrollo humano. Los tiempos cambian, escribió Marx en su manifiesto *El capital,* conforme cambian los factores de producción (la tecnología, los recursos y la organización). Sin importar lo equivocado que Marx estaba acerca del funcionamiento de lo que consideraba su gran plan, en este punto tenía razón. En efecto, las eras cambian en la medida en que evolucionan las herramientas de que disponemos para hacer los cambios. Aun así, lo que Marx no entendió, lo que no pudo haber entendido, fue el mecanismo final de la nube.

¿Podría algún economista, político o revolucionario, sin importar a qué credo perteneciera, haber previsto que la comunidad global sería algo que proviniese de dentro y que no fuese impuesto desde fuera? ¿Podría algún visionario haber previsto que la desintegración de las organizaciones, las naciones y las instituciones llevaría a un caos constructivo que impulsara los alcances de la democracia, en lugar de a un desorden destructivo? Hemos visto la disolución súbita de gobiernos dado el trabajo en las redes sociales. Hemos sido testigos del surgimiento de lo que considerábamos países del tercer mundo debido a cambios profundos en la educación y a la disponibilidad de tecnología para impulsar la educación y el comercio. Las respuestas son claras, pero sólo en retrospectiva.

La aldea global de Marshall McLuhan apareció de la noche a la mañana. Su virus nos infectó antes de que pudiéramos saber qué ocurría. La comunicación global y la conexión instantánea han creado oportunidades y retos que pocos habríamos podido prever. Desde la formación de células y redes de terror hasta el complejo entramado de las economías mundiales, los cambios son tan profundos como los que produjeron las guerras mundiales, y han costado mucho menos víctimas humanas. Los cambios radicales que presenciamos en la actualidad no sólo implican la transición de los factores de producción del terreno industrial al informático, sino que, y esto es aún más importante, están transformando la naturaleza misma de nuestra construcción y aprovechamiento de la comunidad, a una escala de proporciones inimaginables.

Dentro de treinta años no sólo podremos construir nuestro propio personaje o imagen pública virtual, sino que me atrevería a decir que ese personaje no será distinto de nosotros mismos, de nuestra fortuna, nuestro sustento y nuestra pertenencia a la sociedad moderna. Dentro de cincuenta años ese personaje trabajará para nosotros y colaborará con otros personajes de todo el mundo. ¿Viviremos vidas de ocio, como se ha prometido durante toda la evolución industrial de la humanidad? Lo dudo. Como especie, no tendemos al ocio. Tendemos a plantearnos retos. La interrogante es cuáles serán esos retos.

Esta forma de pensar implica un cambio que transformará por completo al mundo al proporcionar los medios y el mecanismo necesarios para otorgar valor a un espectro de humanidad mucho más amplio del que ningún ideólogo político pudiera haber soñado.

> Durante ese proceso, no sólo tendremos ante nosotros la oportunidad de hacer circular bienes y servicios, sino también la de hacer que la humanidad misma avance unos cuantos pasos.

En más de quinientos años de logros tecnológicos apenas hemos escarbado la superficie de la humanidad con la tecnología. A pesar de la abrumadora proliferación de tecnología de la comunicación, la mayoría de la gente del mundo vive en el aislamiento. Podrán existir mil millones de direcciones de correo electrónico y cinco mil millones de dispositivos celulares habilitados, pero al menos la mitad de la población del mundo vive con menos de 5 dólares norteamericanos al día, por debajo de cualquier nivel de pobreza razonable.

Como veremos más adelante, al hablar sobre la Pirámide de Maslow, hay buenas razones para decir que la gran mayoría de los seres humanos tiene cosas más importantes en qué pensar que en la tecnología de la comunicación, como son la vivienda, la alimentación y la supervivencia. Pero, ¿qué decir sobre la capacidad de la nube para cambiar estos hechos? Parto de la premisa de que con la nube no sólo tenemos la oportunidad de cambiar los negocios y el comercio, sino también la de hacer avanzar en gran medida a la humanidad durante ese proceso.

Hemos crecido en un mundo donde la posesión de bienes materiales ha sido el mayor factor para medir la riqueza y la prosperidad. Nos encontramos en un periodo de transición hacia un orden mundial en el que los bienes intangibles, como los datos, la comprensión de comportamientos mediante el análisis, la identidad, la influencia y la habilidad para crear relaciones y comunidades se están convirtiendo en factores significativos para producir riqueza. Como hemos visto en este libro, esto es verdad tanto en el caso de Google como en el de GM.

Los cambios radicales de nuestro tiempo no sólo están llevando los factores de producción de lo industrial a lo informacional, sino que también, y esto es más importante, están abriendo nuevas posibilidades en los marcos legales que proporcionan la estructura de la propiedad de tales factores de producción. Consideremos, por ejemplo, lo que dijimos en el capítulo 4 sobre quién es el propietario de nuestro casillero digital y a quién se le puede otorgar acceso a su contenido.

Si tienes dudas acerca del valor de toda esta información en la nube, considera que la guerra más mortífera de este siglo será la que ataque a la nube, ya que ésta será el medio por el cual organicemos nuestras cadenas de abastecimiento y la distribución de alimentos, combustible, medicamentos y servicios a la población mundial. Será el depósito de los datos relativos a nuestras instituciones económicas, educativas, médicas y militares.

Especular en torno al impacto que la nube tendrá a largo plazo es como mirar en una bola de cristal. Nuestra capacidad de prever el impacto de la nube en el futuro es tan limitada como lo fue en su tiempo la de los primeros usuarios de tecnologías como los aviones, el teléfono y la radio. Acaso nosotros estemos aún más limitados, dada la velocidad con la que se dan los cambios en nuestra ágil infraestructura de comunicaciones.

No es que no entendamos la tecnología. La tecnología es bastante predecible. Comprendemos los efectos de la ley de Moore; lo que no entendemos son sus efectos en nuestro comportamiento y, a través de eso, sus implicaciones para nuestros sistemas sociales, económicos y políticos. Nos estamos preparando para cosas que ni sabemos que ignoramos.

Estamos ante un nudo gordiano de proporciones colosales. La naturaleza misma de la revolución es alterar el orden de cosas de tal modo que la visión del futuro se pierde de vista. Sin embargo, podemos conjeturar. En primer lugar, queda claro que nos haremos completamente dependientes de la nube como medio para organizar nuestra vida, que nos apoyaremos en ella para todo, desde la forma de comunicarnos y colaborar hasta la manera como experimentamos el entretenimiento y el juego. Muchos de nosotros ya somos dependientes. *Hoy mismo, en una encuesta realizada por Cisco, una de tres personas indicó que para ella la internet era más importante que el alimento, el aire y el agua.*

Nuestra dependencia de la nube se convertirá en parte natural de nuestra definición de la experiencia de la humanidad. Y esto será aplicable a casi toda la humanidad, desde las personas que habitan las ciudades más grandes hasta las que viven en las aldeas más pequeñas y remotas. Después del agua limpia, la comida y la vivienda, la nube será el recurso más indispensable para que todos los seres humanos del planeta rebasen el primer nivel de la pirámide de Maslow, la cual define las sucesivas necesidades humanas, desde las físicas más básicas en su base, hasta la autorrealización en su cima. Lo que resulta de especial interés en lo que digo es que si revisamos los niveles de la pirámide de Maslow, a los cuales la nube precederá y cimentará, veremos que casi todos se enriquecen en forma significativa mediante el uso de la nube; por ejemplo, la nube enriquece la amistad, la familia, los logros, la resolución de problemas, la creatividad y la espontaneidad. Sostengo que en algún momento, en un futuro no muy lejano, no sólo se verán enriquecidos por la nube, sino que también dependerán de ella en el contexto de la civilización moderna –de la misma forma que hoy podríamos decir que es esencial contar con telecomunicaciones básicas para satisfacer muchas de esas necesidades.

Primero veremos que esta transformación de nuestra necesidad de la nube se realiza en las formas en que utilizamos la comunidad basada en la nube para contrarrestar la creciente complejidad y la incertidumbre en nuestra vida mediante el desarrollo de redes de relaciones hiperconectadas que viajan con nosotros a dondequiera que vamos. Estas comunidades móviles actuarán como sistema de apoyo que nos permita sacar ventaja de las buenas oportunidades que van disminuyendo cada vez más y la casualidad diseñada a la que me referí en el capítulo 5.

Pero eso pronto se convertirá en algo más que una simple libreta de direcciones en la nube o un *tweet*, un mensaje de texto o una publicación para

Jerarquía de las necesidades humanas de Abraham Maslow (llamada pirámide de Maslow)

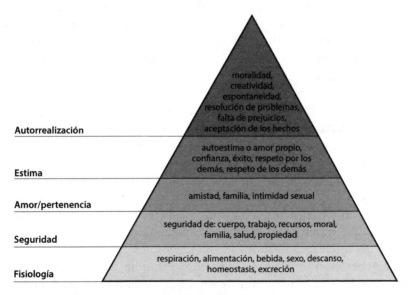

La jerarquía de las necesidades humanas de Abraham Maslow, llamada la pirámide de Maslow, ilustra la sucesión de las necesidades humanas a través de cinco niveles, desde las necesidades físicas más básicas hasta la autorrealización.

los amigos de Facebook. Dentro de los próximos cinco años, nuestros dispositivos móviles se volverán los cimientos de la educación para toda la vida, la seguridad en el trabajo y la paz interior. Nos acostumbraremos a la inmediatez de las interacciones que estas comunidades intrincadas proporcionan, tanto como hoy estamos habituados a las interacciones con compañeros de trabajo y vecinos.

Entre los miembros de estas comunidades, el valor se intercambiará no sólo a través de la interconexión tradicional, como es, por ejemplo, el ayudar a encontrar el siguiente evento musical, sino cada vez más mediante el intercambio de monedas virtuales. Estas monedas virtuales, de las que hablamos en el capítulo 7, tendrán un papel importante para el equilibrio y la cobertura de nuestras carteras personales contra la volatilidad de nuestras monedas nacionales.

Para nuestros hijos, la nube creará una norma de colaboración y de libre intercambio de ideas que modernizará el sistema de patentes y marcas.

La propiedad intelectual pasará por cambios drásticos conforme la utilización de patentes como herramientas de protección dé paso a la noción de la propiedad en colaboración de las ideas, así como al intercambio hiperfluido de ideas.

Aunque sea tan difícil de aceptar para quienes actualmente estamos inmersos en guerras de patentes, la generación que ahora crece hiperconectada encontrará mucho más valor en el intercambio libre y abierto de ideas que en el enfoque cerrado y proteccionista con el que nosotros crecimos. Sus miembros se alentarán unos a otros a trabajar para sacar ventaja de sus ideas en formas que hoy nos parecerían absurdas. Tendrán que hacerlo para ir a una velocidad que les permita mantener el paso de la rapidez del cambio y la magnitud de los problemas que tendrán que enfrentar.

No desechemos así nada más esta nueva colaboración abierta. Algunos de los grandes logros han sido el resultado de alianzas abiertas entre naciones que de otra forma habrían sido adversarias. Pensemos en las alianzas que ayudaron a salvar al mundo, que estaba al borde del desastre durante la Segunda Guerra Mundial, o en la colaboración que dio como resultado la Estación Espacial Internacional, o en las formas en las que la comunidad global ha enfrentado las pandemias. Todas estas cosas implicaron niveles de colaboración que se irán volviendo comunes y corrientes conforme vaya creciendo la nube y se desarrollen comunidades que trasciendan las fronteras nacionales y forjen lazos incluso más fuertes que los intereses soberanos de sus miembros.

La generación hiperconectada también implicará un nuevo conjunto de actitudes respecto a la ludificación de los espacios de trabajo. Habiendo crecido mientras pasaban una alarmante cantidad de tiempo frente a juegos en línea, de acuerdo con la apreciación de sus padres, los miembros de esta generación ven en el juego un mecanismo natural para socializar y para resolver problemas. Esta expectativa influirá en la manera en que esperarán trabajar y en las herramientas que querrán usar. No hay duda de que eso originará interfaces de juego para el trabajo que probablemente resultarían nauseabundas para los trabajadores de hoy.

La nube proporcionará una plataforma para el comercio donde el papel de las empresas pequeñas y medianas sea mucho más significativo en la economía global. Las grandes corporaciones no desaparecerán. Su papel como auxiliares para el incremento de la dimensión de las nuevas ideas continuará siendo de inmenso valor. Pero su papel como influencias predominantes de la economía y como fuentes de nuevas ideas mediante la investigación y el desarrollo tradicionales no tardará en ceder ante la velocidad y la eficiencia económica de las empresas pequeñas, las cuales pueden experimentar con riesgos mucho menores e incrementar con rapidez las nuevas ideas. Junto con esto vendrá una nueva era que a mí me gusta llamar *el empresariado de todos,* en la que todos tendrán la oportunidad de ser empresarios sin los grandes riesgos –como hipotecar la casa o poner en juego el historial laboral– que solía conllevar la fundación de una empresa propia.

Como parte de esta tendencia, también podremos ver a los países en vías de desarrollo de Asia, Latinoamérica y África penetrar en el centro de la economía al desarrollar la capacidad de educar, cuidar y asegurar a sus pueblos mediante la nube.

Al mismo tiempo, esto originará la emigración de las poblaciones de las ciudades en las economías desarrolladas y alterará en forma permanente la visión que tenemos de las ciudades como centros de comercio. Los centros de comercio ya no existirán en el mundo físico, sino como centros de gravedad para el estilo de vida y el entretenimiento.

La nube originará un resurgimiento sorprendente de la fabricación mediante la introducción de la micromanufactura; la creación de casi todos los bienes físicos se dará a escala regional, en los barrios y hasta en las casas, mediante impresoras 3D que surtirán los productos minutos después de su compra. Las empresas como Shapeways.com ya proporcionan esta posibilidad de, en sus propias palabras, "aprovechar la impresión 3D para que puedas hacer, comprar o vender lo que quieras".[1] Al final, utilizaremos una tecnología parecida en la nube para hacer y comprar objetos que se puedan imprimir en casa con la misma facilidad con la que hoy bajamos un archivo en PDF.

La idea de herencia cobrará un nuevo sentido conforme las nubes de legado digital, que capten, almacenen y protejan nuestras huellas digitales a lo largo de nuestra vida, proporcionen acceso a nosotros mucho después de que hayamos muerto. Estas nubes de legado digital desarrollarán una nueva forma de propiedad respecto a nuestros personajes y casilleros digitales, la cual tendrá igual o mayor valor para nuestros herederos que cualquier otra parte de nuestra herencia.

La nube transformará la práctica de la medicina, que pasará a ser una experiencia completamente móvil en lugar de una experiencia clínica inconexa. Nuestros cuerpos estarán constantemente monitoreados por nuestros dispositivos inteligentes móviles, que a su vez se vincularán con los mejores recursos posibles para atender nuestras necesidades de salud actuales, y estarán constantemente sintonizados para lograr un nivel de medicina preventiva sin parangón en el sistema de salud actual. Nuestros personajes o imágenes públicas virtuales tendrán abogados virtuales que hablarán por nosotros cuando no nos sea posible hacerlo directamente. Si nos lesionamos, la nube sabrá dónde estamos, qué nos ocurrió y lo que requerimos para sanar, desde la coordinación necesaria del transporte al centro de salud más cercano que pueda atendernos, hasta los medicamentos personalizados adecuados según el genoma guardado en nuestro casillero digital. Trascenderemos por mucho los expedientes clínicos con avatares médicos que representen todos los aspectos de nuestro historial médico, nuestro perfil genético y nuestras preferencias personales.

Los productos farmacéuticos no sólo estarán personalizados con base en nuestro genoma, sino que tendrán un seguimiento en tiempo real, y cada tableta, cápsula y líquido estarán integrados a la nube con sus propias conexiones para determinar los patrones de uso y la adecuación a las prescripciones médicas.

La nube también nos protegerá del delito mediante la creación de un modelo prospectivo de sistema de justicia. Nuestro mundo basado en sensores, interconectado a la nube, nos permitirá la prevención del delito de la misma forma en que utilizamos un GPS en tiempo real para evitar las aglomeraciones de tránsito. En Santa Clara, el sistema de justicia ya utiliza software para hacer esto. Según la revista *Journal of the American Statistical Association*, "En promedio, [Santa Clara] predijo la ubicación y la hora de 25 por ciento de los robos con allanamiento que ocurrieron cualquier día en particular en un área de Los Ángeles en 2004 y 2005, tan sólo utilizando los datos sobre robos con allanamiento que habían ocurrido antes de ese día".[2]

> Acaso lo más preocupante sea que la nube se convertirá en un escenario de guerra, y las guerras en la nube y el terrorismo en la nube estarán entre las mayores amenazas para la paz y la seguridad de nuestro mundo.

Esto me recuerda un episodio de la serie de televisión de los años sesenta *Star Trek*, en la que una civilización extraterrestre tenía guerras "éticas". En esa forma de guerra se arrojaban bombas virtuales sobre las ciudades; las bajas no ocurrían por la destrucción física, sino por medio del cálculo de quiénes habrían resultado muertos y de su conducción, sin protestas, a centros de eutanasia. Los ciudadanos de ese mundo extraterrestre participaban voluntariamente en la guerra virtual para evitar los horrores de una guerra física. La guerra basada en la nube de la que hablo no es antiséptica ni limpia. Las naciones y las organizaciones como Al Qaeda atacarán la nube en formas que causarán destrucción física masiva hackeando nuestros sistemas de seguridad, economía, suministro de alimentos y salud, en formas que amplificarán la magnitud del sufrimiento humano en la guerra convencional actual. Este proceder no reemplazará la guerra ni el terrorismo, sino que los intensificará como a un cerillo rociado con gasolina.

No obstante, aun con todas las ventajas y amenazas que he bosquejado, apenas he comenzado a describir cómo es que la nube va a alterar nuestro mundo. Pero podría apostar a que estás cuestionando e intuitivamente aún te resistes ante el grado moderado de cambio que he descrito.

¿Por qué? Porque el cambio no resulta fácil para mentes acostumbradas a patrones de comportamiento individuales e institucionales casi imposibles de trascender. Para decirlo en términos sencillos, el cambio no es fácil. Consideremos que sólo 20 por ciento de los pacientes que sufren un paro cardiaco cambian su comportamiento a largo plazo y adoptan un estilo de vida que evite un paro cardiaco futuro. ¿Por qué nos resistimos tanto al cambio? No es tanto que le tememos, sino más bien que somos incapaces de dejar los hábitos que hemos fortalecido durante décadas de experiencia, los patrones de los que hablamos al principio de este libro.

Pero hay cosas que pueden acelerar los cambios, y casi todas ellas son impulsadas por las crisis. No dudo que lo mismo ocurra con la nube. Una crisis de inmensa complejidad que amenace a casi todas las instituciones –sociales, políticas y económicas– nos llevará a la nube como a un refugio y un medio de supervivencia.

¿Qué tan inmensa necesitará ser la crisis?

Comencemos por hacernos una pregunta sencilla: ¿Cuánto ha avanzado la humanidad en los últimos mil años? Elijamos casi cualquier indicador de productividad; por ejemplo, ¿a cuántas personas puede alimentar un granjero, cuánto ha aumentado la velocidad con que podemos recorrer grandes distancias, cuánto ha aumentado nuestra expectativa de vida? Para nuestra sorpresa, ninguna de las respuestas arroja un incremento mayor a unos cuantos órdenes de magnitud, a lo sumo. Es interesante notar que los indicadores que más han avanzado son los que se refieren a las cosas que nos permiten crear comunidades más veloces y más grandes, como la radio, el teléfono y el transporte; por ejemplo, hace mil años, una persona podía viajar a caballo a cerca de 12 kilómetros por hora, y casi todos los caballos eran capaces de recorrer entre 30 y 50 kilómetros en un día; hoy, un Boeing 747 vuela a 565 mph y su alcance es de 14,000 kilómetros. Sin embargo, incluso estos avances parecerán poco si se les compara con lo que la nube traerá.

Ya sea la ley de Moore, que prevé la duplicación del poder de procesamiento informático cada dos años, o la ley de Metcalfe, que establece que el valor de una red es igual al cuadrado de sus nodos, la conclusión ineludible es que nuestra capacidad actual para crear conexiones es apenas un atisbo de lo que el futuro nos reserva.

A pesar de todos nuestros avances, seguimos conectando la nube sólo a una porción relativamente pequeña de la humanidad. De los siete mil millones de personas en el planeta sólo dos mil millones tienen acceso a internet. De estos últimos, yo calcularía que menos de la mitad, o cerca de mil millones, utiliza de alguna forma la nube, ya sea interactuando en redes sociales como Facebook o participando en el cloudsourcing o quizá en intercambios en línea como E2open. Aun así, hablamos de las formas radicales en que la nube ha alterado nuestra vida. ¿La vida de quién? Ciertamente, no la del otro 85 por ciento de los habitantes del mundo.

Al mismo tiempo, podríamos decir que dentro de la comunidad de los usuarios actuales de la nube, sólo una minoría la está utilizando para formar comunidades en las que se esté originando valor económico realizable y no sólo para la experimentación y el entretenimiento casual. Si sumamos los trabajadores en la nube, los colaboradores de los intercambios de ideas como NineSigma e InnoCentive y los participantes en cadenas de valor basadas en la nube, yo diría que el total representa 1 por ciento de esos mil millones, es decir, diez millones de personas en todo el mundo, las cuales conforman la totalidad de la población trabajadora en la nube. Eso no alcanza ni las dos décimas partes del 1 por ciento de la población mundial.

Aun así, este pequeño grupo puede hacer cien millones de millones de conexiones posibles, de acuerdo con la ley de Metcalfe. La realidad concreta es que sólo se realizará un pequeñísimo número de estas conexiones, pero al menos tenemos una especie de referencia.

¿Qué podría significar el hecho de que pudiéramos aumentar el número de participantes en la nube y el valor económico resultante de esta comunidad durante la siguiente década, cambiando esta ecuación aunque fuese sólo por un pequeño margen? Si duplicamos el número de participantes en la nube, las posibles conexiones se cuadriplican a 400 millones de millones.

Si se aumenta ese mismo número de participantes en la nube a 1 por ciento de la población mundial (en el presente), es posible que haya 5,000 millones de millones de conexiones. Eso es un incremento mayor a cuatro órdenes de magnitud y a más de cincuenta veces el número de conexiones comunitarias disponibles en línea en el mundo actual. ¡Y sólo estamos incluyendo a 1 por ciento de la población mundial! Tratemos de imaginar cuántas cosas podrían cambiar si pudiéramos lograr porcentajes de participación de dos dígitos.

Podemos ver a dónde nos lleva esto. Los números son abrumadores, y ni siquiera he factorizado el aumento incluso más veloz y el número aun mayor de conexiones entre sistemas o entre personas y sistemas. En este mundo se puede entender por qué creo que la nube será para el comercio y para nuestra vida lo que la evolución de la vida inteligente fue para el proceso de la evolución.

Además —y debemos asegurarnos de no subestimar esto— la nube no sólo será construcción y propiedad de las corporaciones internacionales, sino de un ecosistema intrincado e inimaginablemente complejo que llega directamente hasta el individuo. Y es aquí donde la nube tendrá su impacto más profundo.

La posesión más importante en el siguiente siglo será la comunidad y las conexiones que formemos dentro de la nube.

A lo largo de este libro he tratado de dejar en claro que la nube sigue representando los extremos de los mercados y de la economía hacia los que el poder se ha estado dirigiendo de manera lenta pero constante durante siglos. Hemos hablado sobre cómo todos los sistemas sociales, políticos y económicos se están descentralizando hacia entidades aparentemente no controladas por las autoridades centralizadas, sino regidas por sus comunidades. Así que, ¿por qué no dar el siguiente paso y visualizar qué podría pasar si ese poder se moviese aún más hacia las manos de las personas que conforman esas comunidades, amplificando sus voces y sus ambiciones mucho más allá de las restricciones actuales?

¿Por qué limitar la idea de la nube a grandes empresas o a cadenas de valor globales? Y ya que estamos en eso, ¿por qué limitarla al comercio, grande o pequeño, como lo conocemos en la actualidad? La nube ya está siendo utilizada por individuos para construir comunidades instantáneas al servicio de sus intereses económicos y personales, los cuales van desde el derrocamiento de gobiernos hasta las protestas en Wall Street. El impacto y las implicaciones de esa tendencia van a crecer.

Pensemos en ello. Al crear una empresa o un partido político, el mayor impedimento siempre ha sido el tiempo que toma forjar la comunidad. Cuando eso cambie, ¿cómo cambiará el mundo? ¿Cuál será la apariencia de este mundo valeroso, nuevo, basado en la nube, de esta comunidad globalmente hiperconectada?

Digámoslo de manera simple y personal. Imaginemos el despacho de un abogado a media luz, caras solemnes mirando como ausentes por sobre una oscura mesa de caoba. Un hijo y una hija están reunidos para oír la lectura del testamento de su padre amado. El abogado comienza a leer. Su voz monótona se prolonga durante lo que parece ser cuestión de horas, hasta que hace una pausa y se dispone a leer: "...dejo a mi querido hijo toda mi hacienda, el dinero, las acciones, los bienes raíces y efectos personales..."

La hija, seria, baja los ojos mientras su corazón se estremece.

El abogado continúa, "... excepto la nube que utilicé para construir mi fortuna. Ésta se la dejo a mi hija, confiando en que la utilizará para construir un mundo mejor".

"¿Lo ves, hermanita? Te dije que papá te quería más..."

¿Descabellado? ¿Qué gran cambio no lo ha sido? Sólo es improbable en la medida en que descontemos la habilidad que tenemos para asumir nuevos desafíos reinventándonos, reinventando nuestra sociedad, nuestras empresas y nuestras economías, en formas drásticamente nuevas, que acojan la imagen del mundo aprovechando el poder de su humanidad conectada, hacia un mundo que viva y prospere en la nube.

Notas finales

Capítulo 1

[1] Jerry Hirsch, "GM Plans a Short-Term Rental Service Involving Owners of Its Autos", *Los Angeles Times*, 4 de octubre de 2011, http://www.latimes.com/business/la-fi-gm-onstar-20111005,0,4636787.story.

[2] Casey B. Mulligan, "The More the Merrier: Population Growth Promotes Innovation", *New York Times Economix blog*, 23 de septiembre de 2009, http://economix.blogs.nytimes.com/2009/09/23/the-more-the-merrier-population-growth-promotes-innovation/.

Capítulo 2

[1] John Markoff, "An Internet Critic Who Is Not Shy About Ruffling the Big Names in High Technology", *New York Times*, 9 de abril de 2001, http://www.nytimes.com/2001/04/09/technology/09HAIL.html?ex=1230872400&en=5dl 56fc75d409335&ei=5070.

[2] "Conversation with Eric Schmidt hosted by Danny Sullivan", *Search Engine Strategies Conference*, comunicado de prensa, Google Press Center, 9 de agosto de 2006, http://www.google.com/press/podium/ses2006.html.

[3] corbett3000, "Facebook Demographics and Statistics Report 2010 - 145% Growth in 1 Year", iStrategyLabs, 4 de enero de 2010, http://www.istrategylabs.com/2010/01/facebook-demographics-and-statistics-report-2010-145-growth-in-l-year/.

[4] "Daily Media Use Among Children and Teens Up Dramatically from Five Years Ago", *The Henry F. Kaiser Family Foundation Media & Health*, comunicado de prensa, 20 de enero de 2010, http://www.kff.org/entmedia/entmedia012010nr.cfm.

[5] Gordon E. Moore, "Cramming More Components onto Integrated Circuits", *Electronics*, 19 de abril de 1965, 114-117, consultado el 22 de agosto de 2011, http://cseweb.ucsd.edu/classes/wi09/cse240c/Slides/02_MooresLawAnd8080.pdf. "Aunque originalmente se haya calculado como una duplicación cada año,[1] Moore después se encargó de refinar el periodo a dos años.[2] En esta segunda fuente, Moore también sugiere que la versión que a menudo se cita como un periodo de "18 meses" se debe a David House, un ejecutivo de Intel, quien predijo ese periodo para una duplicación en el desempeño del chip (se

trataba de una combinación del efecto de más transistores y que éstos fueran más veloces)."[3] (Fuente: http://en.wikipedia.org/wiki/Moore%27s_law#cite_note-18months-3.)

Capítulo 4

[1] Al momento en que esto escribo, Facebook acaba de presentar una función para hacer esto, que se llama Timeline® o Biografía.

[2] Una barrera de seguridad o cortafuegos es una tecnología que muchas organizaciones utilizan para prevenir intrusiones no deseadas o no autorizadas en sus redes y sistemas de información.

[3] Misha Glenny, "Cybercrime: Is It Out of Control?", *Guardian News and Media Limited*, 21 de septiembre de 2011, http://www.guardian.co.uk/technology/2011/sep/21/cybercrime-spam-phishing-viruses-malware.

[4] Neil J. Rubenking, "Reputation.com Protects Online Reputations", *PC Magazine Digital Edition*, 16 de febrero de 2011, http://www.pcmag.com/article2/0,2817,2380463,00.asp.

[5] "Identity Fraud Fell 28 Percent in 2010 According to New Javelin Strategy & Research Report", *Javelin Strategy & Research Report*, 8 de febrero de 2011, https://www.javelinstrategy.com/news/1170/92/1.

[6] Danah Boyd, "Managing Representation in a Digital World" (tesis de maestría, MIT Media Lab), capítulo 5, http://smg.media.mit.edu/people/danah/thesis/thesis/idmgmt.html.

[7] Hasan M. Elahi, "You Want to Track Me? Her You Go, F.B.I.", *New York Times*, 29 de octubre de 2011, http://www.nytimes.com/2011/10/30/opinion/sunday/giving-the-fbi-what-it-wants.html.

[8] Seema Sinha, "Live Forever, Virtually", *The Times of India*, 7 de noviembre de 2011. http://articles.timesofindia.indiatimes.com/2011-10-09/man-woman/30260014/_1_online-presence-cyber-world-facebook.

[9] Angence France-Presse, "After Death, Web 'Assets' Often Tangled in Cloud", *Inquirer*, 14 de septiembre de 2011, http://technology.inquirer.net/4179/after-death-web-assets-often-tangled-in-cloud.

Capítulo 7

[1] "Smal Businesses, Job Creation and Growth: Facts, Obstacles and Best Practices", Organisation for Economic Co-operation and Development, http://www.oecd.org/dataoecd/10/59/2090740/pdf.

[2] Scott Thill, "Bitcoin: A New Kind of Money That's Beyond the Reach of Bankers, Wall St. And Regulators?", *AlterNet*, 28 de julio de 2011, http://www.alternet.org/news/151822/bitcoin:_a_new_kind_of_money_that%27s_beyond_the_reach_of_bankers,_wall_st._and_regulators/.

[3] Cassie Marketos, "Kickstarter Awards: By the Numbers", *Kickstarter Blog*, 10 de enero de 2011, http://www.kickstarter.com/blog/kickstarter-awards-by-the-numbers.

⁴ "The Help Center", *Kickstarter FAQ*, www.kickstarter.com/help/faq.

⁵ *Ibid.*

⁶ Evan Ackerman, "Official NASA MMO offering up swag for Kickstarter funding (Update: It's a go!)", *DVICE*, 26 de agosto de 2011, http://dvice.com/archives/2011/08/official-nasa-m.php.

⁷ Philip Neustrom, "The Pros and Cons of Using Kickstarter to Fundraise", *PBS MediaShift Idea Lab* (weblog), 15 de noviembre de 2010, http://www.pbs.org/idealab/2010/11/the-pros-and-cons-of-using-kickstarter-to-fundraise316.html.

Capítulo 8

¹ La respuesta a la adivinanza es un diamante de beisbol (lo que, por supuesto, a estas alturas ya te habías imaginado).

² Patrick Ritter, "42 Fun and Interesting Statistics for College Students", *degreecentral.com* (blog), 22 de marzo de 2011, http://degreecentral.com/42-fun-and-interesting-statistics-for-college-students/.

³ "E-Marketplace: eLance", *Businessweek Online*, 5 de junio de 2000, http://www.businessweek.com/2000/00_23/b3684045.htm.

⁴ Codi Barbierri, "Elance Report: Freelance Is the New Full-time", *VentureBeat*, 12 de abril de 2010, http://venturebeat.com/2010/04/12/elance-report-freelance-is-the-new-full-time/.

⁵ "What My Elance Cloud Commute Looks Like by Ted Bendixson, Freelande Writer", video de YouTube, 1:04, publicado por "shredbots", 20 de octubre de 2010, http://www.youtube.com/watch?v=AWvTzs8EX7w&feature=related.

⁶ Richard Freeman, "What Really Ails Europe (and America): The Doubling of the Global Workforce", *the Globalist*, 5 de marzo de 2010, http://www.theglobalist.com/storyid.aspx?StoryId=4542.

Capítulo 9

¹ "Literacy", United Nations Educational, Scientific and Cultural Organization, http://www.unesco.org/new/en/education/themes/education-building-blocks/literacy/#topPage.

² Chikodi Chima, "Hands On: India's $35 Aakash Android Tablet Lands in America (exclusive)", *VentureBeat*, *MobileBeat*, 26 de octubre de 2011, http://venturebeat.com/2011/10/26/aakash-android-tablet-exclusive/.

³ Thomas L. Friedman, "The Last Person", *New York Times*, 12 de noviembre de 2011, http://www.nytimes.com/2011/11/13/opinion/sunday/friedman-the-last-person.html.

⁴ Leonard Medlock y Betsy Corcoran, "YouTube U: The Power of Stanford's Free Online Education", *Fast Company Co.Exist*, http://www.fastcoexist.com/1678792/youtube-u-the-power-of-stanfords-free-online-education.

⁵ "Moodle About", consultado en noviembre de 2011, http://www.moodle.org/about/.

[6] "Welcome to the Moodle Toolkit – The Ultimate Guide to Moodle for Non-Profits", Universidad de San Francisco, Departamento de Ciencias de la Computación, consultado en noviembre de 2011, http://www.cs.usfca.edu/~jreyes/Moodle/index.html.

[7] "Moodle in Education", consultado en noviembre de 2011, http://docs.moodle.org/20/en/Moodle_in_education.

[8] "Moodle Community Forums", última modificación el 7 de agosto de 2010, consultado en noviembre de 2011, http://moodle.org/mod/forum/discuss.php?d=155435&parent=680798.

[9] "Moodle Statistics", consultado en noviembre de 2011, http://moodle.org/stats.

[10] Sam Dean, "Moodle Open Source E-Learning Heads for the Cloud", *OStatic*, 15 de julio de 2008, http://ostatic.com/blog/moodle-open-source-e-learning-heads-for-the-cloud.

[11] Bridget Jones, "High School from Home", Gold Country Media Auburn Journal, 30 de agosto de 2010, http://auburnjournal.com/detail/157479.html.

[12] "Springville Students Use 'Moodle' for 21st Century Learning", *The St. Clair Times*, abril de 2010. http://www.thestclairtimes.com/view/full_story/6899262/article-Springville-students-use-Moodle-for-21st-century-learning.

[13] Kirsty Williamson, "Great Corby School: Moodle Is an Interactive Online Environment for Pupils, Teachers and Parents", *The Guardian*, 8 de diciembre de 2010, http://www.theguardian.co.uk/classroom-innovation/video/great-corby-school.

[14] *Ibid.*

Conclusión

[1] "Shapeways About Us", consultado en noviembre de 2011, http://www.shapeways.com/about/.

[2] George O. Mohler, Martin B. Short, P. Jeffrey Brantingham, Frederic P. Schoenberg, George E. Tita, "Self-Exciting Point Process Modeling of Crime", *Journal of the American Statistical Association* 106 (1 de marzo de 2011): 100-108, doi:10.1198/jasa.2011.ap09546.

Referencias

Howe, Jeff. "Look Who's Crowdsourcing." *Wired* 14:06, junio de 2006.

Koulopoulos, Thomas M. *The Innovation Zone: how Great Companies Re-Innovate for Amazing Success*. Nicholas Brealey Publishing, Boston, 2009.

Kuhn, Thomas S. *The Structure of Scientific Revolution*. University of Chicago, Chicago, 1996.

Kurzweil, Ray. *The Age of Spiritual Machines: When Computers Exceed Human Intellingence*. Penguin, Nueva York, 2000.

Malone, Thomas W. y Robert J, Laubacher. "The Dawn of the E-lance Economy." *Harvard Bussinness Review* 76(5):144-152, 189, septiembre-octubre de 1998.

Mankiw, N. Gregory. *Principles of Economics*. South-Western College Publishing, Ohio, 2011.

Marx, Carlos. *Das Kapital*. Synergy International of the Americas, Ltd., 2007.

Schumpeter, Joseph. *Capitalism, Socialism and Democracy*. Harper Perennial, Nueva York, 1962.

Simon, Phil y Chris Brogan. *The New Small: How a New Breed of Small Business Is Harnessing the Power of Emerging Technologies*. Motion Publishing, 2010.

Sowell, Thomas. *The Quest for Cosmic Justice*. The Free Press, Nueva York, 1999.

Índice analítico

Esta obra se imprimió y encuadernó
en el mes de enero de 2014,
en los talleres de Jaf Gràfiques S.L.,
que se localizan en la
calle Flassaders, 13-15, nave 9,
Polígono Industrial Santiga,
08130, Santa Perpetua de la Mogoda (España)